THE
SPACE
ECONOMY

스페이스 이코노미

지상에서 우주로,
부의 판도를 바꾸는
새로운 시장의 탄생

채드 앤더슨

장용원 옮김 | 이기주 감수

THE
SPACE
ECONOMY

일러두기

1 원서의 주석은 책 뒤편에 후주로 실었으며,(a, b, c 알파벳으로 표기)
옮긴이의 주석은 본문 하단에 각주로 실어 두었습니다.(1, 2, 3 숫자로 표기)

2 이 책 본문(1~10장)에서 나온 주요 용어와 해당 쪽수는 '찾아보기'에서,
언급된 인물들은 '인명 원어 표기'에서 확인할 수 있습니다.

우주는 우리 모두의 것입니다.
과학이나 수학을 전공한 몇몇 사람이나
선발된 우주 비행사만의 것이 아닙니다.
우주는 저 멀리 있는 우리의 새로운 개척지이므로
우주에 대해 아는 것은 우리 모두가 할 일입니다.[a]

― 크리스타 매콜리프Christa McAuliffe
    미국의 우주 비행사, 교사(1948~1986)

차례

감수의 말

채드 앤더슨의 『스페이스 이코노미』는 우주가 매력적인 투자 대상임을 알리는 책이다. 언론을 통해 우주 분야에 엄청난 변화가 일어나고 있음을 감지했으나 그 의미를 파악하기 어려웠던 독자라면, 이 책을 읽음으로써 변화를 제대로 보는 눈을 키울 수 있을 것이다. 빠르게 성장하는 우주 산업에 뛰어들고 싶지만 방법을 알지 못하는 사람에게도 이 책을 권한다.

내가 우주에 관심을 둔 벤처 투자를 처음 접한 것은 2015년 영국 런던대학에서 우주 관련 수업을 들었을 때였다. 거기서 채드 앤더슨과 함께 일했고 새틀라이트 애플리케이션스 캐터펄트(Satellite Applications Catapult)에서 근무하던 카너 오설리반(Conor O'Sullivan)

을 만났다. 당시에는 MBA를 마친 투자은행 출신이 우주에 뛰어드는 상황이 신기하기만 했다. 이후 우주 분야에 대한 투자는 놀라운 속도로 증가하면서 지난 10년간 300조 원 이상의 투자금이 2000여 개 우주 기업으로 흘러 들어갔다. 채드 앤더슨은 우주 기업에서 일했거나 창업을 해 본 사람을 파트너로 초대하고, 팰컨 9을 중심으로 사업 모델을 세운 신생 기업과 창업가에게 투자해서 펀드를 성공적으로 운용해 왔다.

2019년 채드 앤더슨의 방한을 계기로 2023년 미국에서 먼저 출간된 이 책 『The Space Economy』를 읽어 볼 수 있었다. 우주 경제에 관한 책을 내면서까지 노하우를 공개하는 이유가 궁금해질 만큼 흥미로운 독서였다. 그는 가까운 미래에 1000조 원 이상의 산업으로 성장할 우주 시장의 기회가 무척 크다고 보기에, 더 많은 창업가, 투자자, 전문가가 우주 경제에 참여하기를 바라는 마음에서 자신의 인사이트를 전파한다고 머리말에서 밝힌다. 이처럼 우주 경제를 향한 저자의 진심에 공감하여 한국에 번역서가 나오기를 기다렸고, 분야 전문가의 관점에서 우주 경제 확산에 기여하고자 하는 마음으로 감수까지 맡게 되었다.

본문은 총 10개의 장으로 구성되어 있다. 1장은 우주 기술이 모든 경제 활동의 백본(backbone, 중추)이 되어 세상을 바꾸는 디지털 인프라로 작동하고 있음을 먼저 설명한다. 2장은 우주 기업이 시장에 내놓은 제품과 그들의 혁신을 소개한다. 3~5장은 예비 창업가와 리더를 겨냥해서 대표적인 우주 기업가의 성공담을, 6장은 스페이스X의 성공과 관련된 미국 정부의 정책을, 7장은 투자자로서 체득한 판단력과 인사이트를 다룬다. 8장에서 우주 분야의 기회와 다양한 진로를 소개한 뒤, 9장에서는 명확한 비전과 글로벌 문제 해결에 동참할 기회가 인재 확보에 있어 얼마나 중요한지 설명한다. 10장은 달 기지, 유인 화성 탐사 같은 아직 도래하지 않은 미래 사업을 담담하게 제시한다. 이처럼 '우주 경제'는 책 한 권에 다 담기에는 모자랄 정도로 복합적인 현재와 미래의 이야기다.

소련이 붕괴하자 미국은 소련 출신 로켓 과학자가 외부로 빠져나갈 것을 염려했다. 미국은 그런 일을 방지하는 차원에서라도 국제협력을 통해 우주정거장 건설 사업을 지속했다. 하지만 비용 문제로 우주왕복선 사업이 취소되자 정거장에 화물을 수송할 방법이 없어졌다. 미국은 아폴로 계획을 성공시켜 소련보다 먼저 달에 다녀옴으로써 경쟁에서 이겼지만, 이후 우주 예산 확보를 위한 국민적 공감대를 얻지 못하였다. 정거장 수송 예산에 문제가 생기자, 당시 NASA 국장이었던 마이크 그리핀은 고정 가격으로 계약한 후 발사 서비스를 이용하는 프로그램을 만들었고, 이 결정은 스페이스X의 팰컨9과 드래건을 가능하게 만든 신의 한 수였다. 2006년부터 2013년까지 팰컨 9 개발에 약 5000억 원을 투자한 미국 정부는 이러한 투자가 30조 원이 넘는 경제 효과로 이어질 거라고 예상하지 못했다.

2015년 12월 스페이스X는 발사체를 드론십에 착륙시키는 데 성공했다. 1단 재사용을 통해 발사 비용이 10분의 1로 떨어지는 새로운 시대가 도래할 가능성을 보여 준 것이다. 이를 계기로 벤처 투자자들이 우주 분야를 성장 가능성 있는 시장으로 인식하게 되었다. 발사 일정을 예측하는 일이 가능해지고 비용이 투명해지자 기업들은 팰컨 9의 발사 서비스를 이용, 다양한 사업 모델을 세우고 투자를 받을 수 있게 되었다. 6장에 기술된 민관 협력의 변천사를 읽고 나면 우주 접근의 보편화가 갖는 중요성을 잘 이해하게 된다.

저자는 우주 경제에 다시 한번 큰 기회가 온다고 예견한다. 스페이스X의 새로운 발사체 스타십(Starship)이 이런 변화를 가능케 하는 게임 체인저라는 것이다. 그는 앞으로 스타십의 등장으로 혜택을 볼 기업에만 관심을 둘 것이라고 밝히며, 팰컨 9을 기반으로 한 기업의 솔루션은 무용지물이 될 수 있다고 한다.

스타십은 기존 관념을 무너뜨릴 혁신적인 발사체다. 팰컨 9이 1단만 회수해서 사용하는 부분 재사용 발사체라면, 스타십은 메탄 엔진을 분사시켜 발사체 전체를 회수해 사용하는 완전 재사용 발사체다. 바다에 띄운 드론십에 1단을 착륙시켜 지상으로 옮기는 데 긴 시간이 드는 팰컨 9과 달리, 스타십은 발사대로 직접 돌아오는 방식을 취한다. 우주에 100톤 이상의 화물을 보낼 수 있고 팰컨 9보다 탑재 공간이 매우 넓기 때문에 제임스웹 우주 망원경처럼 접었다 펼치는 구조물을 만들 필요 없이 우주에서 사용할 형상 그대로 운반할 수 있다. 발사 가격 또한 현저히 낮아져서 우주선을 초경량화할 필요가 사라지고, 이는 곧 우주선 개발 방식까지 바꾸게 될 것이다. 페어링 직경이 9m라 사람이 생활할 만하므로 유인 정거장으로도 전환이 가능하다. 100톤 발사 가격을 100억 원으로 책정했으니 500kg에는 0.5억 원이 든다는 말이다. 이 정도 가격이면 뭔가 해 볼 만하지 않은가? 어마어마한 적재 용량을 가진 스타십의 활용 분야는 무궁무진하다. 저자는 이러한 지각 변동을 남들보다 먼저 보았기에 본인의 노하우를 공유하며 함께 변화를 만들자고 초대한다.

1990년대 중반 IT 기업이 등장한 이후 모든 회사가 '테크 기업' 이 된 것처럼, 미래에는 모든 기업이 '우주 기업'이 될 것이라는 저자의 주장이 재미있다. 이제 우주는 발사체나 위성을 다루는 특별한 사람들만 활동하는 영역이 아니다. 당신이 기후 변화, 환경 오염, 정보 격차 등에 관심이 있고 지속 가능한 지구에 기여하고 싶다면, 주변에서 일어나는 일에 호기심을 갖고 새롭게 도전하라고 말해 주고 싶다. 범지구적 문제를 해결하고자 하는 의지와 다양한 배경을 가진 뛰어난 인재들이 모이면 우주-기반 데이터를 이용하는 기술적인 솔루션을 찾을 수 있다. 그 과정에서 투자자는 회사를 성장시키는 동력을 제공하고 정부와 대중이 서비스 이용자가 되면, 우주 경제는 바람직한 방향으로 나아갈 것이다. 이 책의 독자들은 머지않은 미래에 우리가 이미 우주 경제 시대에 살고 있음을 경험하게 될 것이다.

전 한국한공우주연구원 책임연구원 **이기주**

머리말

당신이 이 글을 읽고 있다면 아마도 뭔가 큰 변화가 일어나고 있다는 사실을 어렴풋이 눈치챈 사람일 것이다. 어쩌면 세계 경제를 나날이 성장시키는 군집위성의 일부인, 하늘을 가로질러 지구 저궤도(LEO)를 날아다니는 소형 위성을 보고 이 변화의 전조를 감지했을지도 모르겠다.

나는 매일 우주에서 지구 구석구석을 촬영하는 **플래닛랩스(Planet Labs)**[1]에서부터 위성의 GPS 신호를 이용해 플레이하는 인기 모바일 게임 포켓몬 GO에 이르기까지, 가치를 제공하기 위해 궤도 접근에 의존하는 모든 비즈니스를 포괄하는 용어로 '우주 경제(Space

---

1   2024년 현재는 플래닛(Planet)으로 사명을 변경했다.

Economy)'라는 단어를 사용할 것이다.

(고딕 글씨는 스페이스캐피털Space Capital이 투자한 적이 있는 회사라는 뜻으로, 처음 이름이 나올 때 표시해 둘 것이다.)

스페이스X와 스페이스X의 설립자인 관습 타파의 아이콘 일론 머스크에 대한 화려한 언론 보도에도 불구하고, 상업 발사 서비스는 우주 경제 이야기의 시작에 불과하다. 우주 경제는 로켓과 위성이라는 하드웨어 그 이상이다. 우주 기반의 기술은 차세대 디지털 인프라이자 세계 최대 산업의 '보이지 않는 중추'다. 대부분의 사람은 아직 세상을 변화시키는, 저비용 궤도 접근의 진정한 사업적 의미를 제대로 파악하지 못하고 있다. CNBC는 우주를 "다음에 올 월스트리트의 1조 달러짜리 산업"이라고 불렀다.[a] 뱅크오브아메리카는 "우주 경제는 10년 안에 세 배 이상 성장해 1조 4000억 달러 규모의 시장이 될 것"이라고 예측한다.[b] 모건스탠리는 우주 기반의 비즈니스에서 세계 최초의 조만장자(trillionaire)가 나올 것으로 보고 있다.[c]

인류가 우주에서 활동한 지는 수십 년이 넘었지만 1장에서 다룰 여러 가지 이유로 인해 우주가 투자의 한 분야가 된 것은 최근에 와서였다. 이렇게 기업가들이 주도하는 우주 시대는 불과 10년밖에 되지 않았기 때문에 대부분의 기업 활동은 아직 비공개 시장에서 이루어지고 있다. 하지만 최근에는 일부 기업이 개인 투자자가 참여할 수 있는 공개 시장에 상장되기도 했다. 1990년대 후반을 돌아보면 공개 시장에서 거래할 수 있는 기술 기업의 주식은 소수에 불과했다. 하지만 짧은 기간에 '기술(technology)'은 포트폴리오를 다양화하는 투자의 한 분야가 되었다. 이제 기술이라는 꼬리표는 의미가 없어졌다. 모든 기업이 기술 기업이기 때문이다. 지금은 우주가 당시의 기술과 같은 지위를 차지한다. 앞으로 모든 기업이 어떤 식으로든 우주 기반의 기술에 의존해 가치를 제공하기 시작하면 언젠가 '우주'라는 꼬리표도 그 유용성이 사라질 것이다.

우주 기술은 이미 투자자들에게 막대한 수익을 가져다주었다. 미국의 위성항법시스템(GPS)은 역사상 가장 큰 벤처 기업 성과의 한 부분을 담당했을 뿐만 아니라 수조 달러의 경제적 가치를 창출한 우주 기반의 기술이다. 1장에서 살펴보겠지만, GPS는 어떻게 다른 우주 기반의 기술이 경제 전반에 걸쳐 새로운 투자 기회를 만들어 낼 수 있을지 이해할 수 있게 해 주는 전략서라 할 수 있다. 그중 두 가지 기술인 지리공간정보와 위성통신은 이미 농업, 물류, 통신, 금융 서비스 등 대부분의 주요 산업에서 중요한 역할을 하고 있다.

'전자상거래(e-commerce)'나 '블로그' 같은 용어가 잡지나 뉴스쇼에서 자주 언급되기 시작하던 때가 있었다. 당시만 해도 주류 사회는 이런 생소한 전문 용어를, 호기심을 자극하는 기발한 말로밖에 생각하지 않았다. 그저 십 대나 과학자, 괴짜, 컴퓨터광 같은 사람들한테나 의미 있는, 그 밖의 사람들에게는 순간적인 관심사밖에 되지 않는 새로 유행하는 용어 정도였다. 하지만 인터넷은 얼마나 빨리 세상을 바꾸어 놓았는가? 잡지나 뉴스쇼뿐만 아니라 다른 모든 비즈니스를 완전히 바꾸어 버렸다. 인터넷의 잠재력을 활용하는 것은 고사하고 인터넷이 몰고 올 급격한 변화의 파급력을 이해한 사람은 거의 없었다. 그런 것을 이해한 사람이, 여러분이 알고 있는 리드 호프먼(넷플릭스), 제프 베이조스(아마존), 앞에서도 언급한 일론 머스크(페이팔) 같은 사람들이다.

최근 우주에 관한 관심과 활동이 늘어나는 모습을 보고 마음속으로 경각심을 느낀 사람도 있을 것이다. 뭔가 큰일이 일어나고 있는 것은 알겠는데, 그 의미를 완전히 파악하기 힘들었을 것이다. 이 책은 그런 사람들이 필요로 하는 렌즈를 제공할 것이다.

당신이 연쇄 창업가(serial entrepreneur)거나 아니면 당신만의 새로운 무언가를 시작하고 싶어 하는 사람이라고 하자. 그렇다면 말 그대로 달을 향해 로켓을 쏠[2] 작정이 아니라면 무엇 때문에 위험을 무릅쓰고 창업에 도전하려 하는가? 달을 향해 로켓을 쏘지는 못한다고 하더라도 최소한 대략적으로나마 그 방향으로 발사는 해야 하지 않겠는가? 빠르게 성장하고 있는 이 시장에서 이미 기회를 포착한 사람이라도 다음과 같은 의구심이 들 것이다. 우주 경제에 엄청난 투자금이 쏟아져 들어온다고 해도 내가 하려고 하는 일에 관심 있는 투자자가 있을까? 나는 필요한 자격 요건을 갖추었을까? 항공우주전자공학이나 기타 공학의 백그라운드가 필요할까? 먼저 미국항공우주국(NASA)에 근무해 봐야 하는 것은 아닐까? 일론 머스크가 페이팔 매각 대금으로 스페이스X를 시작했듯 이 분야에서 창업하려면 나도 개인 재산이 있어야 할까?

---

2 '달을 향해 로켓을 쏜다'라는 뜻의 문샷(moonshot)은 대단히 야심 차고 혁신적인 일을 하는 것을 의미한다.

이러한 질문들의 답은 전부 '아니오'다. 나는 책에서 이런 고민을 비롯한 여러 우려 사항을 자세히 다룰 것이다.

당신이 예비 창업가가 아니라 이런 새로운 산업의 잠재력에 호기심을 느끼지만 그 가치를 어떻게 측정해야 할지 혹은 그 위험을 어떻게 평가해야 할지 확신이 서지 않는 투자자라고 해도 마찬가지다. 이 중에 실현 가능성이 있는 사업, 즉 향후 몇 년 안에 투자 수익을 실현할 수 있는 사업은 얼마나 될까? 과학자들과 창업가들의 확신에도 불구하고, 이들 신산업 중 어떤 것이 「식스티 미니츠」[3]가 아니라 아직도 「스타트렉」에 속할까? 투자자들은 지난 몇 년 동안 우주 '전문가'들로부터 많은 과대광고를 들어 왔다. 이 책을 읽으면 사실과 공상 과학을 구분하는 데 도움이 될 것이다.

우리는 변곡점에 서 있다. 우주에서 실제로 일어나고 있는 일은, TV에 출연해 내년 초까지 화성에 스타벅스를 내겠다고 눈을 부릅뜨고 떠들어 대는 우주 광신도들의 숨 막힐 듯한 약속보다 더 놀랍고 더 비현실적이다. 50년 전, 세상의 모든 지식을 담은 글로벌 컴퓨터 네트워크에 대한 아이디어가 처음 나왔을 때 이 아이디어는 대중의 관심을 거의 끌지 못했다. 반면 제트팩[4]은, 사람들이 일상적으로 비행기를 타고 날아다녔음에도 불구하고 경이로움과 놀라움을 불러일으켰다. 제트팩이 정말로 월드와이드웹보다 더 중요했을까? 물론 그렇지 않다. 하지만 1973년의 보통 사람들에게는 제트팩이 훨씬 이

---

3 미국 CBS 방송의 시사 보도 프로그램
4 웨어러블 추진 장치

해하기 쉬웠다. 오늘날 우주 경제의 진짜 잠재력도 이와 마찬가지다. 우주 경제는 화성에서 카페라테를 판다는 생각보다 훨씬 이해하기 어렵지만, 이해하려고 노력할 만한 가치가 충분히 있다.

어떤 업종에서든 투자자로 성공하려면 이익과 손실 같은 펀더멘털(fundamental)뿐만 아니라 자원을 배치할 땅의 지형, 즉 해당 업종의 기업과 고객도 알아야 한다. 시장과 그 시장의 주요 플레이어를 알아야 한다는 뜻이다. 이 책을 당신의 매뉴얼이자 지도로 생각하라. 스페이스캐피털은 투자자와 운영자로서 기술적 전문성과 창업경험, 투자 실적 등이 독특하게 어우러진 조직이다. 책을 집필하며 스페이스캐피털 동료들의 도움을 많이 받았다. 우리가 미래를 예견할 수는 없겠지만 남들보다 훨씬 근거 있는 추측은 할 수 있다. 우리의 추측을 읽어 보기를 바란다.

당신은 창업가나 투자자가 아니라 우주 경제에서 할 일을 찾고 있는 전문가일 수도 있을 것이다. 아니면 기존 방위산업체, 또는 스페이스X나 플래닛랩스 같은 새로운 실세 기업, 또는 지난 몇 년 사이에 설립된 우주 스타트업 같은 우주 관련 산업에서 일하고 있는 사람일지도 모르겠다. 당신이 그런 기업의 리더이든 중간 관리자든 일선 직원이든 간에 이 책에서 여러 가지 가치 있는 정보를 발견할 수 있을 것이다. 나는 여러 우주 기업의 CEO나 베테랑 우주 산업 전문가, 우주 정책 전문가, 선구적 기술자 등이 주는 교훈과 조언을 이 책 여기저기에 실어 놓았다. 당신은 이 책이 제공하는 다양한 관점을 통해 다른 곳에서는 볼 수 없는 큰 그림을 보면서 동시에 실행에 옮길 만한 시사점을 많이 얻을 수 있을 것이다.

* * *

나는 이 책을 통해, 조만간 붉은 행성에서 커피를 팔겠다는 사람들처럼 미래의 가능성에 대해 큰소리를 치고 있다. 왜 내 말을 믿어야 할까?

나는 500억 달러 규모의 부동산 포트폴리오를 관리하며 대침체기를 넘긴 후 투자은행보다 더 나은 삶의 목표를 추구하고 싶어졌다. 세상에 오래 지속될 진정한 영향을 미치고 싶었던 것이다. 나는 스콜 사회적 기업가센터(Skoll Center for Social Entrepreneurship)에 이끌려 옥스퍼드 사이드경영대학에 입학해 MBA를 취득했다. 그곳에서 뛰어난 경제사회학자 마크 벤트레스카의 가르침을 받았다.

기술 혁신과 시장 형성 분야의 권위자인 벤트레스카는 내게 자동차, PC, 모바일폰 등과 같이 혁신적인 아이디어를 기반으로 탄생하는 초기 시장에 관한 모든 것을 가르쳐 주었다. 나는 그에게서 초기 시장은 어떤 모습이고 어떻게 진화하는지 배웠다. 내가 옥스퍼드에 입학하기 직전인 2012년 5월 24일 스페이스X는 드래건(Dragon) 우주선에 화물을 싣고 국제우주정거장(ISS)에 운반하는 데 성공했다. 최초의 상업 우주 비행이었다. 이보다 더 우연한 행운을 만나기는 어려울 것이다. 나는 시장 형성에 대해 배우면서 진짜 새로운 시장이 탄생하는 생생한 모습을 목격할 수 있었다.

스페이스X는 ISS 화물 수송 임무를 성공적으로 마무리함으로써 이전에는 세계 3대 초강대국만 가능했던, 상상도 할 수 없었던 일을 해냈다. 다음에 일어날 일은 뻔해 보였다. 시장 경쟁으로 효율성은 높아지고 가격은 떨어질 터였다. 점점 더 많은 기업이 우주 경제에 참여할 수 있게 될 터였다. 생각지도 못했던 온갖 종류의 제품과 서비스가 쏟아져 나올 터였다. 떼돈을 버는 기업이(물론, 큰돈을 잃는 기업도) 나올 터였다.

당시 나는 새로운 시장이 형성되는 모습을 본 사람이 나밖에 없지는 않을 것이라고 확신했다. 스페이스X는 비밀리에 운영되는 기업이 아니었기 때문이다. 머스크는 중요한 일이 있을 때마다 소셜 미디어에서 떠들어 대기를 좋아했다. 그는 이미 2003년에 우주와 인터넷이 매우 유사하다고 말한 적이 있다. "나는 세상을 바꾸는 일을 하고 싶다. 인터넷이 그랬다. 아마 우주도 다른 어떤 것보다 세상을 바꾸는 데 기여할 것이다."[d] 최고의 기술 창업가가 세상 사람들에게 우주가 '미래의 길'이라고 선언한 것이었다. 이제 머스크가 ISS 화물 수송에 대한 약속을 지켰으니, 전 세계의 창업가와 벤처캐피털리스트가 감당할 만한 값에 궤도 접근을 활용하기 위해 분주히 움직일 것이 분명했다. 나도 참여하려면 빨리 움직여야 했다.

나는 내가 머릿속으로 생각하고 있던 어떤 신생 우주 스타트업이라도 벤처캐피털(venture capital, VC)이 필요하리라는 사실을 깨닫고는, 이 분야에 특화된 초기 단계 투자 펀드를 결성하기로 했다. 하지만 고도의 기술이 요구되는 이 분야에서 성공하려면 내가 가진 금융 백그라운드만으로는 충분하지 않을 것 같았다. 그래서 첫 단계로 피츠버그에 본사를 둔 우주 로봇 회사 **애스트로보틱(Astrobotic)**의 CEO에게 도움을 제안하는 이메일을 보냈다. 당시 이 회사는 지금은 끝난 구글의 루너 엑스프라이즈(Lunar XPRIZE)[5]에 참여하기 위해 노력하는 중이었다. 나는 이메일에서 무보수로 상업용 달 수송 서비스에 대한 시장 평가[6]를 도와주겠다고 제안했다. 애스트로보틱이 제안을 수락하자 나는 그 후 9개월 동안 그들과 가까이에서 일하며 달 수송과 그 인프라를 둘러싼 새로운 기회를 살펴볼 수 있었다.

이때가 우주 경제에서 일한 나의 첫 경험이었다. 나는 애스트로보틱 임직원뿐만 아니라 이 분야의 다른 리더들과도 교류했다. 놀랍게도 (내가 생각했던 대로) 우주 경제에서 일하는 거의 모든 사람이 기술자이거나 과학자였다. MBA 출신은 하나도 없었고, 일반인 창업자도 찾아보기 어려웠다. 내가 들어갈 자리가 있을 것 같았다.

내가 작성한 보고서(이런 분야에서는 최초의 시장 평가였다.)는 애스트로보틱의 관심을 불러일으켰다. 애스트로보틱은 이 보고서를 NASA 프레젠테이션 자료로도 활용할 정도였다. (루너 엑스프라이즈는 우승자 없이 10년 만에 막을 내렸지만, 애스트로보틱은 수억 달러 규모의 '달 수송 상업 서비스'[7] 계약을 따내 2022년 말까지 자사의 페

---

5 구글이 후원하던 달 탐사 경연대회. 2000만 달러의 상금을 걸고 시작한 이 대회는 2018년 3월에 우승자 없이 끝났다.

6 Market assessment. 새로운 아이디어나 제품, 서비스에 대한 수요와 요구 사항 등을 파악하기 위해 시장을 분석하는 것을 말한다.

7 Commercial Lunar Payload Services. 미국의 아르테미스 프로그램의 하위 계획으로, 민간의 달 탐사 및 상업적 개발을 촉진하기 위해 미국 정부가 민간 발사체와 착륙선의 수송 서비스를 구매하는 사업이다.

레그린Peregrine 착륙선을 유나이티드 론치 얼라이언스United Launch Alliance의 벌컨 센토Vulcan Centaur 발사체에 실어 달에 보낼 예정[8]이다.)[e] 나는 그 대가로 이 새로운 시장에 대한 귀중한 지식을 얻을 수 있었다.

옥스퍼드를 졸업한 뒤 이와 연관된 주제로 여러 편의 학술 논문을 발표했다. 그중 하나로 ISS 화물 수송의 파급 효과를 다룬 것이 있다. 이 논문에서 민관 협력 덕분에 상업적 우주 비행이 경제적으로 실현 가능해졌다는 점을 설명하고, 우주 기술이 가까운 장래의 실질적인 경제적 잠재력이 있다는 주장을 폈다.

나는 논문에서 "드래건의 ISS 도킹은 이전에는 정부만 할 수 있었던 일을 민간 기업이 해낸 역사적인 순간이었다."라고 말했다.[f] 내가 쓴 논문은 널리 인용되었지만, 나는 이제 막 시작한 참이었다. 연구와 적용은 다른 법이다. 그리고 나는 우주 경제를 연구만 할 생각은 없었다. 우주 경제의 구축에 일조하고 싶었다.

2013년에는 스페이스X 말고는 우주 경제에 대한 민간 활동이나 민간 투자가 전무하다시피 했다. 당시 나는 초조함을 느끼고 있었지만, 그럼에도 사업과 투자 측면에서 이것을 기회로 본 몇 안 되는 사람 중 한 명이었던 것 같다. (6장에서 우리는 민간 우주 산업의 파란만장한 역사와 많은 사람이 이전의 실패 때문에 상황이 바뀌어 기회가 찾아왔는데도 그 기회를 놓친 이야기를 살펴볼 것이다.)

---

8 2024년 발사했으나 착륙에는 실패했다.

24 스페이스 이코노미

당시에는 펀드를 유지할 만큼 거래 흐름[9]이나 투자자의 관심이 충분하지 않았기에, 나는 영국의 우주 분야 상업화에 초점을 맞춘 혁신 센터를 설립하는 일에 참여했다. 나는 이렇게 설립된 새틀라이트 애플리케이션스 캐터펄트(Satellite Applications Catapult)에서 스타트업을 지원하는 인큐베이터와 액셀러레이터로 활동했고, 우주 비즈니스에 투자를 유치하는 일도 했다. 나는 여기서 일하는 동안 인맥을 구축하며 이 분야에서 명성을 쌓았다. 그 와중에 밤 시간(미국 동부 지방은 근무 시간이다.)을 이용해 스페이스캐피털을 설립했다. 투자할 자금이 부족했던 나는 전문 지식과 확보해 두었던 나만의 데이터 세트를 이용해 시장에 정보를 제공했고, 잘못된 생각을 바로잡아 나갔으며, 앞으로의 시장 흐름을 예측할 수 있도록 투자자의 이해를 도왔다.

2015년이 되자 초기 투자 자본을 모을 충분한 모멘텀이 생겼다. 그래서 스페이스캐피털 본사를 뉴욕으로 옮긴 뒤 그해 4월 첫 번째 특수목적법인(special purpose vehicle, SPV) 펀드를 출시해 여러 그룹의 개인들로부터 돈을 모아 먼저 플래닛랩스에 투자했다. 이 펀드는 다른 벤처캐피털같이 어디에 투자하는지도 모르고 모은 돈이 아니었다. 내가 직접 한 건 한 건 따져 가면서 투자할 자금이었다. 내가 기회를 발굴할 것이고, 기업 실사를 할 것이고, 투자자들에게 직접 설명할 생각이었다.

---

9 Deal flow. 투자은행이나 벤처캐피털이 비즈니스 제안이나 투자 제안을 받는 비율을 말한다. '투자 기회'라고 볼 수도 있다.

같은 해 12월 스페이스X는 로켓을 지상에 착륙시켜 회수하는 데 성공하며 재활용률이 높아지고 궤도 진입 비용이 낮아지는 시대의 도래를 알렸다. 이 성과는 투자자들의 관심을 불러일으켰고, 덕분에 스페이스캐피털은 2016년에 첫 번째 기관 벤처캐피털 펀드[10]를 출시할 수 있었다. 그 시점이 되자 나는 파트너를 영입할 때가 되었다고 생각했다. 업계에서 쌓은 풍부한 경험과 기술 전문성으로 나의 금융 백그라운드를 보완해 줄 사람이 필요했다. 안타깝게도 우주와 비즈니스의 교차점에서 활발하게 활동하는 사람들 상당수는 지나치게 열정적이었다. 직설적으로 말하자면 사기꾼에 가까웠다. 벤처캐피털은 평판이 중요한 사업이다. 내가 약장수와 어울릴 수는 없었다. 풍부한 우주 백그라운드가 있는 제대로 된 사업가와 협력해야 했다. 후보자 명단을 쭉 검토하다 보니 톰 잉거솔이 내가 만나야 할 사람이라는 사실이 분명해 보였다.

당시 잉거솔은 우량 벤처캐피털 펀드에 우주 사업 기회에 관한 조언을 하고 있었다. 그는 이미 CEO로서 벤처캐피털 투자를 받은 우주 기업 두 개를 성공적으로 엑시트한[11] 바 있어 우주 경제에서 크게 성공한 경영자로 알려져 있었다. 잉거솔은 기술자이자 창업가로서 흠잡을 데 없는 이력과 풍부한 업계 경험이 있었을 뿐만 아니라 투자 분야에서도 나와 맞먹을 만한 전문성이 있었다. 그런 그가 매니징 파트너로 스페이스캐피털에 합류하기로 했을 때 내가 느낀 기

---

10 펀드 투자금이 주로 연기금이나 대학 기부금 펀드 같은 기관에서 나오는 벤처캐피털 펀드
11 기업을 매각하거나 기업공개(IPO) 등을 통해 투자 수익을 실현하는 것

뽐이 어땠을지 상상할 수 있을 것이다.

톰 잉거솔은 보잉에 합병된 전설적인 항공우주 기업 맥도널더글러스(McDonnell Douglas)의 첨단 시제품 개발 부서인 팬텀워크스(Phantom Works)에서 10년간 근무하며 자신의 경력을 시작했다. 그는 그곳에서 아폴로 우주 비행사 피트 콘래드와 함께 재사용이 가능한 1단형 우주 발사체[12] DC-X(Delta Clipper Experimental)를 비롯해 여러 주요 프로젝트를 수행했다.

1996년 잉거솔은 피트 콘래드, T. K. 매팅리, 브루스 매코와 유니버설 스페이스 라인스(Universal Space Lines)를 설립했다. 시대를 앞서간 유니버설 스페이스 라인스는 막 싹트기 시작한 민간 우주 산업을 관리하는 회사가 되겠다는 원대한 비전을 품고 두 개의 자회사를 설립했다. 하나는 민간 우주선에 추적, 원격 측정, 제어 서비스를 제공하는 유니버설 스페이스 네트워크(USN)였고, 다른 하나는 상업 발사 서비스 기업 로켓 디벨로프먼트사(Rocket Development Company)였다.

10년 뒤 잉거솔은 매코의 도움을 받아 우주 경제 초기의 가장 성공적인 엑시트로 평가받는 유니버설 스페이스 네트워크의 매각을 이끌었다. (지금은 스웨덴우주공사의 자회사가 된 유니버설 스페이스 네트워크는 지구 저궤도 및 달 궤도에서의 과학 임무뿐만 아니라 시리우스 XM 같은 상용 위성 서비스에도 중요한 역할을 해 왔다.)

---

12 SSTO(single-stage-to-orbit). 단 분리 없이, 즉 1단 로켓으로 궤도에 진입할 수 있는 비행체

그 후에는 신뢰도와 해상도가 높은 지구 이미지를 짧은 시간 간격으로 제공하는 위성을 개발하는 기업 스카이박스이미징(Skybox Imaging)의 CEO로 영입되었다. 2014년 그는 스카이박스이미징을 5억 달러에 구글에 매각하는 프로젝트를 이끌었다. 당시까지 우주 경제 분야에서 벤처캐피털 투자를 받은 기업의 엑시트로서는 가장 큰 규모였다. (나중에 스카이박스이미징은 플래닛랩스에 인수되어 회사의 주요 수익원이 되었다.)

잉거솔은 스카이박스이미징 매각을 성사시킨 뒤 일선에서 한발 물러나 전체적인 상황을 관망했다. 그 어느 때보다도 많은 투자 자금이 민간 우주 개발에 유입되고 있었지만 '엉뚱한 곳'으로 흘러가는 돈이 너무 많았다. 이런 더할 나위 없이 좋은 타이밍에 내가 그에게 손을 뻗어 스페이스캐피털 합류를 제안한 것이었다.

잉거솔은 이렇게 말한다. "사람들은 자신이 할 수도 없는 일을 해내겠다고 큰소리치고 있었죠. 투자 분위기에 찬물을 끼얹을 수도 있는 상황이었습니다. 그래서 내심 불안했어요. 나는 스페이스캐피털을 통해 우주 광신도에게 자금이 흘러가지 못하게 하면 이런 상황을 바꿀 수 있다고 생각했습니다. 우주에 투자했다가 돈을 벌지 못하면 투자 자금은 곧 고갈될 것입니다."

이제 그는 우주 광신도가 많이 줄었다고 생각한다. "모든 것이 올바른 방향으로 가고 있습니다. 물론 거품이 낄 때도 있고, 언제나 그렇듯이 잘못된 투자가 이루어지기도 하지만, 전반적으로 봤을 때는 올바른 궤도에 들어선 것 같습니다. 인사이트도 그 전보다 좋아졌고, 이 시장에 참여하는 투자자도 그 전보다 늘었죠."

톰 잉거솔을 영입하기로 한 것은 지금까지 내가 회사에서 내린 최고의 결정이었다. 민간 우주 산업에서 잉거솔만큼 기술과 경영 양면의 경험이 풍부한 사람은 지구상에서 찾아보기 힘들 것이다. 우주선뿐만 아니라 전체 우주 사업을 시작부터 끝까지, 그것도 한 번이 아니라 여러 번 성공으로 이끈 사람은 아마도 잉거솔밖에 없을 것이다. 그의 전문성과 지적 능력은 스페이스캐피털의 가치 제안(value proposition)에서 매우 중요한 부분을 차지하고 있다. 나는 이런 그를 파트너라고 부를 수 있는 행운을 누리고 있다. 의심할 여지 없이, 그동안 우리가 영입한 인재야말로 최고의 벤처캐피털과 사모펀드 회사가 운영 지침을 얻기 위해 지속해서 우리를 찾는 이유일 것이다.

스페이스캐피털 파트너들은 기술적 이해도가 높고 경험이 많은 펀드 매니저이자 경영자로서 우주 커뮤니티에 깊이 뿌리박고 있다. 우리는 발사체나 위성, 운영 시스템을 구축해 본 경험이 있다. 현재 우주에 자산이 있는 기업을 설립하기도 했고, 경영자로서 여러 번 기업의 엑시트를 이끌기도 했다. 우리는 이 분야에서 10년 이상 투자를 해 왔기 때문에 최고의 벤처캐피털과 사모펀드 회사도 운영 지침을 얻기 위해 지속해서 우리를 찾는다. 우리는 우리만의 시각으로 투자하는 사람들로서, 최고의 창업가를 불러들여 남들보다 나은 질문을 하고 남들보다 나은 결정을 내린다.

전문 지식을 이용해 영업하는 기업이 왜 그 지식을 책으로 공유하려 하는지 궁금해하는 사람도 있을 것이다. 앞에서도 말했듯이 나는 투자할 자금이 한 푼도 없을 때 우주 경제에 관한 내 전문 지식을 이용해 시장을 교육하고 시장에 정보를 제공했다. 이 책은 그동안 발표한 스페이스캐피털의 백서, 블로그 게시물, 팟캐스트 콘텐츠, TV 방송 내용 등을 한데 모은 것이다. 우리는 투자자로서 오늘날 우주 경제에서 일어나고 있는 여러 활동에도 불구하고, 세계가 눈앞에 보이는 기하급수적 성장의 기회를 제대로 수용하지 못하고 있다고 생각한다. 누구나 궤도에 접근할 수 있게 된 지금, 우주에 적용할 수 있는 다른 산업의 아이디어와 혁신 기술은 너무도 많다. 우리는 우리의 인사이트를 전파함으로써 더 많은 수의 재능 있는 창업가, 투자자, 전문가가 우주 경제에 참여하기를 바란다.

지난 10년 사이에만 해도 2000개 가까운 우주 기업에 2500억 달러가 넘는 돈이 투자되었다. 이와 동시에 우주 관련 직업에 대한 대중의 관심도 급증했다. 우리가 운영하는, 우주에 초점을 맞춘 인재 커뮤니티이자 구인 게시판인 스페이스탤런트(Space Talent)에는 현재 700개 기업에서 게시한 3만 개의 채용 공고가 올라와 있다. 우주 경제는 진행되고 있고 그 성장세는 거의 수직에 가깝다.

이 글을 쓰는 현재 스페이스X와 중국의 국영 발사 사업자가 주도하는 궤도 발사는 기록적인 속도로 진행되고 있다. 2022년 상반기에만 72번의 발사가 이루어졌다. 이 속도가 그대로 유지된다면 2021년에 세운 한 해 최고의 궤도 발사 성공 기록인 135회를 경신할 것이다.[5] 많은 일이 일어나고 있지만, 우주와 우주 기반의 기술을 다루는 주류 언론의 뉴스에만 의존하다 보면 나무만 보고 숲은 보지 못하기 쉽다. 자극적인 스토리는 클릭을 유도한다. 미디어 환경 전반에서 보아 왔듯이 이런 현상이 진실을 왜곡한다.

우주 경제 기업 중에는 환경 오염을 줄이는 일에서부터 식량을 충분히 확보하는 일에 이르기까지 우리 삶의 질을 진정으로 개선하기 위해 노력하지만 일반 대중에게 간단히 설명하기 어려운 일을 하는 기업이 있다. 다른 한편으로는, 화려하고 극적인 약속으로 실상을 잘 모르는 언론의 관심은 끌지만 올바르지 않은 방향의 접근법을 추구하는 기업도 있다.

우주 경제는 책 한 권 분량으로 다뤄야 할 만큼 이렇게 복잡하고 영향력 있는 이야기다. 우주 경제는 최근의 신문 헤드라인을 읽는다고 이해할 수 있는 것이 아니다. 헤드라인의 새로운 내용이 꼭 알아야 할 중요한 내용은 아니다. 기술 블로그에 올라오는 우주 관련 게시물을 계속 읽는 것만으로는 우주 경제에서 실제로 무슨 일이 일어나고 있는지 알기 어려울 것이다. 오늘날의 우주 경제를 알기 위해서는 사실에 기반한 균형 잡힌 시각이 필요할 뿐만 아니라 그 함의를 이해할 수 있는 전후 맥락을 충분히 알아야 한다.

우리는 기업 관계자와 해당 기업의 목표에 관한 이야기를 하며 대부분의 시간을 보낸다. 하지만 중요한 것은 우리가 공부를 하며 그 대화를 팔로우업한다는 것이다. 우리는 가정을 검증하고, 사실을 기반으로 가능성을 추정한다. 지금까지 이렇게 성공적으로 펀드를 운용할 수 있었던 이유는 아무리 기술적으로 야심 찬 창업가의 비전이라도 깊이 들여다볼 수 있는 전문 지식과 투자 경험이 있기 때문이다.

우리는 현재 우주 경제에서 활동하는 주요 인사 대부분을 잘 알고 있다. 지금까지 우리는 우주 분야의 발전을 이끌어 가는 수많은 리더, 정부 관계자, 기술자, 혁신가와 업무 관련 이야기를 해 왔다. 게다가 나는 이 책을 쓰기 위해 별도의 특별 인터뷰도 했다. 나는 『스페이스 이코노미』가 이런 외부인들의 기여에 힘입어 한동안 이 흥미진진한 분야를 가장 포괄적으로 조망한 권위 있는 책으로 자리매김하리라 확신한다.

* * *

이 책은 10개의 장으로 구성되어 있으며, 각 장은 하나 또는 그 이상의 우주 경제 주요 측면을 종합적으로 다룬 독립된 내용으로 이루어져 있다.

1장에서는 우주 경제를 어떻게 봐야 할지 설명하고, 우주는 로켓과 위성 그 이상이라는 이야기를 할 것이다. 앞으로 보게 되겠지만, 위성이 제공하는 차세대 디지털 인프라는 소매, 운송, 제조업 등 우리 경제의 모든 분야가 의존하는 기반이 되어 새로운 가능성의 세계를 열어 줄 뿐만 아니라 세상을 근본적으로 바꾸고 있다.

2장에서는 오늘날의 우주 경제 지도를 제시하고, 우리가 알아낸 우주 경제의 다양한 분야를 설명하면서 그중 주요 플레이어 일부를 소개할 것이다. 우주 경제에서 흥미로운 점 중 하나는 스포트라이트를 받지 않는 곳에서 놀라운 혁신이 일어나고 있다는 것이다. 기업들은 이미 이 경기장에서 제품-시장 적합성[13]을 발견해 엄청난 가치를 창출하고 있다. 경기장을 잘 이해하면 거기서 무슨 일을 하는 것이 좋을지 잘 알게 될 것이다.

3장, 4장, 5장에서는 우주 경제 기업의 설립자, 관리자, 리더를 겨냥한 조언을 제공할 것이다. 당신이 GPS 같은 우주 기반의 기술에 의존하는 아이디어로 창업을 저울질하고 있는 예비 창업가든, 지구관측(Earth Observation, EO) 데이터를 새로운 방식으로 이용하는 소규모 애플리케이션 개발업체의 리더든, 기업공개(IPO)를 앞둔 위성 제조업체의 CEO든, 이 세 개의 장에서 이 분야의 주요 인물들이 들려주는 귀중한 조언을 들을 수 있을 것이다. 아울러 스페이스캐피털이 제공하는 관찰 정보, 인사이트, 모범 사례 등도 함께 볼 수 있을 것이다.

우주 경제는 정부 기구 및 정책 결정자들과 밀접하게 연관되어 있다는 점에서 다른 분야와는 다르다. 그래서 6장에서는 스페이스X의 성공과 우주 경제의 탄생으로 이어진 NASA의 발전을 심층적으로 살펴본 뒤 우주를 둘러싼 현재의 규칙과 그 규칙이 가까운 장래에 어떻게 발전할지에 관한 내부자의 의견을 들어 볼 것이다. 현재 우주 분야에서 사업을 운영하거나 그럴 계획이 있는 회사라면 이 장을 읽어 보는 것이 좋을 것이다.

7장에서는 우주 기반의 기술과 관련해 허구와 사실을 구분하는

---

13 Product-market fit. 시장 수요를 만족시키는 제품을 해당 시장에 내놓는 것.

실질적인 지침과 유용한 인사이트를 제공할 것이다. 아울러 우주 분야의 투자를 통해 탄탄하고 회복 탄력성이 있는 장기적 성장을 달성하려면 어떤 철학을 가지고 어떻게 자금을 운용하는 것이 가장 좋은지도 살펴볼 것이다.

우주 경제에서 일할 마음을 먹었다면 당신은 운이 좋은 사람이다. 우주 경제에는 물리학이나 공학 같은 전문 분야 외에도 다양한 기회가 있다. 8장에서는 우주 경제에서 수요가 가장 많은 기술이나 특성, 자질 등을 알아보고, 어떤 길을 따라가는 것이 자신의 경력에 가장 바람직한지에 대하여 안내할 것이다. 우주 경제에는 누구나 일할 자리가 있다. 무엇보다 좋은 것은 우주 경제는 경기 침체에 놀라울 만큼 강하다는 것이다.

코비드 19와 대퇴직(Great Resignation)의 여파로 인재 확보는 거의 모든 조직에서 가장 시급한 과제가 되었다. 다른 기술 산업에서보다 인재 확보 경쟁이 치열한 우주 경제에서는 훨씬 더 그러하다. 긍정적인 면은, 뛰어난 인재는 가슴 설레는 비전이 있는 야심 찬 기업에 끌린다는 점이다. 우주 경제 기업은 지구상에서 가장 야심 찬 기업이다. 9장에서는 뛰어난 기업은 세계적 수준의 인재를 유치하고 계발하고 유지하기 위해 어떤 노력을 기울이는지 알아볼 것이다.

이 책은 대부분 우주 경제의 현 실태라든가 똑똑하고 야망 있는 사람들을 기다리고 있는 기회 같은, 현재의 일을 다루고 있다. 하지만 조금 더 앞을 내다보는 것도 가치 있는 일이다. 그래서 나는 우주 경제의 신흥 산업에 대해서도 살펴보았다. 달 기지나 유인 화성 탐사는 당신이 생각하는 것만큼 먼 미래의 이야기가 아니다. 이런 가능성은 매우 똑똑하고 대단히 실용적인 몇몇 리더들이 수십 년 안에 성취하려고 마음먹고 있는 일 중 일부분에 불과하다. 10장에서는 앞으로 일어날 일에 대해 현실적이면서도 사실에 기반한 내용을 과대포장 없이 설명하고, 가능성이 없다고 무시해도 좋을 믿기지 않는 아이디어도 살펴볼 것이다. 또, 기후 변화와 군사적 충돌이라는 두 가지 실존적 위협을 살펴보고, 우주 경제로 인한 위험과 그보다 더 중요한 희망에 대해서도 알아볼 것이다.

나는 세상을 더 낫게 바꿀 수 있는 우주 경제의 잠재력을 강조하면서, 정치적으로 분열된 양 진영이 힘을 합해 더 건강하고 회복력 있는 세계라는 비전을 향해 함께 노력할 수 있게 되기를 바란다. 일론 머스크가 화성을 통한 인류의 출구 전략을 계획하고 있는지는 모르지만, 그때까지라도 지구에는 보존해야 할 가치가 있는 것이 많이 있다. 우리는 마침내 좋은 결과로 나아갈 길을 뚫을 수 있는 도구를 갖게 되었다.

이 모든 것을 고려했을 때, 나는 이 책을 당신이 지금 당장 읽어야 할 중요한 책이라고 말하고 싶다. 『스페이스 이코노미』는 (미국이나 위성 산업에서뿐만 아니라 경제 전반에 걸쳐) 세상의 흐름이 어느 방향을 향하고 있는지 이해하는 데 필요한 입문서이자, 우주 경제 내에서 투자자나 창업가 또는 전문 직업인으로서 자리매김하기 위해서는 한 번쯤 읽어 봐야 할 지침서다.

현재 당신이 어떤 상황에 놓여 있든 이 책의 이야기는 당신에게 영향을 미칠 것이다. 이 새로운 현실에 대해 더 자세히 알아보고 기회를 잡기 위해 노력할 것인가? 아니면 현실을 외면하고 '안전'을 택할 것인가? 새로운 세상은 그냥 오고 있는 중이 아니라 문자 그대로 발사대에 장착되어 있다. 이제 발사가 임박했는데, 당신은 탑승할 준비가 되었는가?

제1장

우주 경제 시대의 서막

직업, 투자, 경제의 미래를
알고 싶으면 하늘을 보라

미래에서 온 누군가가 1983년에 당신 어깨를 두드리며 애플컴퓨터에 투자하라고 말해 줬더라면, 혹은 1996년에 전자상거래 업체를 설립하라고 말해 줬더라면, 아니면 2002년에 안전하게 베어스턴스 은행에서 일하는 대신 구글에서 일하는 모험을 해 보라고 말해 줬더라면 얼마나 좋았을까 하는 생각을 한 적이 있다면 당신은 신호와 잡음을 구분하는 일의 중요성을 알고 있는 사람이다. 신호와 잡음의 구분은 상업용 위성에서만 중요한 것이 아니라 개인의 성공에도 그 못지않게 중요하다.

이런 패턴은 역사 내내 반복된다. 새로운 기회의 물결이 일면 소수의 사람은 그 물결을 타고 정점에 올라 번영을 구가하고, 나머지는 그들의 부상을 지켜보며 타임머신을 기다린다.

과대광고를 꿰뚫어 보고 실제로 벌어질 다음 일에 초점을 맞추는 능력을 타고난 사람은 없다. 승자는 지식과 통찰력의 축적을 통해 우위를 확보한다. 승자의 대열에 합류하고 싶으면 책을 계속 읽어 보라.

* * *

우주 경제의 범위와 잠재력을 이해하려면 지금은 어디에서나 접할 수 있는 우주 기반의 기술인 미국 위성항법시스템(GPS)을 보면 된다. GPS 이야기와 GPS가 어떻게 이 세상을 완전히 바꿔 놓았는지를 알고 나면 우주 경제 전체의 엄청난 잠재력을 이해하는 데 도움이 될 것이다.

1983년 9월 1일, 소련 전투가 한 대가 뉴욕에서 서울로 향하던 대한항공 007편을 격추했다. 냉전이 절정에 달했던 시기에 이 보잉 747 여객기는 항법 오류로 인해 소련 영공으로 들어갔다. 몇 분 지나지 않아 이 비행기를 서방의 정찰기로 생각한 소련 전투기가 미사일을 발사했다. 민간인 269명이 목숨을 잃었다.

이 비극이 일어난 후 로널드 레이건 대통령은 군사용으로 개발 중이던 GPS를 공공재로 만들어 모든 사람이 이용할 수 있게 하겠다고 발표했다. KAL 007편 참사가 이런 조치를 촉발한 것인지, 아니면 그 참사가 레이건 자신이 이미 내린 결정을 발표할 적절한 시점을 제공한 것인지는 모르지만, 전쟁을 위해 개발된 이 기술은 곧 모든 사람이 길을 찾는 데 도움을 주게 되었다. 세상이 완전히 바뀌어 버렸다.

미 상무부의 의뢰로 작성된 2019년 보고서에 따르면 GPS는 1980년대에 일반에 공개된 이래 미국에서만 1조 4000억 달러의 경제적 이익을 창출한 것으로 추정된다.[a] 오늘날, 이 중요한 인프라는 계속해서 새로운 응용 기술을 가능하게 하고 있다. 위치 데이터를 무료로 이용할 수 있게 되면서 전 세계적으로 비즈니스가 기하급수적으로 성장해 2020년 현재 800개 가까운 기업이 새로 만들어졌다. 이들의 기업 가치를 모두 더하면 5000억 달러가 넘는다. 보이지 않는 이 신호가 세계 경제에 미친 중요성은 아무리 강조해도 지나치지 않다. 세계는 운전 경로 표시에서 공급망 조정에 이르기까지 모든 일을, GPS를 비롯한 글로벌위성항법시스템(GNSS)에 의존한다. 우버나 옐프(Yelp), 포켓몬 GO 개발사인 나이언틱(Niantic)은 GPS에 의존해 사업을 한다. 이들 기업의 성과를 합하면 역사상 가장 큰 벤처 기업 성과의 상당 부분을 차지한다. 피치북(PitchBook)의 재무 데이터베이스에 따르면, 2020년까지 엑시트한 상위 25개 GPS 기반의 기업은 초기 투자자에게 평균 690배의 엑시트 멀티플[14]을 가져다주었다. 경험 많은 투자자가 아니라 해도 투자 수익률 690배가 얼마나 대단한지는 알 수 있을 것이다.

GPS는 그 중요성이나 아직 개발되지 않은 잠재력에도 불구하고, 매일 놀라운 가치를 만들어 내는 위성 산업 내의 세 가지 우주 기반 기술 스택[15]의 하나에 지나지 않는다. 이 세 가지 스택은 오늘날 수조 달러의 글로벌 산업을 떠받치는 차세대 디지털 인프라를 대표한

---

14 Exit multiple. 기업이 엑시트할 때의 잔존 가치를 초기 투자 금액의 배수로 표시한 것이다.
15 일련의 기술 묶음

다. 세 가지 스택에 대해서는 뒤에 자세히 살펴보기로 하고, 여기서는 GPS 이야기를 통해 앞으로 할 논의의 틀을 잡을 것이다. GPS는 친숙하고 믿을 수 없을 만큼 가치 있는 기술이면서도 어디에나 존재하고 있어서, 있는지 없는지조차 의식하지 못하는 기술이기 때문이다. GPS에 초점을 맞춰 살펴보면 우주 경제 전체의 잠재력을 이해하는 데 도움이 될 것이다.

시장의 탄생

2012년, 우주의 상업화가 진행됨에 따라 우주 경제는 극적인 성장을 눈앞에 둔 초기 시장의 주요 특징을 모두 보여 주었다. 캘리포니아에 소재한 일론 머스크의 우주선 제작 및 발사 업체 스페이스 X는 국제우주정거장(ISS)에 드래건 우주선을 보냈다. 드래건은 화물과 보급품을 ISS에 운반한 뒤 무사히 지구로 귀환했다. 그 이전에 ISS에 우주선을 도킹시키고 성공적으로 회수한 곳은 초강대국인 러시아, 중국, 미국 정부뿐이었다. 그런데 그해에 민간 기업이 이 대열에 합류한 것이다. 이 일은 다른 사람들의 창업 열망을 자극하기에 충분했다. 이것이 시장이 탄생하는 대표적인 방식이다!

경영학 용어로 말하면 기술 혁신은 S 곡선을 따른다. 처음에는 아이디어가 단속적으로 발전하면서 그때그때 아무렇게나 조금씩 기술 진보가 이루어진다.

마케팅 전문가이자 작가인 제프리 무어가 동명의 저서에서 말한 것처럼 '캐즘을 뛰어넘는 일(혁신 제품을 얼리어답터에서 주류 소비자로 확산하는 일)'[16]은 신제품이 기존 제품보다 월등히 뛰어난 이상적인 경우에도 대단히 어려운 일이다. 많은 유망 기술이 캐즘을 뛰어넘지 못한다. 캐즘을 넘어서긴 하지만 그 과정이 엄청나게 오래 걸리는 유망 기술도 많다.

예상치 못한 높은 비용부터 규제의 걸림돌이나 기존 기업의 방어 전략까지, 아이디어의 확산을 늦출 수 있는 요소는 많다. 가치 제안에 매우 중요한 기술이 빠져 있을 수도 있다. 디자인에 작지만 결정적인 결함이 있어 후속 창업가가 발견하기만 기다리고 있을 수도 있다. 때로는 문화적 타성이 장애물일 때도 있다. 다른 것은 모두 괜찮은데 집요하게 일을 밀어붙이려는 창업가가 없는 경우도 있다.

장애물이 무엇이든 간에 마지막 장애물이 무너지면 얼리어답터가 앞다투어 뛰어든다. 이들은 제품이나 서비스가 자신이 보인 열정만큼 가치가 있다고 생각하면 소문을 퍼트려 새로운 시장을 탄생시키고, 그 결과 창업과 혁신의 물결을 일으킨다. 기하급수적 성장이 뒤따르고, S 곡선은 위를 향한다.

마침내 억눌려 있던 아이디어의 잠재력이 시장으로 발산된다. 후기 다수 수용자와 지각 수용자(예컨대, 당신 부모님 같은 사람들)가

---

16 Crossing the chasm. 국내에는 『제프리 무어의 캐즘 마케팅』이라는 제목으로 출간되었다. '크게 갈라진 틈'이라는 뜻의 캐즘은 '새롭게 개발된 제품이나 서비스가 대중에게 받아들여지기 전까지 겪는 침체기'를 의미한다.

신제품이나 서비스를 이용하기 시작하면 성장 곡선은 다시 평탄해진다. S 곡선의 끝부분이다. 그리고 시간이 지나면서 한때는 혁명적이었던 혁신 기술은 유용성이나 경쟁 우위의 한계에 도달한다. 새로운 아이디어가 등장하고, 그중 하나가 다시 캐즘을 넘어서서 이전의 혁신 기술을 쓸모없게 만든다. 이런 식으로 진공관은 사라지고 트랜지스터가 등장하는 것이다.

　우주 경제의 경우 2012년 이전에는 여러 요인으로 인해 발전이 가로막혀 있었다. 스페이스X가 출현하기 전에는, 무언가를 궤도에 올리는 과정은 어렵고 위험할 뿐만 아니라 복잡하고 돈이 많이 들고 불투명했다. 이 때문에 위성 발사는 소규모 맞춤형 비즈니스였다. 당신이 위성 제조업자였다면 지구를 반 바퀴 날아가 러시아의 로켓 발사업체와 만나 며칠 동안 요구 사항을 논의했을 것이다. 그런 다음 집에 가서 기다렸을 것이다. 그러다 1억 3000만 달러나 9000만 달러, 3억 달러 등 간략하게 정리한 발사 비용을 통보받았을 것이다. 왜 이 금액이 나왔을까? 그건 알 수 없다. 기본적으로 가격 책정은 블랙박스였기 때문이다. 무언가를 우주에 올리려면 돈이 문제가 되어서는 안 됐다. 이 말은 정부 기관이나 대형 통신사업자나 방위산업체 정도는 되어야 물체를 우주에 보낼 수 있었다는 뜻이다. 이와 같이 불투명한 것만으로도 엄청난 진입 장벽이었다. 얼마나 많은 자본이 필요한지 모르는데 어떻게 자본을 모집할 수 있겠는가? 게다가 이것도 우주 경제의 번성을 위해 허물어져야 할 여러 주요 장벽 중 하나에 지나지 않았다.

소프트웨어는 비교적 빠르고 값싸게 '반복을 통한 개선'을 할 수 있다. 정부 기관, 방위산업체, 통신사업자가 주도하는 대규모 인프라 프로젝트는 빠른 반복 개선이 불가능하다. 안타깝게도 지난 수십 년 동안 이들만이 우주 경제에 참여해 왔다. 야심만만한 창업가는 말할 것도 없고 《포춘》 선정 500대 기업 중에서도 평범한 기업은 우주에 접근할 수 없었기에 이 시장은 기본적으로 신규 진입자에게 닫혀 있었다. 신규 진입자가 도입한 크고 야심 찬 아이디어는 찾아보기 힘들었다는 뜻이다. 혁신가에게 우주는 끝이 막힌 길이었다. 쉽게 시험해 보고 반복을 통해 개선할 방법이 없는 아이디어를 왜 추구하겠는가? 에너지와 창의력을 아이폰 앱에 집중하는 편이 훨씬 나을 것이다.

스페이스X는 궤도에 진입하는 과정을 저렴하게 만들었을 뿐 아니라 모든 사람이 볼 수 있게 가격을 공개함으로써 그 과정을 투명하게 만들었다. 창업가가 실제 발사 비용을 기반으로 사업 계획을 수립할 수 있게 되면서 자본을 모집할 수 있게 되었다. 더는 러시아의 회의실에서 비공개 위원회를 거쳐 내놓는 모호한 추정치에 의존할 필요가 없어졌다. 오늘날에는 탄탄한 창업팀과 위성 발사를 활용할 유망한 아이디어가 있으면 자본금을 모집할 기회는 충분히 있다. 뒤에 설명하겠지만, 스페이스X의 차기 발사체인 스타십(Starship)은 궤도 진입을 훨씬 더 저렴하게 만들 것이다. 하지만 우주의 경제성을 근본적으로 바꿔 이런 눈덩이 효과를 처음 일으킨 것은 팰컨 9(Falcon 9) 발사체였다.

스마트폰은 규모의 경제 덕분에 프로세서와 센서, 그리고 그 밖의 전자 부품 비용을 엄청나게 낮추면서도 품질과 기능을 급상승시킬 수 있었다. 하지만 스페이스X가 출현하기 이전의 위성 엔지니어들은 '우주 헤리티지'가 있는 부품, 즉 소비자 기준으로 보면 완전히 구식이라 해도 지금까지 우주에서 성공적으로 사용되어 온 기술로 만든 부품을 사용할 수밖에 없었다. 마찬가지로, 다른 모든 산업이 클라우드에 데이터를 저장하고 처리하는 편리한 방법을 쓰고 있는데도 위성 데이터는 전용 서버 팜에 저장되어 있어 돈이 많이 들고 수동적이며 답답할 정도로 관료적인 프로세스를 통해서만 접속할 수 있었다.

스페이스X가 우주선 발사 비용을 낮추고 가격을 투명하게 공개함으로써 첫 번째 도미노를 무너트리자 큰 위성 하나 대신 값싸고 정교한 소형 위성 여러 기를 우주로 보내는 것이 가능해졌다. 이제 소형 위성 하나가 고장 나더라도 백업할 수 있는 여러 위성을 가질 수 있게 되었다. 이렇게 되자 엔지니어들이, 헤리티지가 있는 부품보다 저렴하면서도 성능이 뛰어난 기성 부품을 자유롭게 쓸 수 있게 됨으로써 수십 년 걸려야 할 기술 혁신이 한꺼번에 이루어지는 효과가 발생했다. 마찬가지로, 위성을 팰컨 9에 실어 궤도에 진입시킨 신규 위성 사업자들은 새 서버 팜에 돈을 투자하는 대신 데이터를 클라우드에 전송하는 편리함을 누릴 수 있게 되었다. 이런 변화에 자극받은 기존 위성 사업자들도 신규 사업자의 뒤를 따라 그동안 축적해 놓은 방대한 양의 위성 데이터를 새로운 애플리케이션에 쓰기 시작했다.

우주 경제에 대한 민간 시장의 자본 투자

스페이스X 설립 이후

(단위: 십억 달러)

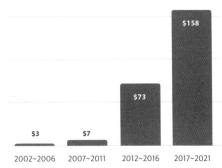

지역별 누적 투자 비율(2013년~2022년)

지역별 총투자 규모

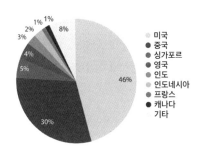

우주 경제의 성장을 가로막는 마지막 장벽은 자본에 대한 접근성이었다. 스페이스캐피털이 등장한 배경이다. 내가 스페이스캐피털을 설립할 당시에는 우주 경제에 초점을 맞춘 벤처캐피털 활동이 없었다. 성장 가능성이 있는 신규 진입자에게 시장이 개방되자 자본 투자가 이루어지기 시작했다. 앞 쪽의 그림을 참고하라.

어떻게 여기까지 왔을까?

달 착륙은 20세기 최고의 기술적 위업이었다. 그로부터 50년 뒤 미국은 여전히 세계를 지배하는 강대국이었지만 자체적으로 유인(有人) 우주선을 발사할 능력을 잃었다. 2011년, 문제가 많았던 우주 왕복선 프로그램이 끝나면서 미국은 러시아에 의존해 우주 비행사를 ISS에 보내야 하는 역사적 아이러니에 빠져들었다. 이른바 우주 경쟁의 '승자'가 '패자'에 의존해 우주선을 발사하는 것은 치욕이었다.

마찬가지로, 고분고분하지 않은 성향의 남아공 출신 기술 창업가 한 사람이 역사상 가장 극적인 기술적 변혁을 추진해 20년도 안 되는 기간에 미국을 우주 분야의 후행 주자에서 선두 주자로 끌어올린 것 또한 놀라운 일이었다.

나는 스페이스X의 발전 과정을 가까이에서 지켜본 사람으로서, 일론 머스크의 성공이 결코 하루아침에 이루어진 일이 아니라고 말할 수 있다. 그래도 머스크는 끈질기게 버텼다. 그가 이렇게 한 이유는 분명했다. 머스크는 한 인터뷰에서 다음과 같이 말했다. "기본적으로 인류의 미래는 두 방향으로 나뉠 것입니다. 여러 행성에 흩어져 살거나, 궁극적으로 어떤 멸종 사건이 일어날 때까지 한 행성에 갇혀 사는 것입니다."[b] 상황이 나쁘게 돌아가도, 그리고 스페이스X가 회사로서 여러 난관에 부딪혀 왔어도, 회사는 이 사명 때문에 계속 유지되고 있다. 머스크는 우주왕복선 프로그램이 끝나고 얼마 지나지 않아 뉴스쇼 「식스티 미니츠」에 나와 이렇게 말했다. "아주 중요한 일이라면 성공 확률이 낮아도 해야 합니다."[c] 오늘날 스페이스X는 그 확률을 높여 가고 있다.

미국의 우주선 발사 역량이 저하된 이유와 그 역량이 부활한 주요 요인에 대해서는 6장에서 자세히 살펴볼 예정이다.

기회의 크기를 측정하라

궤도 접근 비용이 낮아진 것은 중대한 변화이기는 하지만, 그렇다고 해서 투자자나 창업가, 야망 있는 전문가에게 실제적인 영향을 미칠까? 스페이스X 산하의 스타링크(Starlink) 같은 우주 인프라 기업을 세우는 일은 여전히 값싼 노트북을 구입해 모바일 앱을 프로그래밍하는 것보다 훨씬 어려우며 돈도 훨씬 많이 든다. 그러나 뒤에서 자세히 살펴보겠지만, 오늘날의 창업가가 이용할 우주 경제의 경제적 잠재력 대부분은 새로운 소프트웨어 애플리케이션으로 위성이 제공하는 데이터를 활용하는 데서 나온다. 따라서 1인 창업가라도 이런 비즈니스를 성공적으로 일으킬 수 있다. 거대한 격납고 따위는 필요 없다. 우주 경제의 경제적 잠재력은 의심할 여지 없이 모두에게 열려 있다. 문제는 신생 시장의 위험을 인식하면서도 이렇게 열리는 새로운 기회를 어떻게 발견하고 활용할 수 있느냐 하는 것이다.

성공은 여러 요인에 의해 좌우되지만 그중에서도 가장 중요한 것은 타이밍이다. 예를 들어 빌 에어로스페이스(Beal Aerospace)는 스페이스X가 등장하기 전에 스페이스X 같은 기업이 되고자 했던, 자본력이 탄탄한 민간 기업이었다. 하지만 빌 에어로스페이스는 기술적 문제에 직면했을 뿐만 아니라 정부와의 계약에서 관련 방위산업체의 방해 공작을 깨는 데 실패했다. 이와 대조적으로 스페이스X가 등장했을 때는 정치적 여건이 훨씬 좋았다. 빌 에어로스페이스 대신 스페이스X가 사업을 추진했더라면 성공할 수 있었을까? 대답하기 어려운 질문이지만, 어쨌든 스페이스X가 사업에 뛰어든 시기가 타이밍이 더 좋았다는 사실에는 의문의 여지가 없다. 마찬가지로 화성 기지에서부터 소행성 채굴에 이르기까지 우주 경제의 신흥 산업들도 언젠가 때가 오겠지만, 그 때가 오늘은 아니다. 먼 미래의 가능성에 주의를 빼앗겨 당장 실현할 수 있는 현재의 기회를 놓쳐서는 안 된다.

창업가들은 언제나 지나치게 야심적일 뿐만 아니라 물리적으로도 완전히 불가능한 아이디어를 들고 와 우리를 설득하려 한다. 우리는 이런 것을 잘 파악한다. 머리말에서도 이야기했듯이, 스페이스캐 피털의 톰 잉거솔을 비롯한 전문가들은 발사체나 위성, 운영 시스템 등을 만들어 본 경험이 있고, 현재 우주에 자산을 보유한 기업을 설 립하기도 했으며, 사업 운영자로서 여러 차례 기업의 엑시트를 주도 해 본 경험이 있다. 스페이스캐피털은 실적과 축적된 전문성 덕분에 최고의 벤처캐피털과 사모펀드 회사에 신뢰할 수 있는 운영 지침을 제공하는 기업이 되었다.

성공하려면 사전 조사를 철저히 해야 한다. 우주 경제와 같은 초 기 시장은 흥미진진하고 역동적이며 빠르게 움직이지만, 사기꾼이 들끓는 온상이기도 하다. 해당 분야를 조사해 보는 것만으로도(이 책을 읽는 것도 그중 하나다.) 많은 위험을 예방할 수 있을 것이다. 무 슨 일이든 나중에 돌이켜 보면, 분명 말도 안 되는 허황한 일인데도 맹목적으로 그 일에 휩쓸려 들어가는 사람들의 모습이 잘 보이기 마 련이다. 직업을 선택하든, 투자 기회를 찾든, 창업할 틈새시장을 물 색하든, 우리는 모두 대박을 터트리고 싶어 한다. 당신 자신에게도 그런 면이 있다는 것을 알고 항상 조심해야 한다. 누구나 예측은 할 수 있다. 하지만 주어진 기회가 왜 시간과 돈과 열정을 쏟아부을 가치 가 있는지 명확하고 합리적으로 설명할 수 없다면 그 기회를 포기하 라. 그렇지 않으면 그 셋을 전부 걸고 도박을 벌이게 될 것이다.

이 책은 현재 우리 머리 위에서 궤도를 돌고 있는 기회에 대해 생 각해 보는 길을 제시할 것이다. 이 책을, 혁신과 기회로 이루어진 이 혼란스러운 지형을 이해하기 위한 지도, 다시 말해 인공지능(AI)이나 기후 기술(climate tech) 같은 다양한 분야를 모두 보여 주는 지도로 생각하라. 나는 당신에게 우주 경제야말로 우리 시대의 가장 큰 기회에 초점을 맞출 수 있게 해 주는 렌즈라는 점을 확신시킬 생각이다. S 곡선을 기준으로 말하자면 오늘날 많은 우주 기술은 1980년 대의 GPS와 같은 선상에 놓여 있다. 당시에는 트림블(Trimble)이나 마젤란(Magellan), 가민(Garmin) 같은 선견지명이 있던 기업들이 잘 알려지지 않은 위성 기반의 위치 측정 시스템을 군사용에서 주류 기술로 끌어올렸다.

사람들은 언제나 기술 발전의 속도를 잘못 알고 있다. 새로운 혁신 기술이 등장하면 우리는 모두 곧 실현될 엄청난 가능성을 상상한다. 하지만 그런 가능성이 바로 실현되지 않으면 우리는 금방 냉소적으로 바뀌어 그 기술에 관심을 기울이지 않는다. 그사이 대중의 시선 밖에서는 초기의 혁신 기술이, 처음에는 느릴지라도 점점 빠른 속도로 발전을 거듭한다. 기술 발전은 초기의 기대치를 충족할 뿐만 아니라 그 기대치를 뛰어넘을 때까지 계속 이루어진다. 우주 경제는 이 변곡점에 도달해 있다. 이제 관심이 생기는가?

지금이 적기인 이유

우주 경제는 2021년 기록적인 수준의 투자를 끌어냈다. 그런 다음 역풍을 맞았다. 계속되는 코비드 19의 여파, 우크라이나 전쟁, 기후 변화와 그 결과(대규모 이주, 질병, 기근 등), 역사상 가장 길었던 강세장의 종식 같은 것들이다. 이런 것들도 비즈니스 리더를 비롯해 모든 사람을 밤잠 못 이루게 하는 재앙의 일부에 지나지 않는다. 이런 글로벌 과제에는 글로벌 해결책이 필요하다.

불확실한 시기에는 정보가 더 중요해진다. 상황이 어려워질수록 기업과 정부는 우주 기반 데이터에 돈을 더 많이 쓸 수밖에 없다. 지구의 궤도는 전 세계의 각종 상황 정보를 수집하고 전달하기에 가장 좋은 위치다. 상공에서 바라보는 시각을 대체할 수 있는 것은 아무것도 없다. 오늘날 우주 기술은 보이지 않는 중추로서 세계 경제를 지탱하고 있다. GPS와 나머지 두 개의 위성 기술 스택인 지리공간정보(GEOINT)와 위성통신(SatCom)은 금방 사라져 버리는 메탄 가스 배출 추적부터 글로벌 운송 경로 최적화에 이르기까지 여러 가지 일을 하며 대부분의 주요 산업에서 중요한 역할을 한다. 이러한 이유로 우주 경제는 경기 순환 방향을 거슬러 움직일 것이다. 호황기에는 우주 기반 데이터가 사업 확장에 도움을 줄 것이고, 불황기에는 사업에 회복 탄력성을 부여할 것이다.

'우주 경제'라는 말을 듣고 우주의 가장자리에 '억만장자 우주인'을 쏘아 올리는, 블루오리진(Blue Origin)이나 버진갤럭틱(Virgin Galactic) 같은 회사의 '우주 관광'을 떠올리는 사람도 있을 것이다. 하지만 그런 회사보다 가까운 장래에 실현될 우주 기반 기술의 잠재력을 훨씬 더 잘 보여 주는 회사는 플래닛랩스다. 플래닛랩스는 스페이스X 시대에 더는 5중의 안전장치와 극도의 복원력(resilience)을 염두에 두고 위성을 설계하는 NASA 방식이 적합하지 않다는 사실을 깨달은 NASA의 전직 엔지니어들이 2010년에 설립한 회사다. 분산 네트워크로서 작동하는 값싼 소형 위성을 무더기로 쏘아 올릴 수 있는데, 왜 오류가 없는 위성 하나를 만드느라 막대한 시간과 돈을 써야 하나? 몇 기가 고장 나더라도 네트워크가 계속 돌아가게 할 위성은 얼마든지 있다. 소비자 가전의 발전으로 당초 자동차나 휴대폰용으로 개발된 저가의 기성 부품을 사용해 기존의 가장 정교한 기능보다 더 뛰어난 기능을 갖춘 위성을 만들 수 있게 되었다.

플래닛랩스는 그전보다 저렴해진 위성 발사 서비스를 이용해 사업을 시작한 선구적 기업이다. 스페이스캐피털의 첫 투자 회사이기도 하다. 하지만 2015년 우리가 펀드 운용을 시작할 때 플래닛랩스는 이미 시리즈 C[17] 성장 자본을 모집하는 중이었다. 플래닛랩스는 2017년부터 매일 지구 전체를 촬영하는 소형 위성 네트워크를 운용하고 있다. 현재 이 회사 주식은 뉴욕증권거래소에 상장되어 있다.

플래닛랩스는 현재 가능한 사업의 한 예에 지나지 않는다. 증기 기관이나 트랜지스터, 레이저 등과 같은 주요 혁신 기술이 그랬듯이, 스페이스X도 자신을 둘러싼 스타트업 생태계를 탄생시켰다. 궤도를 여는 것은 미래를 여는 일이다.

---

17 스타트업 투자 단계의 하나. 회사를 빌드업하는 시리즈 B의 다음 단계로, 시장점유율을 높이고 사업을 확장하는 단계. 사업이 이미 시장의 검증을 마친 단계라고 할 수 있다.

우주 경제의 크기는 얼마나 될까?

2021년 11월 15일 ISS에 있던 일곱 명의 우주 비행사는 파편이 몰려와 우주정거장이 손상될 수 있으니 안전한 곳으로 대피하라는 경보를 들었다.[d] 러시아가 예고 없이 대위성 무기(anti-satellite weapon, ASAT)를 시험하느라 수명이 다한 2톤 무게의 구소련 위성을 폭파하는 바람에 수십만 개의 파편이 지구 궤도로 흩어져 우주정거장에 있던 우주인들을 위험에 빠트렸던 것이다. 우주인 중에는 러시아인도 두 명이나 있었다. 이 황당한 사건에서 더 놀라운 것은 우리 스페이스캐피털의 포트폴리오[18]에 있던 민간 기업이 미국 정부보다 폭발과 그 결과를 더 잘 추적했다는 점이다.

나중에 러시아는 우크라이나 침공을 시작한 후 ASAT를 사용해 외국 위성을 격추하겠다고 위협했다. 정보가 전쟁 지역 밖으로 새어 나가지 못하게 정보의 흐름을 통제하려는 러시아의 상투적 수법에 민간 위성 산업이 방해가 되었기 때문이다. 전 세계의 민간인들이 구글맵스의 교통 정보를 보고 침략군의 진격 상황을 추적할 수 있었다. 스페이스X가 스타링크 단말기를 우크라이나로 보내 우크라이나인들이 통신망에 접속하거나 군사 작전을 조정할 수 있게 도와주자, 우크라이나의 통신을 차단하고 선전을 통해 여론을 조작하려던 러시아의 노력은 더 힘들어졌다.

---

18 일반적으로는 '위험을 최소화하기 위해 다양한 투자 대상에 분산하여 자금을 투입하여 운용하는 일'을 말한다. 여기서는 벤처캐피털 회사나 사모펀드 회사가 투자하여 관리하는 회사의 집합을 의미한다.

미국이 주도한 '사막의 폭풍 작전'이 최초의 GPS 전쟁이었던 것처럼 우크라이나 전쟁은 최초의 우주 전쟁이다. 우주 경제의 경제적·정치적 중요성은 더 이상 부정할 수 없다. 그리고 이제는 전략적 중요성까지 추가되었다. 우주 경제가 기하급수적으로 성장하고 있는 이유다. 2022년 1분기에만 70억 달러가 넘는 돈이 118개의 우주 기업에 투자되면서 우주 경제에 투자된 민간 자본 총액은 2500억 달러를 넘어섰다. 이 중 4분의 3은 미국과 중국에서 이루어진 것이지만, 뉴질랜드(로켓랩Rocket Lab)에서부터 일본(아이스페이스iSpace), 핀란드(아이스아이ICEYE)에 이르기까지 세계의 거의 모든 곳에서 활발한 활동이 일어나고 있다. 우주 경제는 점점 국제화되어 가고 있으며, 무대는 누구에게나 열려 있다.

　2012년에서 2021년 사이에 민간 자본은 GPS, GEOINT, SatCom 등 세 가지 위성 기술 스택을 망라하는 약 2000개의 기업에 돈을 투자해 혁신 기술을 촉진했다. 이 세 가지 스택은 각각 인프라, 분배, 애플리케이션이라는 세 계층으로 이루어져 있다. 인프라 계층은 우주 기반의 자산을 제작하고, 발사하고, 운용하는 것과 관련된 하드웨어와 소프트웨어를 말한다. 분배 계층은 이들 자산에서 만들어진 데이터를 수신하고, 가공하고, 저장하고, 전달하는 것과 관련된 하드웨어와 소프트웨어다. 애플리케이션 계층은 이 데이터를 이용해 고객에게 제품과 서비스를 제공하는 하드웨어와 소프트웨어를 말한다. 예컨대, 록히드마틴(Lockheed Martin)은 위치와 타이밍 데이터를 생성하는 GPS 위성을 발사한다.(인프라) 트림블이나 가민 같은 회사는 위성으로부터 GPS 신호를 수신하는 단말기를 만든다.(분배) 우버나 옐프, 나이언틱 같은 소프트웨어 개발사는 GPS 데이터에 의존하는 소프트웨어를 만든다.(애플리케이션) 가민 같은 분배 회사나 우버 같은 애플리케이션 회사는 GPS 위성 자체에서는 아무 역할이 없어도 GPS 스택에 포함된다.

지난 10년 동안 우리가 목격한 우주 경제의 성장 대부분은 이제는 10년이 지난 발사 패러다임을 기반으로 이루어진 것이다. 재사용률 100퍼센트가 될 스페이스X의 거대한 우주선 스타십이 등장하면, (이 혁신적인 발사체의 중요성에 대해서는 뒤에 자세히 설명할 예정이다.) 우리는 성장 속도를 더욱 가속화하고 완전히 새로운 산업을 가능하게 할 새로운 발전 단계에 접어들게 될 것이다. 우주 경제는 자원 고갈에서 기후 변화에 이르기까지 우리 시대의 가장 절박하고 시급한 문제에 대해 실현 가능한 해결책을 약속한다. 그래서 빠르게 성장할수록 더 좋다.

미국이 품은 우주를 향한 야망의 흥망성쇠

독일의 V-2는 최초의 유도식 장거리 탄도 미사일이자 우주에 진입한 최초의 인공물이었다. 1944년 V-2 한 발이 지구의 대기권과 외부 우주 사이의 경계로 여겨지는 카르만 선(Kármán line)을 넘었다. 해발 100km 상공의 카르만 선은 공기가 너무 희박해 양력을 만들어 낼 수 없기에 프로펠러 비행기가 넘을 수 없는 선으로 정의된다.

제2차 세계대전이 끝난 후 독일 엔지니어 베르너 폰 브라운과 그와 함께 일하던 전문가들은 페이퍼클립 작전[19]에 따라 미국으로 가게 되었다. V-2 개발자였던 이들은 미국을 도와 로켓을 개발했고, 1958년에는 첫 번째 인공위성 익스플로러 1호를 제작했다. 그러다 나치 친위대 장교였던 폰 브라운은 새로 만들어진 마셜우주비행센터의 책임자가 되어 아폴로 탐사선을 달로 보낸 새턴 V 로켓의 개발을 주도했다. 미국은 폰 브라운과 그의 동료들에게 미국의 가장 비밀스러운 장소와 프로젝트에 접근할 권한을 부여할 만큼 우주를 지배하는 것이 국가의 미래에 매우 중요하다고 생각했다.

세상에 페이퍼클립 작전밖에 없었다면 우주 개발이 더 느리게 진행되었을지도 모른다. 어쩌면 아직도 최초의 달 착륙을 위해 노력하고 있을 수도 있다. 그런데 미국에 충성을 맹세한 독일 출신 과학자들은 1600명 남짓으로, 소련이 데려간 2200명의 과학자와 엔지니어에 비해 그 수가 확실히 적었다. 두 강대국이 독일의 로켓 전문가들을 비밀리에 보유하며 같은 목표를 추구하기 시작하자 우주와 관련된 프로젝트의 성공 하나하나가 국가적 자존심이 걸린 문제가 되었다. 발전의 모든 단계가 경제 시스템과 정치적 세계관의 우열을 가리는 논거가 되었다. 자본주의와 공산주의 중 어떤 모델이 더 빠른 발전을 이끄는가?

---

19 제2차 세계대전 이후 미국 전략사무국(OSS)에서 나치 독일의 과학자들을 포섭하고자
실시했던 작전이다.

돌이켜 보면 미국과 소련 간의 우주 경쟁은 경제적인 측면에서만 보면 이해할 수 없는 일이다. 아폴로 프로그램 같은 것이 미국의 국가 안보에 어떤 식으로든 중요한 면이 있었다는 생각은, 그 돈과 노력을 핵무기나 핵 억지력에 쏟아부었더라면 어떤 성과를 거두었을까를 생각해 보면 빈약한 명분으로 느껴진다. 그럼에도 양국은 최초의 인공위성 궤도 진입에서부터 인류 최초의 달 착륙에 이르기까지 각 단계의 우주 '최초'를 추구하느라 막대한 돈과 노력을 쏟아부었다. 그러면서도 그 중대한 각각의 최초가 모두 달성되고 나면 어떻게 할지에 대한 생각은 거의 하지 않았다.

소련은 이 궤도 선점 경쟁에서 초기에 앞서나갔다. 미국이 위성 발사 의지를 천명하자 여기에 자극받은 소련은 1957년 최초로 스푸트니크 1호를 발사해 세계를 놀라게 했다. 이듬해 미국은 미국 최초의 위성 익스플로러 1호를 발사했지만 대중은 은메달에는 관심이 없었다. 뼈아픈 패배였다. 이후에도 소련은 더 많은 최초를 이어 나갔다. 라이카는 우주에 간 최초의 포유류였고(1957년), 루나 1호는 지구 궤도 밖으로 날아간 최초의 우주선이었고(1959년), 루나 2호는 달에 착륙한 최초의 우주선이었으며(1959년), 유리 가가린은 우주에 간 최초의 인간이었다.(1961년) 어쩌면 소련의 주도권은 미국보다 600명 더 많이 확보한 독일의 로켓 전문가 덕분이었는지도 모른다. 어쨌든 소련은 미국을 당황하게 했다. 잔인하고 가차 없는 소련의 기술 개발 접근법은 놀라운 성과로 인해 정당화되는 것처럼 보였다. 미국식이 정당화되려면 뭔가 극적인 일이 일어나야 했다.

1962년 존 F. 케네디는 충격에 빠진 미국인들에게 연설을 했다. 이 젊은 미국 대통령은 라이스대학에서 4만 명의 청중을 앞에 두고, 우주와 관련된 다른 어떤 일보다도 달에 미국인을 착륙시키는 일을 우선시하겠다고 했다. "이 일이 쉬워서가 아니라 어려워서"라는 것이 그 이유였다. 이 문제와 관련해 케네디는 이미 의회에 달 착륙 프로젝트(폰 브라운은 이것이 다음에 추구해야 할 목표라고 믿었다.)에 자금을 지원하겠다는 의사를 밝혔지만, 의원들은 이 아이디어에 냉담한 반응을 보였다. 쉽게 알 수 있는 이유 때문이었다. 여론조사 결과 대다수의 미국인은 너무 돈이 많이 들고 너무 위험하다는 이유로 달 착륙에 반대하는 것으로 드러났다. 정부는 우주보다는 지구 문제에 집중해야 한다는 것이었다. 전임 대통령 아이젠하워는 이 아이디어를 '미친 짓'이라고 했다. 하지만 미국 이미지를 직접 겨냥한 케네디의 열정 넘치는 감동적 연설은 여론의 흐름을 바꾸어 놓았다.

케네디의 계획에서 우리가 잊어버리고 있던 것 하나는 그가 달 착륙을 위해 소련과 협력하고자 했다는 점이다. 니키타 흐루쇼프도 결국 이 가능성을 긍정적으로 검토했던 것으로 보인다.[e] 적어도 소련에는 미국의 최신 기술을 엿볼 수 있는 소중한 기회가 될 터였기 때문이다. 불행하게도 케네디는 소련과의 협력이 성사되기 전에 암살당했고, 이 계획은 다음 정부에서 즉시 폐기되었다. 미국은 죽이 되든 밥이 되든 이 목표를 혼자 힘으로 달성하기로 했다. 그리고 1969년 7월 20일 이 목표를 달성했다. 이날 달 착륙선 이글이 달 표면에 착지했고, 닐 암스트롱과 버즈 올드린은 지구에서 가장 가까운 이웃 천체에 발을 디딘 최초의 인류가 되었다. 이후, 마지막 탐사선 아폴로 17호가 유진 서넌과 잭 슈미트를 달 표면에 내려놓을 때까지 다섯 번의 유사한 달 탐사 임무가 뒤를 이었다.

서넌과 슈미트가 달 표면을 떠난 지 반세기가 넘었지만 아직도 달에 돌아간 인류는 한 사람도 없다. 미국이 이 놀라운 위업을 달성하고도 달뿐만 아니라 우주 탐사 전반에 서서히 등을 돌리게 된 이유로 다음과 같은 몇 가지 중요한 요인을 지목할 수 있을 것이다. 경제 위기, 1986년의 챌린저호 폭발 사고, NASA가 협력업체에 대가를 지급하는 방법의 구조적 문제 등과 같은 것이다. 이런 현실적인 문제를 비롯한 여러 문제점에 대해서는 6장에서 자세히 살펴볼 예정이다. 하지만 미국의 우주를 향한 야망이 시들해진 근본적인 이유는 1963년 11월 22일 댈러스에서 일어난 존 F. 케네디의 암살 때문일수도 있다. 케네디는 경제적으로 실행 가능한 미국의 장기 우주 프로그램에 대한 비전을 수립하기도 전에 삶과 대통령직을 마감했다. 미국은 아폴로 11호로 인간의 달 착륙이라는 단기 목표를 달성한 후에는 그다음 단계로 무엇을 해야 할지에 대한 국가적 차원의 리더십이 없었다. 전후 호황이 사라지고 1970년대에 접어들면서 미국 경제가 삐걱대기 시작하자 우주에 투자하는 것이 성장과 혁신의 엔진이라기보다는 '바로 여기'에 있는 시급한 문제를 해결하는 데 방해가 되는 것처럼 보였다. 현재 우주 기술이 제공하는 경제적 가치를 떠올려 봤을 때 이보다 더 잘못되고 해로운 오해를 생각해 내기도 어렵지만, 당시에는 우주가 매우 멀다고 느껴졌다.

식어 가는 미국의 우주 야망을 상징하는 것은 우주왕복선 프로그램이었다. 아폴로나 머큐리 같은 로마 신의 이름을 딴 야심 찬 임무를 수행하던 나라가 불과 몇 년 사이에 지구 저궤도(LEO)로 '왕복선(shuttle)'을 보내는 신세로 전락했다. 국민 상상 속의 NASA는 조금 더 멋져 보이는 항만청에 불과했다. 진부하고 무의미하다는 이런 인상은 급증하는 예산, 산발적이면서도 의미 없는 성과, 점점 쌓여 가는 실패와 사고로 인해 더 강화되었다. 2011년 NASA가 문제가 많았던 우주왕복선 프로그램을 대체 프로그램 없이 끝내자 미국의 역량에 큰 공백이 생겼다. 하지만 언론에서는 우주왕복선 프로그램의 종결을, 조금 더 야심 찬 시대를 희미하게 떠올리게 하는 역사적 각주 정도로만 다루었다.

예상치 못한 부활

얼마 전까지만 해도 NASA는 비생산적이고 근시안적인 대가 지급 방식으로 인해 낭비와 실패로 뒤범벅된 시스템하에서 운영되었다. 바꿔 말하면 미국의 여느 대규모 정부 관료 조직과 크게 다를 바 없었다. NASA는 발사체나 위성을 제작할 일이 생기면 몇 되지 않는 방위산업체 중 한 곳을 찾아가 막대한 돈을 주고 정해진 사양에 따라 제작해 달라고 요구했다. '원가 가산 방식(cost-plus)'이라고 알려진 계약 방법이다. 계약 업체들은 제시간에 예산 범위 내에서 일을 끝내기보다 일을 오래 끌면 돈을 더 많이 받아낼 수 있다는 사실을 금방 알아차렸다. 만약 중요한 목표를 달성하기 위해 수년간 수십억 달러를 쓰고도 별다른 진전을 보지 못했다면 보물 창고로 달려가 더 많은 돈을 요구하며 이렇게 말할 것이다. "이 엔지니어링 작업은 우리가 예상했던 것보다 어렵군요. 이 일을 마치려면 2년의 시간과 ×억 달러의 돈이 더 필요합니다."

원가 가산 방식하에서 NASA는 동의하는 것 외에는 별다른 방법이 없었다. 결국 돈을 더 지급하고 필요한 것을 얻거나 프로젝트를 완전히 포기하거나 둘 중 하나였다. NASA의 협상력은 주기적으로 돌아오는 발사 가능 시간대로 인해 더 제한되었다. 1980년대와 1990년대에 미국의 우주 혁신이 왜 정체되었는지 궁금하다면 원가 가산 방식만 보면 된다. 정부는 방위산업체의 고객이 아니라 봉이었다. 결론적으로 이들 기업은 작업을 효율적으로 수행하기 위해서가 아니라 많은 유권자의 고용을 유지하기 위해 정부 자금을 받은 셈이었다.

6장에서 만나게 될 매우 현명한 몇몇 지도자 덕분에 2000년대 들어 NASA에 탄탄한 새 제도가 도입되었다. '고정 가격 방식(fixed-price)'이라는 이 제도 아래서는 NASA가 자신이 원하는 바를 "이 정도의 인원과 이 정도의 화물을 ISS에 보낼 수 있는 발사체를 이 일정에 맞게 개발하시오."라는 식으로 제시한다. 그리고는 "이 가격 범위 내에서 이 작업을 수행할 수 있으면 대금 지급이 보증됩니다."라고 시장에 공표한다. 계약 업체가 NASA의 요구 사항을 충족하면 확실한 수입을 보장받을 수 있다. 예산 범위를 초과하면 그것은 계약 업체의 문제다. 이런 대가 지급 방식을 도입하자 진정한 경쟁이 가능해졌다. 2020년 미국 회계감사원은 의회에 제출한 보고서에서 다음과 같은 결론을 내렸다. "고정 가격 계약은 (…) 계약 업체에는 원가를 통제하고 작업을 효과적으로 수행할 최대한의 동기를 부여하고, 계약 관리 부서에는 최소한의 행정 부담을 지운다."[f]

고정 가격 계약은 우주 경제에 필요한 활력소였다. 경쟁은 비용을 절감하고 효율성을 높이며 혁신을 촉진한다. 여러 사업자가 상업적 조건 아래 경쟁하면 고객, 즉 NASA는 비용 절감, 개발 속도 상승, 계약 업체의 책임감 증대, 임무 달성의 확실성 향상 등의 혜택을 얻는다. NASA는 대가 지급 방식을 고침으로써 스페이스X를 비롯한 신규 진입자가 번창할 기회를 제공했다.

스페이스X의 전체적인 이야기는 이 책의 범위를 벗어나는 것이지만, 그래도 일부 세부적인 요소는 나중에 좀 더 자세히 다룰 예정이다. 여기서는 스페이스X가 왜 우주 경제에 중요한 역할을 하는지를 이해하는 것으로 충분하다. 발사 가격이 투명해지면서 스페이스X보다 규모가 작은 기업이나 스타트업은 비용을 계산하고, 현실적인 사업 계획을 세우고, 우주 기반의 프로젝트를 추진할 자금을 확보할 수 있게 되었다. 그러자 극적인 효과가 나타났다. 플래닛 랩스의 성공도 그중 하나다. 동시에, 부분적 재사용을 통해 발사 비용이 10분의 1 수준으로 떨어지면서 벤처캐피털의 문이 열렸다. 가격 하락의 결과, 엄청난 액수의 투자 자금이 우주 경제로 쏟아져 들어왔다.

조만간 스페이스X의 새로운 발사체 스타십이 등장하면 상황은 완전히 다른 차원으로 넘어갈 것이다. 주로 스테인리스 스틸로 만들어지고 희귀하거나 값비싼 재료를 거의 사용하지 않는 스타십은, 기술적 정교함에도 불구하고 NASA의 발사체보다는 여객기에 더 가까운 디자인 철학을 보여 준다. 스타십은 저렴한 제작 비용, 저렴한 운용 비용, 빠르고 완전한 재사용을 목표로 하고 있다. 비행기가 도착할 때마다 운행한 비행기를 바닷속에 던져 버리고 격납고에서 새 비행기를 끌고 나오는 세상의 항공료를 생각해 보라. 혁신은 아주 느리게 진행될 것이고, 비행기 여행은 억만장자만 할 수 있을 것이다.

지구, 달, 화성에서 발사와 착륙이 가능한 스타십은 새로운 가능성의 시대를 열 것이다. 감당할 수 있는 가격으로 달에 보냈다가 다시 받을 수 있는, 부피 1100m³에 달하는 가압 컨테이너[20]가 있다면 무슨 일을 할 수 있을지 생각해 보라. 현재 우리는 우주 화물을 킬로그램 단위로 계산한다. 스타십은 100톤을 운반할 수 있다. 커다란 수코끼리 150마리와 맞먹는 무게로, 현존 최고의 발사체인 팰컨 9보다 1000퍼센트 향상된 성능이다. 현재 팰컨 9 로켓으로 사람을 우주에 보내는 데 드는 비용은 인당 7500만 달러에 이른다. 그런데 머스크는 스타십 한 대의 전체 발사 비용이 1000만 달러 미만이 될 것이라고 자신한다.

---

20 우주선의 탑재 공간을 의미한다.

스타십은 모든 것을 바꿔 놓을 것이다. 하지만 대부분의 사람은 이 변화가 얼마나 엄청난 것인지 이해하는 데 시간이 걸릴 것이다. 예컨대 스타십의 성능과 발사 비용을 고려했을 때, 가격은 어찌 해볼 수 없는 것이기에 우주 화물의 부피나 크기를 최대한 줄이겠다는 표준 전략은 더 이상 의미가 없어질 것이다. 대단히 복잡하고 비효율적이며 이중, 삼중의 안전장치를 갖춘 우주정거장은 이제 잊어라. 이론적으로 스타십은 궤도에서 연료를 무한정 재공급받을 수 있다. 여기에 장비를 채우고 승무원 공간을 만들면 DIY 우주정거장이 되는 것이다. 여기에 이집트산 면 타월을 넣어 주고 세련된 이름까지 붙이면 그게 바로 우주의 메리어트호텔이 아니겠는가? 스타십에 기계장치를 채우면 무중력 마이크로칩 공장이 된다. 달나라 여행에 관심이 있는가? 주문 제작한 험비 차량 몇 대와 수리 장비를 가져갈 수 있다면 맞춤형 달 장비는 필요 없을 것이다. 스타십 뒤로 험비를 타고 나와 코페르니쿠스 분화구로 천천히 몰고 가면 된다. 언젠가는 존디어 트랙터가 최초의 달 기지를 건설할 터를 닦을지도 모른다.

스타십은 우리의 우주 활동 방식을 근본적으로 바꿀 것이다. 2023년에 첫 번째 본격적인 궤도 시험 비행이 예정되어 있는 스타십은 우주 경제의 진입 장벽을 더 낮추고 완전히 새로운 애플리케이션 개발을 촉진할 것이다. 우주 탐사는 수십 년 동안 정체되었다. 오늘날 민간 역량은 정부 역량을 빠르게 앞지르고 있다. 그러다 보니 NASA나 미국의 방위산업체, 중국을 비롯한 기타 주요 국가는 민간 업체를 따라잡기 위해 노력해야 하는 상황에 처했다.

우주는 국제적이다

지금쯤이면 이야기가 미국 쪽으로 기울어졌다는 사실을 눈치챘을 것이다. 미국이 우주 경제를 촉발했고, 어쨌든 지금도 여전히 우주 경제를 지배하고 있기 때문이다. 서구 사회에서는 중국의 우주 계획에 대한 자세한 내용을 잘 모른다. 하지만 현재 중국의 국영기업인 중국위성네트워크그룹(China Satellite Network Group, China SatNet)은 지구 저궤도에 1만 2992개의 군집위성 네트워크를 구축하는 중이다.[g] 이것은 자국민에게 광대역 인터넷 액세스를 제공하려는 진지한 노력으로, 스타링크 이용이 금지된 중국에서는 필요한 일이다.

현재 미국과 중국을 합하면 우주 경제의 75퍼센트를 차지하지만, 다른 나라에서도 흥미로운 일이 많이 일어나고 있다. 예컨대 뉴질랜드의 로켓랩과 호주의 에쿼토리얼 론치 오스트레일리아(Equatorial Launch Australia)는 정기적으로 우주에 화물을 보내는 국제적인 발사 서비스 제공업체다. 우주선 발사에는 위치가 대단히 중요한데, 이상적인 조건을 독점한 국가는 없다. 호주의 아넘 우주센터(Arnhem Space Center)는 '뛰어난 날씨와 안정적인 상층 대기 조건, 적은 항공 및 해상 교통량, 안정된 지정학적 환경, 포괄적인 물류 인프라'라는 조건을 갖추고 있다.[h] 모든 나라는 자국의 이점을 안고 이 시장에 참가한다. 나는 이 책 곳곳에서 여러 나라의 우주 경제 사업체에 관한 흥미로운 사례를 소개할 것이다. 우주 경제는 점점 국제적이 되어 가고 있으며 우리 스페이스캐피털도 이런 사실을 투자에 반영한다. 하지만 아직 개발되지 않은 잠재력이 엄청나다. 내가 이 책을 쓴 이유 중 하나도 각국의 창업가나 투자자, 전문가에게 영감을 줘 우주 경제에 최대한 많이 참여할 수 있도록 권하기 위해서다. 우리는 모두 이 새로운 시장에 참가할 기회가 있다.

* * *

스페이스캐피털의 투자 논거에서 중요한 부분은 우주 경제를 어떻게 정의하는가다. 우리는 어떤 식으로든 궤도 접근에 의존하는 기술 제품이나 기술 서비스는 모두 우주 경제에 속한다고 생각한다. 우리의 이런 정의를 듣고 깜짝 놀라는 사람도 있을 것이다. 아니, 우버가 우주 공간과 무슨 관계가 있다는 거지? 하지만 여러분도 이제 곧 알게 되겠지만, 이 정의야말로 저렴한 발사로 인해 가능해진 모든 잠재력을 완전히 아우를 수 있는 유일한 틀이다. 오늘날 모든 회사가 기술 회사이듯 미래에는 모든 회사가 우주 회사가 될 것이다.

우리는 앞에서 GPS 기술 스택 내의 인프라 계층, 분배 계층, 애플리케이션 계층에 대해 알아보았다. GPS가 우리가 길을 찾을 수 있게 도와주는 위치 신호로 전 세계를 뒤덮는다면, 지리공간정보, 즉 GEOINT는 센서가 탑재된 위성을 통해 '그곳'이 어디든 간에 그곳에 무엇이 있는지 정확하게 보여 준다. GEOINT 인프라 회사는 위성을 관리하고, GEOINT 분배 회사는 데이터를 가공·배포하고, GEOINT 애플리케이션 회사는 날이 갈수록 유용하고 놀라운 방식으로 이 데이터를 활용한다.

위성통신, 즉 SatCom은 한 장소에서 다른 장소로 데이터 전송을 책임진다. SatCom을 가장 가시적으로 구현한 것이 스타링크다. 스타링크의 군집위성은 조만간 데스밸리에서 에베레스트산 정상에 이르기까지 지구상의 모든 지점에 끊기지 않는 무선 고속 데이터 접속 서비스를 제공할 것이다. 스페이스X의 스타십 발사체가 4000개로 이루어질 스타링크 위성 네트워크의 나머지 위성을 모두 궤도에 쏘아 올리면 우리는 언제나 품질 좋은 신호를 받을 수 있게 될 것이다. 우리가 지구상의 어디에 있든 넷플릭스를 볼 수 있다는 뜻이다.

오늘날의 위성 산업을 요약한 다음 그림은 현재 우주 경제가 지닌 가치의 90퍼센트 이상을 커버하고 있다. 우주 경제에서 발사가 차지하는 가치는 몇 퍼센트에 지나지 않는다. 10장에서 설명할 신흥 산업이 차지하는 가치는 1퍼센트 미만이다. 둘 다 우주 경제의 중요한

우주 경제의 6개 산업 중 가장 큰 위성 산업

위성 산업 (우주 경제의 6개 산업 중 가장 큰 산업)	GPS (위성항법시스템)	GEOINT (지리공간정보)	SatCom (위성통신)
애플리케이션 (우주 기반의 자산에서 만들어진 데이터를 활용하는 전문적인 하드웨어와 소프트웨어)	Uber bliq	ARBOL regrow	QUANTUMXCHANGE KRUCIAL
분배 (우주 기반의 자산에서 만들어진 데이터를 수신·가공·관리하는 하드웨어와 소프트웨어)	Trimble G	SKYWATCH RENDERED.AI	Microsoft Azure K4
인프라 (우주 기반의 자산을 제작·발사·운용하는 하드웨어와 소프트웨어)	LOCKHEED MARTIN HawkEye 360	planet MuonSpace	STARLINK amazon

부분이기는 하지만, 우리 스페이스캐피털은 그림에 제시한 3×3의 간단하지만 확실한 매트릭스가 시간이 지나도 우주 경제라는 큰 그림을 이해하고 그 안에 있는 새로운 가능성을 모색하는 틀로 남을 것으로 생각한다. 모델은 생각을 끌어내는 강력한 도구다.

발사 산업(Launch industry)이 그 발사 산업 덕분에 가능한 나머지 산업에 비해 거의 존재 가치가 없을 정도의 취급을 받는다는 것은 아이러니한 일이다. 스페이스X의 재무적 가치는 연간 매출액 수십억 달러에 달하는 발사 사업이 아니라 스타링크의 잠재력을 기반으로 한 것이다. 마찬가지로 우주정거장(Stations), 달 산업(Lunar), 우주 물류업(Logistics), 우주 중공업(Industrials) 등 네 가지 신흥 산업도 곧 시작될 예정이지만 아직은 각주로 처리할 만큼 규모가 작다. 중요한 것은 큰 그림인데, 이 그림이 정말로 매우 커지고 있다. 우주 경제는 2021년에 전 세계 벤처캐피털 투자의 3퍼센트를 차지했고, 투자 규모는 빠르게 늘어나고 있다.

다음 장에서는 위성 기술 매트릭스의 각 부분을 자세히 살펴볼 것이다. 글을 읽고 우주 기반의 기술이 우리 기술 인프라의 본질적인 부분이 되어 가고 있다는 사실을 분명히 인식했으면 하는 것이 나의 바람이다. 다시 말해, 비록 위성이 우리 머리 위를 날아다니더라도 우주 기반의 기술은 다른 모든 계층을 떠받치는 하위 계층이 되어 가고 있다는 뜻이다. 우주의 가능성은 무궁무진하다. 하지만 그 시작점은 바로 여기 지상이다.

제2장

우주 경제의 지도를 그리다

우주 경제 생태계와 주요 산업

이 장에서는 우주 경제의 현재 모습을 보여 주는 지도를 살펴보고, 동시에 미래의 가능성을 알아볼 것이다. 큰 그림을 이해하면 3장 이후에 나올 모든 이야기를 정리하고 체계화하는 데 도움이 될 것이다. 여기서 더 깊이 들어가기 전에 새로운 시장의 성장 주기의 중요 요소인 언번들링(unbundling)을 이해할 필요가 있다.

시장에 새로운 기술을 내놓으려고 하는 기업은 닭과 달걀의 문제에 부딪힌다. 예컨대 증기 기관차는 선로가 없으면 쓸모가 없다. 전화선이 없는 전화도 마찬가지다. 그렇다면 어떤 것이 먼저 나와야 할까? 그리고 누가 무엇을 만들어야 할까?

시장에 혁신 기술을 도입하는 기업은, 사업을 시작하기 위해 보통 그 혁신 기술이 작동하는 데 필요한 모든 보완재를 같이 만든다. 본질적으로 퍼스트 무버[21]에게 이렇게 번들로 묶인 기술 스택(예컨대 기차, 철로, 기차역, 차량기지, 신호 장비 등)은 피할 수 없는 장애물이다. 이것을 퍼스트 무버의 '단점'이라고 부른다. 기차를 만드는 일은 철로 수 킬로미터를 까는 일과 매우 다르지만, 최초로 사업을 시작하려면 한 기업이 동시에 두 가지 일을 할 수밖에 없다.

번들로 내놓는 제품이나 서비스는 전문화된 기업이 최선을 다해 만들어 낸 각각의 제품이나 서비스만큼 품질이 좋기 힘들다. 또, 번들은 모든 틈새시장을 똑같은 품질로 커버할 수도 없다. 선택은 간단하다. 퍼스트 무버가 자신이 창출한 기회를 경쟁자에게 빼앗기기 전에 최대한 활용하려면 빨리 움직일 수밖에 없다. 하지만 일단 혁신 기술이 널리 받아들여지고 나면 번들의 한 부분에 전문화된 다른 기업이 시장에 진입할 수 있다. 이들 기업은 한 분야에 집중함으로써 기존 기업보다 더 잘하거나, 아니면 특정 틈새시장에 맞추는 등 방식을 달리해 기존 기업과 경쟁할 수 있다. 기술 스택의 언번들링은 새로운 시장의 성장 과정에 피할 수 없는 단계지만, 퍼스트 무버의 로비 활동이나 동업자 단체의 개입, 해당 스택에서 가장 수익성이 높은 부분에 통제권을 유지하려는 여러 가지 시도 등에 의해 방해받기도 한다.

전기 자동차의 부상에서 언번들링이 이루어지는 모습을 볼 수 있다. 전기 자동차가 기존 자동차를 완전히 대체하려면 주요 도시의

---

21 First mover. 선도 기업을 뜻한다.

거점뿐만 아니라 모든 도로에 일정한 간격으로 충전소가 있어야 한다. 테슬라(Tesla)는 슈퍼차저(Supercharger) 충전소 네트워크를 구축해 전기 자동차 사업의 시동을 걸었다. 하지만 조만간 어디에서나 쉽게 충선소에 접근할 수 있게 해 줄 사람은 독립적인 충전소 운영자들이다.

이런 언번들링 과정이 우주 경제 전반에 걸쳐 진행되고 있다. 예전 같았으면 지리공간정보(GEOINT) 회사는 위성 설계 및 조립, 위성의 궤도 운용, 자체 지상국을 통한 위성 데이터 수신, 자체 서버에 이미지 저장, 고객에게 이미지 판매 등의 모든 일을 혼자 처리했을 것이다. 이런 번들 서비스는 경쟁의 여지가 없을 뿐 아니라 기존 고객, 즉 정부 기관의 특정 요구를 충족시켜 주는 것 외에 서비스를 개선할 동기도 발생시키지 않는다. 당연히 한 회사가 이런 모든 일을 모든 잠재 고객에게 똑같이 잘할 수 없는 것은 물론이거니와 이 일들을 전부 잘하는 것도 불가능하다.

빈틈없이 통제된 번들은 한 번 만들어지면 진입 장벽으로 작용하지만, 번들을 만들어야 할 필요성 때문에 새로운 사업자는 시장에 진입하기가 매우 어렵다. 앞에서 언급한 플래닛랩스는 이런 퍼스트 무버의 단점에 정면으로 부딪쳤다. 창업자들은 단순히 지구 관측(Earth Observation, EO) 목적으로 저비용 소형 위성을 발사해 운용할 생각이었지만, 곧 자체 지상국과 서버가 필요하다는 사실을 알게 되었다. 게다가 이전에 위성 데이터를 한 번도 이용해 본 적이 없는 기업을 대상으로 위성 데이터를 판매하려고 했기 때문에 업계에 자사

제품을 교육하는 사업까지 하게 되었다.

플래닛랩스는 엄청난 노력을 기울여 이 장애물을 극복할 수 있었다. 그 이후 GEOINT 스택은 빗장이 풀리기 시작했다. 앞으로 이 분야의 사업을 하려는 기업은 더 이상 모든 것을 직접 구축하지 않아도 될 것이다. 스타트업뿐만 아니라 대기업도 GEOINT 스택의 분배 계층과 애플리케이션 계층에 뛰어들고 있어, 인프라 기업은 자신의 핵심 역량인 위성 제작과 운용에만 집중할 수 있게 되었다.

이제 언번들링이 어떻게 이루어지고 왜 중요한지 알게 되었으니, 중량을 궤도에 올리는 가장 기본적인 도전 과제인 발사를 시작으로 우주 경제의 지도를 작성해 보자. 결국, 세 가지 위성 기술 스택을 모두 가능하게 하는 것은 발사(launch)다.

발사

우주와 관련된 이야기가 나오면 로켓에 관심을 너무 많이 기울이는 경향이 있다. 로켓의 소리나 빛, 열을 무시하기는 어렵다. 하지만 지난 10년 동안 우주 경제의 전체 투자액 중 발사 서비스 제공업체에 들어간 돈은 9퍼센트에 지나지 않는다. 스페이스X, 또는 로켓랩이나 기타 제조업체의 엔지니어들이 만든 거대한 발사체는 전체 우주 경제 이야기의 일부분에 불과하다. 이들 기업은 궤도 접근 비용을 빠르게 낮춤으로써 창업과 기술 혁신의 세계적 물결을 일으켰다.

로켓이 중요한 것은 로켓 덕분에 가능해지는 일 때문이다.

스페이스X의 시장 가치 대부분은 발사 사업이 아니라 스타링크 위성 인터넷 네트워크의 장기적인 잠재력에서 나온 것이다. 언젠가 발사체는, 스페이스X가 제작·운용하는 것이든 다른 업체의 것이든 간에 대체 가능한 상품이 될 것이다. 마찬가지로 밤하늘 어디에서나 지구 저궤도(LEO) 위성의 무리가 빠르게 움직이고 있을 것이다. 상전벽해가 일어나는 중이다. 믿기지 않는가? 기술적으로 가장 가까운 유사 사례인 화물 컨테이너를 생각해 보라. 화물 컨테이너의 전체 역사 이야기를 하는 것은 이 책의 범위를 벗어난다. 하지만 20세기에 개발된 재사용하도록 표준화된 견고한 이 상자, 거의 모든 상품을 실을 수 있고 기차, 배, 트럭 사이를 원활하게 이동할 수 있는 이 상자가 셀 수 없이 많은 방식으로 세계 경제를 변화시켜 왔다는 점에는 의심의 여지가 없다.

화물 컨테이너가 등장하기 전에 선박에 화물을 싣는 일은 수많은 부두 노동자의 육체노동을 수반한, 시간이 오래 걸리고 어려우며 위험하고 돈이 많이 드는 작업이었다. 《더 뉴요커》의 캐스린 슐츠에 따르면, 화물 컨테이너 시대가 시작되던 1956년 "화물선에 화물을 싣는 데 톤당 평균 5.83달러의 비용이 들었다. 화물 컨테이너가 등장하자 그 비용은 대략 16센트로 떨어졌다."[a] 오늘날 해운 회사는 최소한의 인력을 투입해 엄청난 크기의 선박에 자동차부터 코코넛에 이르기까지 온갖 것을 싣고 놀라운 속도로 바다를 가로질러 운송한다. 이 책에서 눈을 떼고 주위를 둘러보라. 과일 그릇에서부터 책상 위의 컴퓨터, 그리고 책상에 이르기까지 화물 컨테이너의 증거가 도처에 보일 것이다. 물론 책, 전화기, 당신이 들고 있는 태블릿도 마찬가지다.

마찬가지로 스타십 같은 차세대 발사체는 궤도 진입 비용에 극적인 영향을 미치게 될 것이고, 그 결과 우리의 일상생활도 크게 바뀔 것이다. 발사체가 엘리베이터처럼 흔하고 신뢰할 수 있는(따라서 있는지 없는지조차 모를) 물건이 됨으로써 우리와 우주의 관계를 변화시킬 것이기 때문이다. 앞으로 발사체는 극적일 것도 없고 버릴 것도 거의 없는, 그저 무거운 물건을 한 장소에서 다른 장소로 옮기기 위해 만들어진 또 다른 산업 장비가 될 것이다.

오늘날 우주 비행사는 대중의 상상 속에 특별한 위치를 차지하고 있지만, 이런 낭만적인 이미지는 궤도에 올라가는 일이 남들과 다른 재능, 훈련, 용기, 결단력을 보여 주던 초기 우주 시대의 유물이다. 하지만 카우보이의 신화적 이상이 그랬던 것처럼 우주 비행사의 신화적 이상도 황혼기에 접어들었다. 이미 컴퓨터로 제어되고 있는 우주선 발사가 더욱 빈번해지고 일상화되고 신뢰성이 높아지면, 궤도에 올라가는 일은 클리블랜드까지 차를 몰고 가는 일과 거의 비슷한 수준이 될 것이다. 낭만은 사라질지 모르지만, 나는 개인적으로 과거에 집착하기보다는 이런 변화가 우리 삶의 여러 영역에서 어떤 일을 가능하게 할 것인지를 알아보는 일에 훨씬 더 관심이 많다. 궤도 진입으로 이미 가능하게 된 몇 가지 구체적인 사례를 살펴보기로 하자.

위성

천문학과 우주 탐험의 역사 전반에 걸쳐 반복되는 패턴이 하나 있다. 관측이나 발견은 통찰력으로 이어지고, 통찰력은 기술 혁신을 촉진한다. 기술 혁신은 기회를 창출하고, 기회는 창업가를 끌어들여 새로운 시장을 만들어 낸다. 천문 항법, 렌즈, 망원경에서부터 벨크로, 메모리 폼, 태양 전지판에 이르기까지 우주는 오랫동안 과학적 통찰력의 원천이자 기술 및 경제 발전의 원동력이 되어 왔다.

오늘날, 앞장에서 소개한 세 가지 위성 기술 스택, 즉 위성항법시스템(GPS), 지리공간정보(GEOINT), 위성통신(SatCom) 덕분에 우주 경제 전반에 걸쳐 혁신이 활발하게 일어나고 있다. 이 스택들의 소비 잠재력을 끌어낸 것으로는 다음의 두 가지 기술 개발을 들 수 있다. 첫째는 구글맵스다. 구글맵스는 2005년에 출시되었지만 이미 우리 대부분의 일상생활에 필수 요소로 자리 잡았다.(스페이스캐피털의 운영 파트너 더크 로빈슨은 대단히 유용한 이 플랫폼을 확장하는 팀을 이끌었다.) 둘째는 그보다 3년 뒤 애플이 내놓은 아이폰 3G다. 아이폰 3G는 GPS가 내장된 최초의 대중적인 휴대폰이었다. 이 두 제품은 옐프나 우버 같은 1조 달러 규모의 위치 기반 서비스 산업을 탄생시키며 우리와 위치의 집단적 관계를 바꾸어 놓았다.

이들 도구가 시장을 뒤엎는 데 몇 년이 걸리긴 했지만, 이제 우리는 휴대폰만 있으면 언제든 내가 정확히 어디에 있는지, 또 어디로 가고 있는지 알 수 있는 세상에 살고 있다. 또한, 어떤 민간 기업이라도 돈만 내면 좋은 목적이든 나쁜 목적이든 같은 정보를 볼 수 있는 세상이 되었다. 인류 역사라는 거대한 그림에서 볼 때 이것은 아직도 시작에 불과하다. 그 영향을 이제 막 느끼기 시작했을 뿐이라는 뜻이다. 그런데도 훨씬 더 큰 규모가 될 것으로 보이는 또 다른 혁명이 다가오고 있다. 3차원 공간에서 정확한 위치를 파악할 수 있게 해 줄, 컴퓨터 시각과 결합된 더 안정되고 더 정밀한 GPS다. 이것을 통해 우리가 상상할 수도 없는 방식으로 우리의 삶을 변화시킬 증강 현실(AR)의 새로운 애플리케이션이 등장할 것이다.

지금부터 세 가지 위성 기술 스택의 개요를 알아볼 것이다. 글을 읽고 스스로 인사이트를 얻기 바란다. 이미 가능해진 것에 대해 알아 가다 보면, 투자 기회나 새로운 직업 또는 다른 사람이 아직 생각하지 못한, 지도에서 뭔가 빠진 것 같은 새로운 사업 분야를 발견할 수도 있을 것이다.

GPS

우주와 방향 찾기는 처음부터 연결되어 있었다.

400광년 이상 떨어진 곳에 별 두 개가 세 번째 별의 궤도를 돌고 있다. 맨눈으로 보면 이 세 천체는 하나의 밝은 점으로 보인다. 이 점(폴라리스polaris)은 지구 축의 거의 바로 '위'에 있기 때문에 북반구에서 바라보면 한곳에 고정된 것처럼 보인다. 북쪽을 가리키는 이

표지는 적어도 고대 후기부터 인간이 방향을 찾는 데 도움을 주었다. 은하계의 당구 놀이로 형성된, 불타는 가스로 이뤄진 거대한 세 개의 구체가 믿음직한 우리의 북극성[22] 역할을 하고 있는 것이다.

폴라리스는 한 번도 정확하게 북쪽에 위치해 본 적이 없다. 폴라리스의 위치는 지구의 축을 기준으로 했을 때 항상 바뀐다. 여러 세기에 걸쳐 천체 역학에 대한 우리의 이해가 증진됨에 따라 폴라리스가 미세하기는 하지만 끝없이 북극점 주위를 돌고 있다는 사실을 감안하는 항해사들의 능력도 향상되었다. 바다, 특히 망망대해를 항해할 때 방향을 잡는 데 도움이 되는 별은 폴라리스 외에도 많이 있다. 세계적인 규모의 무역과 정복을 촉발한 것은 바로 우주에 관한 연구였다.

물론 오늘날 폴라리스는 더 이상 방향 찾기에 쓰이지 않는다. 현대에는 지구에서 훨씬 더 가까운 천체, 즉 GPS 위성을 이용해 방향을 찾는다. 처음에는 고품질 GPS 신호가 군사용으로만 사용되었다. 미국 정부는 안보상의 목적으로, 선택적 가용성(selective availability, SA)으로 알려진 정책에 따라 민간용 신호의 성능을 떨어트렸다. 이런 상황은 2000년 5월 1일 빌 클린턴 대통령이 일반인에게도 군용과 같은 정도의 위치 정확도를 제공하도록 하는 정책 지침에 서명하면서 바뀌었다. 하지만 당시에도 일반인의 이용은 가민 같은 회사의

---

22 맨눈으로 볼 수 있는 별 중 북극에 가장 가까운 별. 지구의 세차(歲差) 운동으로 인해 천구의 북극 위치가 계속 변하기 때문에 북극성은 주기적으로 바뀐다. 5세기 이후 현재까지 폴라리스가 북극성 역할을 해 오고 있다.

GPS 수신기를 산 사람(일반적으로, 운전자나 외딴 배낭여행 코스의 길을 알려 주는 장치에 기꺼이 투자하는 야외활동 열성분자)에 한정되었다. 이런 상황은 아이폰 3G가 출시되면서 바뀌기 시작했다. 하지만 휴대폰 최초로 아이폰이 도입한 GPS 기능의 기술적·경제적·문화적 영향은 바로 눈에 띄지 않았다. 시간이 지나며 GPS 기능이 휴대폰의 표준 기능이 되면서 인쇄된 맵퀘스트(MapQuest) 길 안내에 의존하는 사람의 수는 점점 줄어들었다. 종이에 의존한 길 찾기가 사라진 것은 다가올 변화의 시작에 지나지 않았다.

GPS와 같은 글로벌위성항법시스템(GNSS)이 인류에 끼친 영향은 너무나 광범위해(산업 전반을 혼란에 빠트렸고, 우리의 일상생활을 극적으로 변화시켰다.) 이제는 있는지 없는지조차 의식하지 못할 정도에 이르렀다. 특히 2000년 이후에 성인이 된 사람들에게는 더욱 그러하다. GPS는 우리가 살아가는 세상을 구성하는 필수 요소가 되었다. 당신이 마지막으로 길을 잃은 것은 언제였나? 마지막으로 손을 들고 택시를 잡아 본 것은 언제였나? 마지막으로 친구와 만나기로 한 약속 장소를 못 찾아서 헤맨 것은 언제였나? 우리는 그 전과 아주 다른 세상에 살고 있다.

GPS 인프라

GNSS 위성을 제작하고 발사하는 회사는 주로 진부한 느낌을 주는 기존 업체다. 미국에서는 록히드마틴이 GPS 위성을 제작한다. 다른 나라에서는 중국의 베이더우(北斗)나 러시아의 글로나스

(GLONASS)처럼 GNSS 제작 업체를 정부가 소유하거나 직접 통제하는 경우가 많다. GPS 인프라 업계의 이단아라고 할 수 있는 업체로는 방출되는 무선 신호(radio frequency, RF)를 군집위성으로 수신해 위치를 추적하는 민간 기업, 호크아이360(HawkEye 360)을 들 수 있다. 이 회사의 웹사이트에 따르면, 호크아이360은 "우주에서 RF의 원천을 식별해 위치를 파악하는 독특한 능력으로 이전에는 볼 수 없었던 지구상의 여러 활동에 관한 정보를 제공한다." 호크아이360의 위성은 러시아-우크라이나 전쟁 기간에 러시아가 GPS 신호 교란 활동을 했다는 사실을 확인한 바 있다. 오로라 인사이트(Aurora Insight)나 조나(Xona) 등 다른 기업들도 록히드마틴이 만든 것보다 더 정확하고 더 안전하고 복원력이 더 뛰어난 제품을 목표로 GPS 인프라 대체 기술을 개발하고 있다.

GPS 분배

GPS 분배 계층의 기업은 대부분 수십 년 동안 단말기를 제조해온 업체들이다. 1984년에 최초의 상용 GPS 수신기를 출시한 트림블을 비롯해 마젤란, 가민, 퀄컴(Qualcomm), 톰톰(TomTom) 같은 기업들이 그렇다. 하지만 새로 진입하는 기업은 새롭고 독창적인 방식으로 시간 및 위치 데이터를 애플리케이션 개발업체에 제공하고 있다. GPS 데이터가 갈수록 정밀해지고 드론이나 지상 기반의 센서 정보와 융합되기 시작하면서 3차원의 정밀한 지도 제작과 위치 측정이 가능해, 이를 바탕으로 새로운 세대의 애플리케이션이 등장할 것이다.

증강 현실이 널리 채택되기 위해서는 마찰을 줄이고 사용 편의성을 높이는 백엔드 솔루션[23]이 필요하다. 뉴욕시에 본사를 둔 에코3D(echo3D)는 3차원 AR 경험을 구축하는 개발사를 위한 콘텐츠 관리 시스템을 제공한다. 개발사는 이 회사의 클라우드 기반 소프트웨어를 이용해 다양한 AR 플랫폼에서 3차원 AR 경험을 구축하고 저장하고 제공할 수 있다.

에코3D 서비스를 이용하면 개발사는 대역폭이 제한되어 있고 지연 시간이 긴 지역에서도 AR 콘텐츠를 관리하고 제공할 수 있다. 갈수록 AR이 엔터테인먼트나 광고, 기타 용도로 인기 있는 수단이 되어 감에 따라, 에코3D 플랫폼은 위성 데이터망과 지상 데이터망을 모두 이용해 몰입형 경험을 제공하는 데 필수적인 역할을 하게 될 것이다.

코그니티브3D(Cognitive3D)는 몰입형 AR 경험을 제공하는 데 필요한 또 다른 중요한 부분을 다루는 회사다. 이 회사는 애플리케이션 개발자에게 인간의 움직임을 추적할 수 있는 도구 세트를 제공한다. 사람이 어디로 가는지, 무엇을 하는지, 심지어 시선 추적 소프트웨어를 이용해 이동 중에 무엇을 보고 있는지까지 추적하는 것이다. 새로운 소프트웨어 애플리케이션이 현실 세계에 대한 우리의 인식과 완벽하게 통합된 완전한 상호작용 계층을 제공하려면 이런 정확도 높은 추적이 필수적이다.

---

23   Back-end solution. 사용자가 직접 이용하지 않고 컴퓨터나 프로그램이 이용하는 솔루션. 사용자가 직접 이용하는 것은 프론트엔드(front-end)라고 한다.

GPS 애플리케이션

GPS 애플리케이션 계층의 기업으로는 우버, 도어대시(DoorDash), 그리고 포켓몬 GO를 비롯한 위치 인식 모바일 게임 개발사인 나이 언틱과 같이 이제는 유명해진 회사들을 들 수 있다. GPS의 가치 대부분이 창출된 곳이 바로 이 계층이지만, 아직도 그 가능성을 찾기 시작한 단계에 지나지 않는다. 이 분야에 새로 진입한 흥미로운 기업으로는 블리크(Bliq), 데이터플로(dataplor) 등이 있다.

캘리포니아에 소재한 데이터플로는 사업에 필요한 위치 데이터를 수집·검증한 뒤 승차 공유 회사나 음식 배달 앱, 사물의 최신 위치 정보가 필요한 기타 애플리케이션에 제공한다.

베를린에 본사가 있는 블리크는 여러 플랫폼의 데이터를 한군데 끌어모음으로써 긱 경제[24]의 공급 측면에서 효율성을 개선하려고 한다. 승차 공유 산업이나 음식 배달 산업에서(이들 산업에서는 도어대시나 우버 같은 지배적인 사업자도 수익성 문제로 어려움을 겪는다.) 비효율이 발생하는 원인은 운전자와 긱을 연결하는 과정에 낭비되는 노력 때문이다. 운전자에게는 빠르고 쉽게 새로운 기회를 찾는 것이 무엇보다도 중요하다. 긱은 여러 플랫폼에 분산되어 있으므로 기회를 빨리 찾으려면, 다른 앱과 정보를 주고받지 않고 자기가 가진 정보만 추적하는 각각의 앱을 다 이용해야 한다.

운전자가 블리크를 이용하면, 도어대시로 피자를 배달하는 것이

---

24 Gig economy. 특정 기업에 소속되지 않은 독립적인 개인(임시직, 계약직 등)과 기업 간의 단기간 계약에 의해 거래가 실행되는 경제 시스템. '긱(gig)'은 일시적인 일을 뜻한다.

든 리프트(Lyft)로 고객을 공항에 데려다주는 것이든 간에, 빠르고 쉽게 가까운 곳에서 최고의 긱 기회를 찾을 수 있다. 이 앱은 끌어모은 위치 데이터와 긱 데이터를 이용해 수요가 가장 많은 지역으로 운전자를 안내함으로써 운전자의 수익을 높이는 동시에, 운전자에 의존해 고객에게 서비스를 제공하는 회사의 네트워크 효율성도 높인다.

블리크는 2025년경이면 1억 5000만 명이 온디맨드 경제[25]에서 일하게 될 것으로 예상한다. 블리크 같은 의사 결정 지원 서비스는 독립적 근로자가 자신의 소중한 시간을 최대한 활용할 수 있도록 돕는 데 중요한 역할을 할 것이다.

GEOINT

러시아의 우크라이나 침공으로 세계는 상업용 위성의 이미징 능력이 얼마나 향상되었는지, 그리고 그것이 얼마나 중요한지 알게 되었다. 분쟁이 격화되면서 맥사(MAXAR), 플래닛랩스, 블랙스카이(BlackSky) 같은 GEOINT 회사들은 세계의 지도자뿐만 아니라 일반인에게도 지상의 진실을 꾸준히 제공해 러시아의 선전 시도를 잠재웠다.

GEOINT, 즉 지리공간정보(Geospatial Intelligence)는 2004년 미국

---

25 On-demand economy. 수요자의 요구에 즉각 대응해 제품과 서비스가 제공되는, 공급이 중심이 아니라 수요가 중심이 되는 경제 시스템을 말한다.

지리정보국(NGA)이 '지구상의 물리적 특징과 지리 관련 활동을 기술하고, 평가하고, 시각적으로 묘사하기 위해 이미지와 지리공간 정보를 활용하고 분석하는 일'을 묘시하기 위해 만든 용어다. GPS가 지도상에서 당신이 있는 위치를 알려 준다면, GEOINT는 그 지도의 세부적인 내용을 알려 준다. 전 세계의 GEOINT 시장은 향후 5년 안에 631억 달러에서 1476억 달러로 성장할 것으로 예상된다.[b]

GEOINT는 지도를 제작하기 위해 시작되었다. 바빌로니아에서는 토지 경계선을 새긴 점토판을 도시 계획에 쓸 지도로 사용했다. 그리스인들은 전 세계를 그린 지도를 제작하려고 했다. 이 노력은 계속 이어져 르네상스 시대의 지도 제작자에 의해 거의 완성되었다.

미국에서는 지도가 독립전쟁에서 식민지 주민의 승리와 남북전쟁에서 북부군의 승리에 도움을 주었다. 하지만 지도는 군사 작전 도구 이상의 쓸모가 있다. 1854년 존 스노 박사는 조사 데이터를 지도로 만들어 런던 콜레라 발병의 원인을 밝힌 것으로 유명하다. 그 과정에 현대 역학이 탄생하기도 했다.

역사적으로 인간은 사물을 바라보는 지점을 점점 높여 가면서 유용한 인사이트를 끌어내는 능력을 향상해 왔다. 사진술이 발명된 지불과 30년밖에 지나지 않은 1858년, 프랑스 사진작가 가스파르-펠릭스 투르나숑은 파리 상공에서 열기구를 타고 세계 최초의 항공 사진을 찍었다. 연(kites)과 비둘기에 장착되었던 카메라는 결국 비행기가 발명되자마자 비행기에 장착되기 시작했다. 자율 드론을 포함한 항공기는 여전히 GEOINT에서 중요한 역할을 하지만, 멀리 떨어진 지역까지 지속적으로 커버할 수 있는 것은 위성밖에 없다. 여러 소스와 다양한 종류의 센서에서 수집한 GEOINT 데이터를 융합하면 지구상 어떤 지점의 완벽한 최근 모습을 그려 낼 수 있다.

2009년 NASA와 학계에 있던 여러 과학자가 직장을 그만두고 스카이박스이미징이라는 회사를 설립했다. 이들의 목표는 최초의 상용 GEOINT 군집위성 네트워크를 구축하는 것이었다. 2년 뒤 스카이박스이미징은 스페이스캐피털의 매니징파트너 톰 잉거솔을 찾아와 회사가 성장할 수 있게 도와 달라고 요청했다. 정부 계약에 기대지 않고 성장하려면 민간 부문의 대형 고객을 확보해야 했다. 마침 얼마 지나지 않아 대형 고객 한 곳이 스카이박스이미징을 찾아왔다.

잉거솔은 당시의 상황에 대해 이렇게 말한다. "구글에서 우리를 찾아와 '일정 품질 이상의 이미지를 확보할 수 있다면 당신들이 확보하는 이미지를 다 사겠소.'라고 하더군요. 그래서 원하는 이미지의 샘플을 달라고 했더니 포스터 크기의 워싱턴 DC 내셔널 몰 사진을 주면서 자신들이 원하는 충실도(fidelity)와 콘트라스트 등의 요소를 말하더군요. 우리는 이 사진을 벽에 걸어 놓고 '고객 수용 가능 이미지'라는 이름을 붙였지요. 그 뒤 우리는 매주 회의를 열고 그 정도 품질의 이미지 생성에 얼마나 근접했는지 확인했습니다."

사격 목표물이 생기자(빈말이 아니다.) 진도가 빨라졌다. 스카이박스이미징의 위성이 샘플 사진의 요소를 충족하는 이미지를 전송하자 구글과의 비즈니스 관계에 급격한 변화가 일어났다. "'이야, 이게 진짜 되네요.'라고 하더군요." 인수 협상이 시작되었다. 2014년 구글은 5억 달러에 스카이박스이미징을 인수했다. 당시까지 벤처캐피털이 투자한 우주 경제 기업 중에서 가장 큰 규모의 엑시트였다.

잉거솔은 이렇게 말한다. "매각이 이루어진 것은 데이터의 품질, 시스템, 그리고 우리가 구성한 팀 덕분이었습니다. 구글은 기업을 인수한 것이 아니라 역량을 사들인 것입니다. 그래서 나는 늘 창업가에게 '실행이 없는 비전은 환상일 뿐이다.'라고 말합니다. 스카이박스이미징이 팔릴 수 있었던 이유는, 할 수 있는 멋진 일에 대해 말만 하지 않고 그 일을 해냈기 때문입니다. 그게 근본적인 차이점이죠." 오늘날 구글이 인수한 스카이박스이미징의 하드웨어(현재는 플래닛랩스가 소유하고 있다.)는 고품질의 지구 관측(EO) 이미지를 계속해서 지상으로 대량 전송하고 있다.

많은 기업이 스카이박스이미징의 뒤를 따랐다. 가능한 한 기성 부품을 사용해 위성을 제작하는 스카이박스이미징의 접근법은 기존의 접근법과 완전히 달랐다. 제작 속도가 빨라졌고, 비용이 덜 들었고, 훨씬 효과적이었다. 오늘날 상업용 GEOINT에서는 맹렬한 속도로 혁신이 계속 이루어지고 있다.

GEOINT의 복잡한 특징을 모두 다루는 것(예컨대, 여러 가지 센서 기술의 강점 비교)은 이 책의 범위를 벗어난다. 본론을 벗어난 이야기이기도 하다. 디지털카메라가 등장한 초기에는 영상 해상도를 비롯해 여러 가지 기술적 특성이 개선된 새로운 기기가 꾸준히 출시되었다. GEOINT도 빠른 발전이 이루어지는, 이와 비슷한 시기에 접어들었다. 혁신은 공간 해상도(하나의 이미지에 세부적인 내용을 압축해 넣을 수 있는 정도)뿐만 아니라 시간 해상도(동일한 지역의 이미지를 생성하는 빈도)와 분광 및 방사 해상도(위성이 감지할 수 있는 전자기파 파장의 종류와 정확도)에서도 일어나고 있다.

이들 분야에서 이루어지는 혁신은 제각각 필요한 곳에 이점을 제공한다. 하지만 우리는 아직 GEOINT의 초기 단계에 있다. 플래닛 랩스가 수년 동안 해오고 있는, 매일 지구 표면 전체를 촬영하는 단순하지만 놀라운 일은 시작에 지나지 않는다. 사실 데이터 수집은 GEOINT가 하는 일의 일부분일 뿐이다. 이들 위성이 생성한 데이터를 저장하고 분배하는 일도 그 못지않게 어렵다. 엄청난 양의 가족사진을 정리하느라 고충을 겪어 본 적이 있는 사람이라면, 거기에 지구의 규모와 전자기파 주파수의 집합을 곱해 보라. 그러면 그 어려움을 짐작할 수 있을 것이다. 이 데이터를 모두 안전하게 보관하고 소프트웨어 애플리케이션에서 쉽게 접근할 수 있게 하는 일은 더 스마트한 위성을 제작하는 일만큼 힘든 걸림돌이다.

2016년도까지만 해도 당시 가장 큰 규모의 상업용 이미지 아카이브를 가지고 있던 디지털글로브(DigitalGlobe) 같은 레거시 EO 사업자들은 클라우드 컴퓨팅을 채택하지 않았다.(디지털글로브는 2017년에 GEOINT 업계의 강자 맥사에 인수되었다.) 모든 데이터가 자체 서버에 보관되어 있었다는 뜻이다. 고객 입장에서 특정 위성 이미지를 찾아서 구매하는 과정이 어렵고 절차가 복잡했으며 비용이 많이 들었기에 시장 확장이 크게 제한되었다.

다른 데이터 기반 산업이 클라우드를 받아들여 변모한 지 한참 지난 후에도 GEOINT는 고집스럽게 버티고 있었던 것이다. 마침내 디지털글로브는 자사의 데이터를 일반 고객과 새로운 애플리케이션에 개방하기 위해, 아마존의 '스노모빌(Snowmobile)' 서비스를 이용해 수십 페타바이트(1페타바이트는 100만 기가바이트)에 이르는 고해상 이미지를 자체 서버에서 아마존웹서비스(AWS)로 이동시켰다.ᶜ 이를 위해 디지털글로브는 일반적인 인터넷 연결을 통해 전송하려면 수 개월 걸릴 양의 데이터를, 케이블을 이용해 하드 드라이브를 빼곡히 채운 특수 트레일러로 전송했다.[26] '초고속 디지털 통신망'이 이 정도 수준에까지 이르렀다.

GEOINT 인프라

오늘날, 새로운 세대의 저비용 부품과 저장 및 컴퓨팅의 상품화에 힘입어 다양한 지리공간 센서 플랫폼이 여러 궤도에서 데이터를 수집하고 있다. GEOINT 인프라 계층의 기업으로는 맥사, 플래닛랩스 등을 들 수 있다.

1장에서 언급한 핀란드의 아이스아이는 사람의 판독을 거치지 않고 알고리즘을 이용해 위성 이미지에서 도로를 식별한 뒤 그 데이터를 내비게이션 시스템에 통합한다. 아이스아이는 전통적인 광학 센서에 의존하는 플래닛랩스와 달리 합성 개구 레이더(synthetic

---

26　대용량 데이터를 AWS로 보내는 '스노모빌' 서비스에 대한 설명. 회사 서버에 저장된 데이터를 대형 트럭에 실린 하드 드라이브로 옮긴 뒤 다시 클라우드 서버로 이동시키는 방식이다.

aperture radar, SAR)²⁷를 이용하는데, SAR은 밤낮 구분 없이 전천후로 이미지를 생성할 수 있다.

캘리포니아에 있는 **뮤온스페이스(Muon Space)**는 전례 없는 정확도를 가진 기후 변화 모델을 만드는 데 쓸 전문적인 과학적 측정값을 수집하기 위해 군집위성 네트워크를 개발하고 있다. 인공지능(AI)이 판독한 위성 이미지를 통해 얻은 인사이트가 기후 변화를 완화하기 위한 싸움에 필수적인 도구가 되리라는 사실은 점점 분명해지고 있다. 기후는 복잡하고 역동적인 시스템이다. 기후 데이터는 최근까지도 너무 일관성 없이 수집되어 기후의 전체적인 그림을 정확히 그려 내기 어려웠다. 뮤온스페이스는 이런 상황을 바꾸고 있는 기업 중 하나다. 기후 문제에 정면으로 대처하려면 기후에 대해 더잘 알아야 한다.

이와 유사한 활동을 하는 캐나다의 **지에이치지샛(GHGSat)**은 위성센서와 항공기 센서를 이용해 온실가스를 비롯한 인공 배기가스나 자연 배기가스를 추적한다. 이 회사의 알고리즘은 이렇게 수집한 원시 데이터를 규제 목적에 쓸 의미 있는 자료로 변환한다.

지금까지 에너지 업계는 가스전 누출이나 기타 배출원을 즉시 파악해 수백만 톤의 이산화탄소, 메탄, 대기 오염 물질이 공기 중에 누출되지 못하게 막을 수 있는 모니터링 기술 도입을 등한시해 왔다. 그런데 이제는 지에이치지샛이 비용 효율이 높은 솔루션을 내놓음

27　빛 대신 전파를 이용해 물체 표면을 관측한 뒤 고해상 이미지를 합성하는 레이더 시스템

으로써 에너지 기업과 규제 기관은 배출원을 신속하게 발견하고 대처할 수 있게 되었다.

GEOINT 분배

클라우드 서비스, 인공지능, 머신 러닝[28], 더 강력해진 API(application programming interface)[29]와 소프트웨어 개발 키트 덕분에 일반 소프트웨어 개발자들이 GEOINT 데이터를 기존의 워크플로(workflow)에 쉽게 집어넣을 수 있어 GEOINT 데이터가 주류로 편입되고 있다. GEOINT 스택의 분배 계층에는 아마존, 구글, 마이크로소프트와 같은 빅 데이터 거물과 함께 스카이워치(SkyWatch), 랜더드닷에이아이(Rendered.ai) 같은 스타트업이 있다.

스카이워치는 빠르고 쉬우면서도 경제적으로 지리공간 데이터에 접근할 수 있게 해 주는 전문화된 지구 관측(EO) 플랫폼을 개발하는 캐나다 회사다. 이 회사는 애플리케이션 개발자에게 EO 데이터에 대한 애플리케이션 프로그래밍 인터페이스(API)를 제공함으로써 EO 데이터를 이용한 소프트웨어 애플리케이션을 빠르게 개발할 수 있게 지원한다. 스페이스캐피털이 스카이워치에 투자한 이유는 CEO 제임스 슬리퍼어즈를 위시한 스카이워치 팀이 드디어 더 넓은

---

28 Machine Learning. 컴퓨터(기계)에 데이터를 학습시켜 사람이 직접 프로그래밍하지 않고도 컴퓨터가 경험을 통해 지식을 습득하고 성능을 개선하게 하는 기술이다.

29 특정 소프트웨어가 가진 기능이나 데이터에 접근할 수 있게 해 주는 인터페이스. 개발자들은 API를 사용함으로써 추가 프로그래밍 없이 해당 소프트웨어의 기능을 애플리케이션에 손쉽게 통합할 수 있다.

기술 생태계가 가치 있는 새로운 방식으로 EO 데이터를 사용할 수 있도록 진입 장벽을 허물어 진정한 의미의 EO 데이터 시장을 창출했기 때문이다. GPS 분배 계층의 회사 덕분에 상업용 소프트웨어가 위치 데이터에 접근할 수 있게 된 것처럼, 스카이워치 같은 회사 덕분에 GEOINT 기반의 새로운 애플리케이션이 많이 생겨날 것이다.

GEOINT 데이터는 여러 유형의 센서 데이터를 융합할 때 가장 효과적이다. 센서 데이터마다 고유의 장점이 있기 때문이다. 한 곳에는 전통적인 위성 사진을 띄우고, 또 한 곳에는 SAR이 생성한 데이터를 띄우고, 또 다른 곳에는 드론이 찍은 영상을 띄운 뒤 세 데이터를 머릿속으로 융합해 문제를 종합적으로 파악하는 대신, 스카이워치 고객은 여러 소스의 데이터를 한데 모을 수 있으므로 더 유용한 인사이트를 더 빨리 얻을 수 있다.

인공지능을 이용한 위성 이미지 판독의 어려움 중 하나는 AI를 훈련할 방대한 양의 학습 데이터가 필요하다는 것이다. 실제의 위성 데이터로 AI를 훈련하는 것은 돈이 많이 들 뿐만 아니라 실행하기에도 복잡하다. 워싱턴주 벨뷰에 있는 랜더드닷에이아이는 절차적 모델링 기법[30]으로 풍경, 초목, 건물, 강과 바다, 도시 등을 만들어 낸다. 데이터 과학자와 소프트웨어 엔지니어는 이 모조 위성 이미지 데이터를 이용해 실제 EO 이미지를 처리할 AI를 훈련할 수 있다. 랜

---

30 Procedural modelling. 수작업 대신 알고리즘과 수학 공식에 의존해 복잡한 형태의 물체를 자동으로 생성하는 모델링 기법

더드닷에이아이가 배포하는 데이터는 진짜가 아니지만 GEOINT 스택에 제공하는 가치는 진짜라고 할 수 있다.

GEOINT 애플리케이션

나는 투자자로서 GEOINT 애플리케이션 계층에 대한 기대가 매우 크다. 이 분야는 상대적으로 새로운 분야지만 아직 개발되지 않은 잠재력이 엄청나다. 최근까지만 해도 EO 데이터는 정부, 군, 학계의 전유물이었다. 하지만 이제 스카이워치 같은 기업 덕분에 소프트웨어 개발자들이 이 데이터를 일상적인 애플리케이션에 쓸 수 있게 되었으므로 여러 가지 가능성이 무궁무진해졌다.

오늘날 농업, 보험, 건설, 금융 서비스 등과 같은 수조 달러 규모의 글로벌 산업 내에서 벤처 규모의 GEOINT 기반 기업이 많이 설립되고 있다. 앞으로 여기서 꽃피울 시장 잠재력을 생각하면 아이폰 3G 출시 이후 부상한 위치 기반 서비스가 떠오른다. 이 분야에 진출한 기업으로는 리그로(Regrow), 아볼(Arbol) 등을 들 수 있다. 의심할 여지 없이 이 계층에도 위성 기술 매트릭스의 어떤 계층 못지않은 세계적 잠재력이 있다.

뉴욕시에 기반을 둔 아볼의 CEO 시다르타 자는 최첨단 위성 기상 데이터를 보험 시장에 통합함으로써 날씨에 노출된 비즈니스의 보험 가입에 수반되는 정보 비대칭과 관리 비용을 없애려고 한다. 기상 이변은 지구상에서 리스크의 주요 요인이다. 기후 변화가 토네이도나 허리케인 같은 갑작스러운 기상 이변에 미치는 영향이 점점 커지면서 이 리스크도 꾸준히 증가하고 있다.

기상 이변은 어떤 식으로든 지구상의 모든 비즈니스 활동을 위협한다. 아볼의 기상 보험 시장은 에너지나 농업 같은 분야의 고객이 검증 가능하고 객관적인 측정치(예컨대, 연간 강우량 편차나 극단적인 기온 등)에 대비한 보험에 가입할 수 있도록 지원한다. 객관적인 측정치가 충족되면, 예를 들어 어떤 지역의 온도가 어떤 농작물에 피해를 줄 수 있는 온도(사전에 정한다.)에 도달하면, 보험에 가입한 회사는 자동으로 보험금을 지급받는다. 아볼의 시장을 이용하면 손해 사정인과 실랑이를 벌이거나 잘 알지도 못하는 번거로운 절차를 거칠 필요가 없다. 아볼은 효율성을 높이고 비용을 낮춤으로써, 터무니없는 보험료 때문에 이런 보험에 가입할 수 없었던 수백만 개의 소규모 기업에 서비스를 제공할 수 있게 되었다.

기후 변화가 가속화되고 세계 인구가 지속해서 증가함에 따라 식량 수요는 급증한다. 이 수요를 충족하기 위한 노력에 있어, 정밀 농업[31]은 유전 공학이나 경작지 확대 같은 기존 전략을 보완할 것이다. GEOINT 기업이 수집한 데이터는 변화하는 환경에 더 빨리 적응할 수 있도록 농업을 지원해서 충분한 식량 확보에 필수적인 역할을 할 것이다.

리그로는 과학자와 소프트웨어 개발자로 이루어진 국제적인 팀으로, 호주에 기반을 두고 있다. 호주는 기록적인 기상 이변을 많이

---

31 Precision agriculture. 각종 정보통신기술(ICT)을 활용해 비료, 물, 노동력 등 투입 자원을 최소화하면서 생산량을 최대화하려는 농업을 말한다.

겪은 나라다. 리그로는 사물인터넷(IoT) 센서 데이터와 융합된 위성 이미지를 이용해 전례 없이 꼼꼼하게 농작물을 추적하여 농부들이 더 나은 의사 결정을 할 수 있도록 지원한다.

예를 들어 리그로는 사하라 사막 이남의 아프리카에서 날씨나 토질, 그리고 그 밖의 요소들을 기반으로 농부들이 작물의 종류와 재배 지역을 최적화할 수 있도록 지원한다. 덕분에 농부들은 농사짓기 힘든 환경에서 생산량을 최대로 끌어올릴 수 있다. 이 회사는 자사의 정교한 작물 모델에 방대한 양의 EO 데이터와 기타 데이터를 투입함으로써 기존의 영농 상식을 거스르는 경작 조건이 지속되는 상황에서도 농부들이 수확량을 늘릴 수 있게 도와준다.

위성통신(SatCom)

우주를 상업적으로 이용한 첫 번째 사례가 방송과 통신이었다는 사실은 놀라운 일이 아니다. 지구 표면에서 전화 신호나 라디오 신호 같은 전자기파 신호를 한 곳에서 다른 곳으로 보내는 일은 어렵고 비용이 많이 드는 공학 기술의 도전 과제다. 거리가 멀어지고 지형이 다양해질수록 신호 전송에 성공하려면 더 많은 인프라가 필요할 뿐만 아니라 기술적 어려움도 극복해야 한다. 지구는 궤도에서 보는 것처럼 매끈하지 않다. 산과 계곡 하나하나가 신호 전달을 방해하는 요소로 작용하기 때문에 막대한 자본 투자와 끊임없는 유지

보수가 필요하다. 오늘날에도 외딴 지역이나 시골에 사는 많은 사람은 이미 우리에게는 당연한 것으로 여겨지는 초고속 인터넷에 접속하지 못하고 있다.

이런 모든 문제는 지구 표면에서는 피할 수 없다. 궤도에서는 한 위성에서 다른 위성으로 전자기파 신호를 성공적으로 전송하려면 조준만 잘하면 된다.

영국의 공상 과학 소설가 아서 C. 클라크는 『라마와의 랑데부』 같은 여러 수상작을 저술했을 뿐만 아니라 『2001 스페이스 오디세이』의 영화 대본을 스탠리 큐브릭과 공동 집필한 것으로도 잘 알려져 있다. 그뿐만 아니라 그는 정지궤도 위성(지구 표면 특정 지점 상공의 고정된 위치에 머무는 위성)을 신호 전송 중계기로 사용할 수 있다는 아이디어를 최초로 생각해 낸 사람으로도 유명하다.

클라크는 1945년에 발표한 글에서 다음과 같이 말했다.[d] "지구에서 정확한 거리에 떨어져 있는 '인공위성'은 24시간마다 한 바퀴씩 공전할 것이다. 즉, 같은 지점 상공에 정지해 있을 것이므로 지구 표면 거의 절반이 광학 범위 내에 들어간다는 뜻이다. 정확한 궤도에 120도 간격으로 세 개의 중계소가 있으면 TV 신호나 마이크로파로 지구 전체를 커버할 수 있다." 그가 이 글을 쓰기 불과 1년 전에 궤도에 도달한 최초의 로켓 발사가 이루어졌다는 점을 고려하면 놀라운 선견지명이라 하지 않을 수 없다.

클라크가 지적했듯이 정지궤도 위성을 개발하는 데 필요한 모든 기술은 1945년에 이미 존재했다. 하지만 국제적인 협력체가 구성되어 실제로 첫 번째 중계기를 궤도에 올린 것은 1965년이 되어서 였다. '얼리버드(Early Bird)'로도 알려진 이 인텔샛 1호(Intelsat 1)는, 1969년에 북미와 유럽 전역에 달 착륙을 중계한 소규모 정지궤도 통신 위성 네트워크의 첫 번째 위성이었다.

위성을 해발 고도 3만 5000km의 적도 상공에 올려놓으면 지구 의 자전 속도로 공전한다. 정지궤도는 운용하기에는 간단하지만 단 점이 있다. 3만 5000km는 빛의 속도라 해도 상당히 먼 거리기 때문 에 작지만 감지할 수 있을 만한 신호 지연이 생긴다. 단방향 송신인 위성 TV에는 문제가 되지 않지만, 양방향으로 신호를 주고받는 전 화 통화에는 불안할 정도로 지연이 발생할 수 있다. 이리듐(Iridium) 같은 위성 전화 사업자는 통신 중계기를 지구 저궤도(LEO)에 둔다. 저궤도에 배치된 각 위성은 고객 신호를 받지 못하는 곳으로 지나가 통화가 끊어지기 전에 다른 위성에 통화 신호를 넘겨줘야 한다. 고 객이 고속도로를 달릴 때 휴대폰 기지국이 다른 기지국에 통화 신호 를 넘겨주는 것과 같은 원리다. 저궤도에 위성을 배치하면 운용하기 더 힘들긴 하지만 위성 전화 고객이 사용하기에는 훨씬 편하다.

SatCom 인프라

SatCom 인프라 기업은 수십 년 동안 활동해 왔다. 하지만 비아 샛(Viasat)이나 이리듐, 룩셈부르크의 SES 같은 비교적 진부한 느낌 이 나는 기존 업체들은 스페이스X의 스타링크, 원웹(OneWeb), 아마 존의 카이퍼 프로젝트(Project Kuiper) 등이 불러일으킬 새로운 경쟁에 직면했다. 이들 신생 업체는 "광대역 서비스가 제공되지 않는 세계의 소외된 지역에 빠르고 저렴한 광대역 서비스를 제공하기 위해 고안된" 군집위성 네트워크를 구축하고 있다. (다음 단계로, 아마존은 이렇게 해서 새로 생길 프라임 회원에게 당일 배송할 방법을 찾아야 할 것이다.)

SatCom 인프라에는 이미 수십억 달러가 투자되었으며 앞으로도 10년에 걸쳐 수십억 달러가 더 투자될 것으로 보인다. 궁극적으로 SatCom은 우리 모두에게 언제 어디서나 전 세계를 커버하는 고속 연결 서비스를 제공할 것이다. 이렇게 되면 전화 연결부터 사물인터넷, 사이버 보안에 이르기까지 기술 산업 전반에 걸친 애플리케이션 이용이 가능해질 것이다.

SatCom 분배

SatCom 스택 내 분배 계층의 핵심은 게이트웨이, 안테나, 단말기다. 분배 계층은 이들 장비를 이용해 위성에 데이터를 보내고 받는 기능을 수행한다. 이 스택에서 인프라 계층과 분배 계층의 경계는 명확하지 않다. 스타링크나 아마존 같은 일부 SatCom 인프라 기업은 '풀 스택(full stack)' 기업이다. 자체 지상 하드웨어를 가지고 있거나 구축하고 있다는 뜻이다. 하지만 어떤 방식이 더 나은지는 아직 분명하지 않다. 스타링크는 자체 지상국을 보유하고 있지만, 마이크로소프트도 스타링크 데이터를 자사 애저(Azure) 클라우드에 직접 전송하고 있다. 시간이 지나면 각 용도에 가장 적합한 SatCom 데이터 분배 방식이 무엇인지 알게 될 것이다. 분배 계층에서 활동하는 그 밖의 기업으로는 올닷스페이스(ALL.SPACE), 크루셜(Krucial), K4모빌리티(K4 Mobility) 등이 있다.

영국 기업 올닷스페이스는 궤도나 사업자에 관계없이 차세대 위성에 접속할 수 있는 단말기를 개발하고 있다. 이 범용 단말기는 지상 데이터망과 위성 데이터망에 바로 연결된다. 기존 단말기는 대부분 단일 궤도의 위성이나 단일 사업자의 위성에만 접속할 수 있기 때문에 올닷스페이스가 다수의 군 및 정부 기관을 상대로 자사의 신제품 납품 계약을 따낸 것은 놀라운 일이 아니다. 더 많은 군집위성이 서비스를 시작하면 여러 궤도에 있는 여러 사업자의 위성과 막힘 없이 데이터를 송수신할 수 있는 능력은 필수적이 될 것이다. 현대의 휴대폰이라면 당연히 전 세계의 다양한 휴대폰 인프라에 접속할 수 있으리라고 생각하는 것과 같은 이치다.

오늘날에도 지구상의 90퍼센트에서는 셀룰러 망에 안정적으로 접속할 수 없다. 바다를 비롯해 사람이 살지 않거나 사람이 접근하기 어려운 지역이라도 곳곳에서 지속적인 감시와 유지보수가 필요한 중요한 인프라 프로젝트가 진행되고 있다. 예컨대 세계의 식량 공급 일부분을 책임지고 있는 거대한 양식장을 생각해 보라. 스코틀랜드의 크루셜은 해양 센서와 결합할 수 있는 내구성 있는 방수 위성 송신기를 만든다. 이 송신기는 센서가 측정한 염도나 온도 등 주요 측정값을 자동으로 수천 킬로미터 떨어진 추적 기지에 전송한다. 크루셜의 장비는 전천후로 작동하고, 공공 전력 공급에 구애받지 않으며, 턴키(turnkey) 방식[32]이다. 거의 대부분의 추적 목적에 사용할 수 있는 이 장비는 종단에서 종단까지 탄력적으로 위성 데이터를 전송한다. 크루셜 송신기는 광산, 유전, 지열 발전소뿐만 아니라 철도나 기타 공공시설 같은 중요 인프라에도 점점 많이 설치되고 있다.

집을 비우는 동안 집을 감시하기 위해 링(Ring) 보안 시스템을 이용하는 사람이라면 멀리 떨어진 곳에 있는 수십억 달러짜리 시설에 대한 감시의 가치를 이해할 수 있을 것이다. 불과 몇 년 전에 스코틀랜드 고지에서 기차가 커브를 돌다가 쏟아져 내린 진흙더미를 미처 발견하지 못해 탈선하는 사고가 일어났다. 선로의 주요 지점을 감시하는 레이저 센서와 크루셜 송신기가 설치되어 있었다면 사고가 발생하기 훨씬 전에 진흙더미가 쏟아져 내렸다는 사실을 알 수 있었을 것이다.

고객이 장소에 상관없이 더 쉽고 더 저렴하게 클라우드에 접속할수록 새로운 사용 방법이 더 많이 생겨날 것이다. K4모빌리티는 카메라에서 자율주행차에 이르는 사물인터넷 기기나 사람이 언제 어디서나 데이터에 접속할 수 있는 훌륭한 솔루션을 제공한다. K4모빌리티의 소프트웨어는 무선망이 되었든 위성망이 되었든 주변에서 이용할 수 있는 최적의 데이터망을 찾아낸 뒤 끊임없이 가격을 고려해 필요한 데이터 대역폭을 맞춰 나간다. 그리고 이 모든 일을 인간의 개입 없이 처리한다.

---

32 제품이나 시스템을 고객이 바로 사용할 수 있도록 모든 준비가 완료된 상태로 제공하는 방식

SatCom 애플리케이션

지금까지 위성 전화는 단말기와 사용료가 너무 비싸 극소수의 사람들만 가지고 있었기에 새로운 애플리케이션 시상이 형성되기 어려웠다. 앞으로 몇 년 안에 혁신 기술로 인해 SatCom 스택의 언번들링이 이루어질 것이므로 시장이 커지면서 여러 가능성이 생겨날 것이다. 이 분야에서 향후 떠오를 테마로는 항공, 자율주행차, 해상(최근 스타링크는 선박을 대상으로 고속의 저지연 인터넷 접속 서비스를 제공하기 시작했다.) 등을 들 수 있다. 지구상 어디에서나 고속 인터넷에 접속할 수 있게 되면 어떤 일이 가능해질지는 앞으로 두고 봐야 할 일이다.

세 가지 스택의 융합

융합은 기회를 창출한다. 현재 융합 혁신의 한 예가 GEOINT, GPS, 인공지능, 머신 러닝의 교차점에서 만들어지고 있다.

엄청나게 넓은 지역이, 특히 저개발 국가에서, 아직 완전히 지도화되지 않았다. 방대한 양의 EO 데이터가 있음에도 불구하고 우리는 아직도 지구상의 모든 도로에 관해, 각 도로의 시작과 끝이 어딘지부터 도로의 보수 상태에 이르기까지, 완전하고 정확한 정보를 가지고 있지 않다. 모든 GPS 데이터를 현행화할 때까지 인류 문명이 그대로 멈춰 있다고 해도, 우리가 활동을 재개하는 순간 1억 5000만

km²에 이르는 땅을 묘사하는 지도의 질은 떨어지기 시작할 것이다. 지금도 새로운 도로가 만들어지거나 기존 도로에 변화가 생기면, 그 내용이 현실 세계를 묘사하는 데이터베이스로 이동하는 데 수개월 또는 수년이 걸리기도 한다.

플래닛랩스는 사람의 개입 없이 알고리즘을 이용해 위성 이미지에서 자동으로 도로를 찾아낸 뒤 이 데이터를 내비게이션 시스템에 반영한다. 조만간 우리는 지구상의 모든 도로가 표시되어 있는 최신 지도를 이용할 수 있게 될 것이다. 현재 플래닛랩스를 비롯한 몇몇 기업은 EO 데이터의 '시간(temporal) 해상도(동일한 지역의 이미지를 생성하는 빈도)'를 높일 뿐 아니라 드론과 지상에 있는 센서가 수집한 데이터와 융합하고 있다. 이들은 이런 방법으로 최신의 정확한 교통 데이터와 사고 데이터, 시정(視程) 데이터를 제공해 운전자의 안전 운전을 지원하거나 자율주행차를 안내할 것이다. 이 기술은 폭풍이나 홍수, 화산 폭발, 지진 같은 자연재해를 추적하는 데도 쓸 수 있을 것이다.

코로나바이러스 팬데믹은 그동안 글로벌 공급망이 얼마나 취약했는지를 여실히 보여 주었다. 기술이 매우 정교해졌음에도 불구하고, 수에즈 운하를 완전히 봉쇄해 몇 주 동안 선박 통행을 막고 이미 불안정한 상황을 더 악화시키는 데 필요한 것은 도선사의 실수 하나로 충분했다. 세계 최대 컨테이너 선사인 머스크(Maersk)를 비롯한 여러 해운사가 한 장소에서 다른 장소로 화물을 수송하기 위해 고군분투하는 모습을 보면서 세계인들은 현대의 삶이 바다 저편에 있는 광산이나 농장, 공장 등에 얼마나 의존하는지 다시 한번 깨닫게 되었다. 공급망의 회복 탄력성을 높이려면 더 나은 정보를 제공하는 것이 핵심이 될 것이다.

플래닛랩스 같은 기업은 변화 탐지와 원격 모니터링을 통해 해운사의 요구에 따라 다음과 같은 중요 데이터를 제공함으로써 세계적으로 물자의 안정적인 흐름이 이루어질 수 있도록 돕는다. 로스앤젤레스 항구에 정박한 배는 몇 척이고, 입항 대기 중인 배는 몇 척인가? 현재 상하이 앞바다에는 몇 척의 선박이 있는가? 지난 한 달 동안 주목할 만한 동향은 무엇인가? 이런 종류의 데이터는 해운사에 매우 소중한 정보일 뿐만 아니라 해적 행위부터 쓰레기 불법 투기, 물고기 남획에 이르기까지 모든 것을 추적하는 정부 기관이나 동업자 단체에도 큰 도움이 된다.

지상에서는 농업 회사가 작물과 농지에 관한 데이터를 전례 없이 상세하게 확보할 수 있다. 덕분에 이들 회사는 물과 비료를 전보다 더 효율적으로 배분할 수 있을 뿐 아니라 지구 반대편에 사는 사람의 집 창고가 비기 전에 작물 부족 같은 문제를 예측할 수 있다. 이런 일이 가능해진 것은 위성의 존재 때문만이 아니라, 위성에서 받은 데이터와 유인 항공기, 드론, 지상의 센서 등으로부터 받은 데이터를 융합해 놀랍도록 선명한 전체적인 그림을 확보할 수 있기 때문이다.

3차원의 정밀한 위치 데이터와 컴퓨터 시각을 결합하면 몰입도 높은 AR 경험 같은 새로운 애플리케이션이 탄생할 수 있다. 아직은 공상 과학 소설처럼 들리겠지만, 애플이 내놓을 리얼리티OS 같은 AR 안경은 우리가 인식한 현실 세계에 가상 이미지 계층을 결합할 것이다. 지난 몇 년 사이에 TV로 스포츠 중계를 시청하다가 경기장 벽면을 따라 나오는 가상 광고를 본 적이 있다면 이러한 결합이 얼마나 매끄러운지 알 것이다. 그와 똑같은 경험이 당신이 생각하는 것보다 이른 시일 내에 당신의 개인 시계(視界) 안으로 들어오는 것이다.

그렇다. 당신이 특정 구역에 가까이 가면 지오펜스[33] 기술을 통해 인근 벽이나 기타 표면에 맞춤형 광고가 불쑥 튀어나올 수 있다는 뜻이다. 어떤 표면이든 광고판이 될 우려가 있다. 하지만 헤드업 내비게이션에서부터 자신이 인지한 환경에서 일어나는 가상의 상호작용까지 모든 유용한 데이터를 한눈에 볼 수도 있다. 할머니가 플로리다에 있는데도 아이들이 거실에서 할머니와 노는 모습을 상상해 보라. 식탁에 앉아 사실적인 3차원 환경에서 동료들과 업무 회의를 하는 모습은 어떤가? 줌(Zoom)으로 하는 어색한 회의는 사라질 것이다.

---

33 Geofence. 실제 지형 위에 설정된 가상의 경계. 모바일 기기가 이 경계 안으로 들어가거나 나가면 소프트웨어가 어떤 반응을 촉발한다.

신흥 산업

우주정거장, 달 산업, 우주 물류업, 우주 중공업은 언론으로부터 실질적 잠재력과 영향력에 걸맞은 주목을 받지 못하는 우주 경제의 네 가지 신흥 산업이다. 지난 10년 동안 이 네 산업에 투자된 돈은 27억 달러로 비교적 적은 편이었다. 하지만 우주 경제의 투자 자본 대부분이 위성과 우주선 발사에 투입되기는 했어도, 상업용 우주정거장에서부터 달 수송 서비스에 이르기까지 야심 차게 새로운 방향을 중심으로 자본을 모집하고 사업을 일으키는 창업가들이 나타나기 시작했다.

그동안 우주 경제에는 기록적인 해가 연이었다. 모든 우주 기술 계층에 투자된 돈을 합하면 작년에만 463억 달러에 이른다. 그중 인프라에만 145억 달러가 투자되었는데, 이는 2020년에 세운 이전의 최고 기록보다 50퍼센트 이상 늘어난 금액이다. 하지만 이런 자본 대부분은 10년이 지난 팰컨 9 발사 패러다임에 기반한 솔루션에 투자되었다. 앞으로 발사될 스타십과 그 이후를 생각하면, 우주 기반 자산을 구축하고 운영하는 완전히 새로운 접근법을 둘러싸고 엄청난 기회가 있다는 사실을 알 수 있을 것이다.

올해 스타십이 발사될 것으로 예상되는 가운데, 우리는 인프라 개발의 새로운 단계에 접어들고 있다. 스타십은 탑승자와 화물을 지구 궤도는 물론 달과 화성, 그리고 그 너머까지 운반하는, 완전하고 신속한 재사용이 가능한 수송 시스템이 될 것이다. 연료비만 들이고 부피 1100m³의 우주선 내부에 100톤 화물을 실어 올릴 수 있는 스타십은 인간의 우주 활동을 완전히 바꿔 놓을 뿐 아니라 네 가지 신흥 산업을 활성화할 것이다.

우주정거장, 달 산업, 우주 물류업, 우주 중공업 등 네 가지 신흥 산업의 놀라운 잠재력에 대해서는 10장에서 좀 더 자세히 살펴보고 그와 관련한 많은 오해도 바로잡을 예정이다.

* * *

우주 경제라는 렌즈를 통해 세상을 관찰할 때는 이미 있는 것을 보는 것만큼이나 아직 없는 것을 알아차리는 것이 중요하다. 우리는 지금 새로운 기술 혁신과 기회의 S 곡선에서 변곡점에 와 있다. 그리고 그 변곡점이 미치는 영향을 이제 막 느끼기 시작했다. 당신이 이 장에서 발견한 빈틈이 새로운 스타트업이 만들어질 미래의 기회가 되었으면 하는 것이 나의 바람이다. 다음 장에서는 야심만만하고 독창적인 우주 경제의 창업가들을 만나볼 것이다. 그들이 힘들게 쌓아 온, 미래의 기업을 설립하는 데 필요한 인사이트와 교훈을 당신도 얻을 수 있기를 바란다.

제3장

우주 경제를 이끌 리더는 누구인가

만약 당신이 업계의 전문가나 관심 있는 외부인으로서 상업적 우주 활동을 계속 주목해 왔다면 아마도 이 책에 나오는 기업과 창업가 대부분을 이미 잘 알고 있을 것이다. 하지만 대개 우리는 주류 언론을 통해 오늘날의 활기찬 우주 경제를 슬쩍 접한 정도이기에 그 안에서 이루어지고 있는 놀라운 발전들에 관해서는 거의 알지 못한다. 이 장에서 나는 그런 상황을 바로잡고 싶다.

의심할 여지 없이 현재 경제 부문 저널리스트들은 무엇이 궤도에 올라가는지에 대해 5년 전보다 훨씬 많은 관심을 기울인다. 하지만 기술 분야 언론조차 스페이스X를 가장 많이 다루고 있다. 이유는 분명하다. 민간 기업이 사람을 우주로 보내고 있기 때문이다. 얼마 전까지만 해도 정부만 할 수 있었던 일이다. 그보다 더 눈에 띄는 것은 이 회사의 야망이 화성과 그 너머까지 뻗어 있다는 점이다.

그렇기는 해도 상업용 발사 산업은 우주 경제의 '어떻게'일 뿐이다. 그보다 훨씬 더 흥미로운 것은 '무엇'과 '왜'다. 이제 소규모 기업과 스타트업도 궤도에 진입할 수 있게 되었으니 전 세계의 뛰어난 기술자와 창업가들은 이 기회를 이용해 무엇을 할 것인가?

지금부터는 우주 경제의 여러 인상적인 기업을 창업한 사람들과 나눈 흥미로운 대화를 여러분과 공유하고자 한다. 여기서 소개하는 기업은 주로 위성 산업의 지리공간정보(GEOINT) 스택에서 활동하는 기업이다. 이들 기업이 제공하는 서비스가 놀랍고 가치 있는 방식으로 서로를 보완하는 모습을 보고 이 풍부하고 역동적인 생태계의 가능성을 이해하는 데 도움이 되기를 바란다.

이 장에서는 일단 일부 핵심 플레이어와 그들의 이야기를 들려주고, 우주 경제에서 활동하고 있는 기업이 직면한 구체적인 과제와 관련된 조언은 해당 주제를 다루는 장에서 더 자세히 소개할 것이다. 여기서는 이들이 어떤 일을 하고 있는지 알아보기로 하자.

플래닛랩스: 지구에 관한 진실을 공유한다

2010년대 초반에 큐브샛(CubeSat)이라는 초소형 위성으로 지구 관측(EO)에 혁명을 불러일으킨, GEOINT 스택의 한 축인 플래닛랩스는 2021년 말 증시에 상장되었다. 플래닛랩스의 '도브(Dove)' 위성군은 2017년부터 적어도 하루에 한 번 지표면 전체 이미지를 구석구석 촬영해 왔다.

　직원 수가 거의 500명에 이르고 200개 이상의 첨단 이미지 위성을 궤도에서 운용하고 있는 플래닛랩스는 우주 경제의 신생 기업 중에서는 상대적으로 큰 규모를 자랑한다. 앞에서 말한 것처럼 이전에는 커다란 단일 위성이 지배적인 패러다임이었다. 이 회사가 등장하기 전에는, 우주 공간의 메인프레임이라고 할 수 있는 이런 위성 중 하나가 2주에 한 번씩 어떤 특정 좌표를 촬영할 기회를 제공했을 것이다. 오늘날에는 소형화와 저렴한 발사 비용 등의 요인 덕분에 플래닛랩스가 지구 전체를 센서로 덮어 버렸다. 이에 따라 시간 해상도가 그 어느 때보다도 높아졌기 때문에 고객들은 지표면의 점진적 변화를 추적할 수 있게 되었다. 이런 능력은 점점 늘어나는 애플리케이션에 매우 유용하다.

　로비 싱글러는 플래닛랩스의 최고 전략 책임자다. NASA 동료들과 플래닛랩스를 설립하기 전에는 NASA의 수석 기술자 보비 브라운의 수석 보좌관이었다. 당시 싱글러는 브라운을 도와 NASA 우주 기술임무국(STMD)을 탄생시켰다.

　싱글러는 나와의 대담에서 이렇게 말했다. "나는 STMD가 벤처캐피털처럼 되기를 바랐죠. 기술 준비 정도가 다양한 여러 프로그램을 운영하는 것입니다. 기술 성숙도가 낮은 쪽에는 적은 예산을 지원받는 회사가 많이 있고, 기술 성숙도가 높은 쪽에는 많은 예산을 지원받는 소수의 회사가 있는 식이지요. 이런 식으로 초기에는 위험을 감수하다가 차츰 살아남지 못하는 회사가 떨어져 나가다 보면, 끝에 가서는 실제로 적용할 수 있는 새로운 기술이 계속 공급되는 파이프라인이 만들어지는 것입니다."

"그런데 선정위원회에 앉아서 보니 똑같은 사업자가 똑같은 이야기를 하고 있다는 인상을 받았습니다. 다른 접근법을 가진 참신한 인물로부터 혁신 기술을 제안받을 수 없었던 거죠." 업계의 실태에 좌절감을 느낀 플래닛랩스의 공동창업자들은 민간 부문에 직접 뛰어들기로 했다. 당시 싱글러는 이렇게 생각했다고 한다. '그렇게 어려운 일도 아니야. 전기 기계 장치에 불과한 걸. 새로운 방식으로 만들 수 있어.'

스페이스X가 등장하기 전에는 다른 무엇보다도 무게가 우주 기반 기술의 발전에 가장 큰 제약 요인이었다. 우주왕복선을 한 번 발사하려면 15억 달러라는 엄청난 비용이 들었다. 1kg의 무게(물 1L나 토스터 1개, 또는 중간 크기 감자 4알에 해당하는 무게)를 우주왕복선에 실어 궤도에 올리는 데 드는 비용은 5만 4500달러였다.[a] 이 시기의 전통적인 위성의 크기와 무게(스쿨버스 크기에 수천 킬로그램의 무게)를 고려하면 위성을 설계할 때 어떤 생각으로 하나하나의 결정을 내렸을지 이해할 수 있을 것이다. 하지만 스페이스X가 등장하자 비용이 떨어지기 시작했다. 1단 로켓을 재사용할 수 있게 되면서 킬로그램당 우주 진입 비용이 몇 배나 저렴해졌다.

플래닛랩스의 기회 요인은 발사 비용이 떨어진 것 외에도 다음과 같은 두 가지가 더 있었다. 하나는 소비자 전자 기기의 필요로 인해 더 싸고 더 강력하고 더 튼튼한 전자 부품(무선 장치, 배터리, 센서 등)이 나왔다는 것이다. 또 다른 하나는 클라우드 컴퓨팅의 부상이다. 싱글러는 "이런 여러 추세가 맞물리는 것을 보고 우리는 우주의 경제성을 바꿀 수 있다고 생각했죠."라고 말한다.

2011년 싱글러는 플래닛랩스 공동창업자들과 함께 '지구 공익 인프라'를 구축한다는 목표를 품고 NASA를 떠났다. 이들은 EO 위성 네트워크를 구축해 '지구에 관한 진실'을 제공함으로써 '세계 경제의 지속 가능성 전환'을 앞당길 생각이었다. 어떤 면에서 플래닛랩스의 타이밍은 절묘했다. 하지만 창업자들은 앞에서 살펴본 바와 같이 예상치 못했던 '퍼스트 무버의 단점'에 맞닥뜨렸다. 위성에서 수집한 데이터가 고객에게 전달되지 않으면 위성은 별 소용이 없다. 창업자들은 업계의 기존 회사들과 제휴해 이 문제를 해결할 생각이었다. 하지만 다른 회사 기지국의 다운타임[34]을 빌려 데이터를 지상으로 전송하는 것은 생각만큼 쉬운 일이 아니었다.

"우리한테 이렇게 말하더군요. '어디 봅시다. 이 정도 숫자의 위성이면 이 정도의 패스[35]가 생길 것이고, 패스당 비용은 이 정도입니다. 따라서 1년에 2억 유로를 내시면 됩니다.'" 이 돈을 내면 GEOINT 스택 시장에 형성된 가격을 맞출 수 없었기에 플래닛랩스는 어쩔 수 없이 자체 지상국을 구축해야 했다. 싱글러는 이렇게 말

---

34 어떤 장치나 시스템을 사용하지 않는 시간
35 Pass 또는 Orbital pass. '통과시간(통신 가능 시간)'이라는 뜻으로, 위성이 지평선 위에 있어 지상국이나 수신기 등과 직접 통신이 가능하거나 시각적으로 관찰 가능한 시간을 말한다.

한다. "현재 우리는 전 세계에 구축한 지상국 48개를 통해 하루에 30테라바이트의 데이터를 내려받고 있습니다. 지속해서 지상국을 업그레이드하고 더 싸게 서비스를 제공할 수 있는 업체가 있다면 우리 지상국을 매각해 리스크를 줄이고 싶습니다. 하지만 지금도 타 지상국 이용 비용은 현재 우리가 지출하는 비용보다 4~5배 비쌉니다. 그래서 아직도 새 지상국을 계속 짓고 있지요."

전 세계에 지상국 망을 구축하는 것은 그들이 사업 시작 초기에 맞닥뜨린 예상치 못한 여러 걸림돌 중 하나일 뿐이었다.

"첫 번째 위성을 제작할 때는 무선 장치가 없었습니다. 구할 수 있는 무선 장치는 대학용 키트뿐이었는데, 성능도 떨어지고 유용성도 형편없었지요. 구입할 수 있는 S밴드 무선 장치 중 가장 작은 것이라 해도 우리 위성 크기의 3분의 2가 넘는 데다 가격은 50만 달러나 했습니다." 그래서 플래닛랩스는 지상국과 마찬가지로 무선 장치도 직접 만들어야 했다.

이런 문제는 새로운 분야에 진입한 초기 혁신가라면 흔히 겪는 일이다. 이런 문제는 극복하기 어렵지만 일단 극복하고 나면 튼튼한 진입 장벽이 된다. "만드는 데 2년이나 걸렸지만 이 무선 장치는 이제 우리의 지식재산입니다. 무선 출력이 엄청나지요. 현재 시장에서 이 정도 성능의 무선 장치는 구할 수 없습니다. 우리의 시장 진입을 늦춘 요소가 이제는 차별화 요소가 된 셈이지요."

현재 플래닛랩스는 40여 개국의 600여 고객에게 지리공간 데이터를 제공한다. 이 회사의 데이터는 농업, 정부, 에너지, 환경 보존

등 다양한 분야의 애플리케이션에 이용된다. 플래닛랩스는 이제 상업용 EO 분야에서 인정받는 업계의 선두 주자가 되었다. "우리가 선두를 유지할 수 있는 것은 북극성 덕분입니다. 우리가 하는 일에 대한 사명 의식, 그리고 그 사명을 중심으로 한 제품 원칙이 우리의 북극성이죠. 높은 곳에 등대를 세우면 창조의 바닷속에서 바람 부는 방향에 맞춰 침로를 바꾸거나, 물결을 이리저리 누비면서 나아가거나, 풍랑을 만나도 길을 잃지 않는 법입니다."

바이올렛랩스: 적합한 작업 툴을 만들다

의심할 여지 없이 플래닛랩스는 우주 경제의 주요 사업자다. 스펙트럼의 반대편 끝에는 많은 유망 스타트업이 부상하고 있다.

루시 호그는 클라우드 기반의 소프트웨어로 하드웨어의 공학적 프로세스를 쉽고 효율적으로 만들어 주는 스타트업, 바이올렛랩스(Violet Labs)의 공동창업자 겸 CEO다. 우리가 가장 먼저 바이올렛랩스의 시드 라운드[36] 투자를 주도한 것은 창업자들의 역량과 경험 때문이었다. 호그와 공동창업자 케이틀린 커티스는 스페이스X, 구글, 리프트, 아마존 같은 기업뿐만 아니라 미국 국방고등연구계획국(DARPA)에서 근무하면서 우주선, 발사체, 자율주행차, 드론 등을 제

---

36 Seed round. 스타트업 투자 단계의 하나. 아이디어만 있는 초기 스타트업에 성장 가능성만 보고 투자하는 투자의 첫 단계다.

작한 경험이 풍부한 엔지니어다. 이제 이들은 우주 경제와 그 밖의 분야에서 하드웨어 엔지니어가 쓰는 툴을 개선하는 일을 하고 있다.

호그는 다음과 같이 말한다. "환상적이고 흥미진진한 이런 제작품들을 만들다가(솔직히 자율주행차 만드는 일보다 더 멋진 일이 어디 있겠어요?) 더는 재미를 느낄 수 없는 순간이 찾아왔습니다. 제작 과정이 너무 비효율적이어서 고통스러웠지요. 수작업으로 데이터를 주고받는 일이 너무 많았어요." 복잡한 하드웨어를 제작하는 프로젝트에 일반적으로 수반되는 지루함이나 절망감, 비효율을 넘어 프로세스 자체가 불필요하게 오류 발생 가능성이 높았다. "너무 많은 활동에 사람이 직접 개입하고 있었지요." 아마존에서 동료 직원으로 만난 호그와 커티스는 종종 작업을 다시 재미있고 흥미진진하게 만들어 줄 새로운 툴이 없을까 하는 이야기를 나누며 여러 가상의 아이디어를 주고받았다. 둘 다 그전에 회사를 설립해 본 경험은 없었지만, 엔지니어로서 경험했던 짜증스러운 모든 문제를 해결할 수 있을 무언가를 만들 수도 있다는 가능성에 매료되었다.

"케이틀린과 나는 우리가 정말로 원하는 툴을 개발하고 싶었습니다. 하지만 문제를 가장 잘 해결할 수 있는 솔루션에 대한 생각이 서로 달랐어요." 그러다 두 사람이 '브레인스토밍'을 하던 중에 갑자기 기발한 생각이 떠올랐다. "하드웨어 개발의 시작부터 끝까지 전체 라이프사이클에 다 적용할 수 있는 하나의 툴을 개발할 수 있지 않을까 하는 생각이 들었습니다. 우리가 늘 사용해 오던 다양한 소프트웨어 툴에서 데이터를 가져와 저장해 두는 중앙 리포지터리

(repository)를 만드는 것이지요." 이렇게 하면 도구 피로[37]를 피할 수 있을 것 같았다. 두 사람은 엔지니어가 제일 하기 싫어하는 일이 새로운 소프트웨어를 배우는 것이라는 사실을 알고 있었다. 한곳에 모든 데이터를 모아 주는 툴이 있다면 일이 훨씬 쉬워질 터였다.

호그와 커티스는 이 툴을 직접 만들고 싶었다. 하지만 직장을 그만두고 바이올렛랩스를 창업하기로 결심한 것은 이 툴의 잠재 시장을 알고 나서였다. "이들 산업은 복잡하고 수익성이 높으며 여러 전문 분야가 얽혀 있을 뿐 아니라 규제도 심합니다. 그런데 이들 산업을 지원하는 산업이 발달하지 못했어요. 로봇에서부터 컴퓨터에 이르기까지 복잡한 하드웨어를 제작하는 기업은 전 세계에 대략 60만 개 정도 됩니다. 이런 종류의 제조업이 소규모 신생 기업으로까지 확산하면서 그 수는 점점 늘어나고 있죠. 우리가 만드는 툴의 잠재 시장 규모는 대략 500억 달러 정도 됩니다."

시장 규모를 아는 것과 어떤 한 회사의 수요를 파악하는 것은 별개의 문제다. "예를 들어 테슬라는 R&D 투자를 많이 하기로 유명하죠. 차 한 대당 약 3000달러 정도 된다고 합니다. 토요타나 포드 같은 전통적 기업은 그보다는 못하지만 그래도 그 금액의 3분의 1 정도는 투자합니다. 복잡한 엔지니어링 프로세스에 막대한 돈이 들어가는 것이지요. 짐작하셨겠지만 자동차 제조업체는 이 프로세스에 쓰이는 소프트웨어 툴에도 전체 투자 금액에 비례하는 돈을 투자하

---

37 Tool fatigue. 새로 배워야 하는 툴이 너무 많은 데서 오는 피로감을 말한다.

죠. 우리가 생각하는 고객의 다양성을 고려할 때 이 툴의 잠재력은 엄청납니다."

현재 바이올렛랩스의 궁극적 목표는 위성이나 발사체 같은 복잡한 제작품의 전체 라이프사이클(시스템 엔지니어링과 설계부터 공급망과 운용에 이르기까지)에 걸쳐 엔지니어들이 이용할 수 있는 클라우드 기반의 단일 데이터 소스[38]를 구축하는 것이다. 호그가 바라는 것은, 업무 협업 툴인 재피어(Zapier)와 에어테이블(Airtable)이 서로 이질적인 툴을 유연하게 연동시켜 줌으로써 소프트웨어 업계의 주요 제품이 된 것처럼, 바이올렛랩스가 개발하는 제품도 우주 경제와 그 밖의 분야에서 하드웨어 엔지니어링 워크플로에 없어서는 안 될 제품이 되는 것이다.

레오랩스: 밑에서 우주를 올려다본다

바이올렛랩스는 우주 경제에 쓰이는 복잡한 하드웨어 제작을 효율적으로 하게 해 준다. 하지만 이 하드웨어가 모두 궤도로 올라가는 것은 아니다. 잠재력이 큰 장비 중 일부는 여기 지상에 남아 있다.

댄 세펄리는 위성, 우주선, 우주 쓰레기 등 궤도에 있는 물체를 기존 비용의 1퍼센트밖에 되지 않는 비용으로 열 배나 정밀하게 추적

---

38 SSoT(Single Source of Truth). 단일 진실 공급원, 단일 데이터 소스, 신뢰할 수 있는 단일 소스 등으로 불린다. 어떤 특정 데이터나 정보에 대해 정확하고 신뢰할 수 있는 하나의 출처나 저장 위치가 있어야 한다는 뜻이다.

하는 회사 레오랩스(LeoLabs)의 공동창업자 겸 CEO다.

세펄리는 이렇게 말한다. "우리는 우주의 교통 관리를 위해 지상 기반의 위상 배열 레이더 네트워크를 구축해 나가고 있습니다. 이미 5개 사이트를 구축해 운영하고 있고, 4개 사이트를 추가로 구축하는 중입니다. 활동 중인 위성을 위협하는 수십만 개의 우주 쓰레기와 새로 발사하는 우주선을 추적하기 위해서죠. 우리는 이 데이터를 충돌 위험 정보로 전환하는 분석 툴도 개발하고 있습니다."

"우리 레이더 네트워크는 모든 궤도와 모든 경사각[39]을 커버하지요. 우리는 궤도가 아니라 지상에서 시스템을 운용하기 때문에 전기를 사용하거나 컴퓨팅 성능을 높이거나 클라우드로 데이터를 보낼 통신망 이용에 제약이 없습니다. 덕분에 전례 없이 빠르게 네트워크를 확장할 수 있었고 전례 없는 가격에 서비스를 제공할 수 있게 되었죠." 이 정도 수준의 역량을 갖추는 것은 민간 스타트업으로서는 놀라운 일이다. "벤처캐피털 투자를 받은 기업이 이런 일을 해낼 수 있으리라고는 아무도 생각하지 못했습니다. 정부 자금 수십억 달러가 들어가는 프로젝트나 되어야 가능하다고 생각했죠. 그런 생각이 우리한테는 기술적 진입 장벽이 되어줬습니다."

레오랩스는 2016년에 설립되었다. 하지만 창업 멤버들이 이 회사의 근본이 되는 지식재산을 개발하기 시작한 것은 25년 전 SRI인터

---

39 궤도 경사각(orbital inclination)을 말한다. 위성의 궤도 경사각은 위성이 공전하는 궤도면과 지구의 적도면과의 각도다. 위성의 궤도면과 지구의 적도면이 같으면, 즉 위성이 적도 바로 위의 궤도에서 공전하면 궤도 경사각은 0도다.

내셔널에 근무할 때였다. SRI인터내셔널은 샌프란시스코 베이에어리어의 유서 깊은 연구 기관으로 이전에는 스탠퍼드연구소로 알려진 곳이다. 전리층에 대한 기초 연구 수행을 위해 국립과학재단으로부터 연구 기금을 지원받은 이들은 오로라 같은 상층 대기 현상을 연구하는 데 쓸 특수 레이더를 설계하는 데 여러 해를 보냈다.

UC 버클리에서 전기 공학 박사 학위를 받은 세펄리는 공동창업자들보다 늦은 2008년에 SRI인터내셔널에 들어갔다. 거기서 세펄리는 DARPA 및 미 공군과 함께 우주에 있는 물체를 추적하는 연구를 했다. 공군은 스페이스X 같은 기업이 등장하면서 신규 소형 위성이 급증할 것으로 예상되자 여기에 대응하기 위해 추적 역량을 빨리 키우고 싶어 했다.

세펄리는 우주 교통 관리에 관한 자신의 연구가 뜻밖에도 전리층을 연구하는 동료들의 작업과 겹치는 부분이 있다는 사실을 알게 되었다. "그들이 만든 레이더는 전리층 연구하기에는 훌륭한 제품이었지만, 성능이 조금 과해 위성과 우주 쓰레기까지 탐지되었죠. 그들은 오로라를 더 잘 관측하기 위해 불필요한 그 데이터[40]를 찾아서 배제하는 알고리즘을 개발했습니다. 그러다 내가 위성을 추적하는 연구를 하고 있다는 말을 듣고는 자신들이 의도치 않게 내가 필요로 하는 것을 만들었다는 사실을 알게 되었죠."

결국 세 사람은 SRI인터내셔널을 떠나 이 새로운 물체 추적 기술

---

40 위성과 우주 쓰레기 탐지 데이터를 말함

을 시장에 내놓기로 했다. "저비용 발사체, 새로운 소형 위성, 거대 군집위성 등의 추세로 인해 상업용 우주 상황 인식 서비스의 기회가 열린 것이지요. 예전에는 이런 서비스가 국방 활동이었지만, 지금은 이런 서비스를 위성 사업자에서부터 보험 회사에 이르기까지 계속해서 생겨나는 새로운 고객에게 팔 수 있게 되었습니다. 우리는 때를 기다리다가 시장이 변곡점에 이르기 직전에 연구소에서 나왔습니다."

"레오랩스는 일종의 기상청과 같습니다. 물류 회사나 통신 회사를 운영하는 사람이라면 날씨를 알아야 합니다. 날씨가 그 사업에 영향을 끼치기 때문이죠. 마찬가지 이유로, 우주 기반의 자산에 의존해 사업을 운영하는 많은 사업자도 우주에서 무슨 일이 일어나고 있는지 알아야 합니다."

다행히 SRI인터내셔널에는 창업하는 사람들을 지원하는 벤처 그룹이 있었다. 이 그룹은 인큐베이팅 프로그램을 통해 레오랩스의 창업자들이 투자금을 모집하고 사업을 운영할 수 있도록 지원했다. 게다가 SRI에서 창업하다 보니 하드웨어, 소프트웨어, 지식재산 상당 부분을 이미 확보한 상태에서 사업을 시작할 수 있었다.

"우리는 시작할 때부터 이미 우리 기술 솔루션이 좋다는 사실을 알고 있었어요. 덕분에 창업 첫날부터 비즈니스 측면에 집중할 수 있었습니다. 이렇게 보면 SRI인터내셔널이 액셀러레이터 역할을 한 셈이죠."

물론 귀중한 지식재산을 SRI인터내셔널이 소유하고 있다는 사실은 그 자체로 문제의 소지가 있었다. "연구 기관은 언제나 연구소에서 분리시켜 창업하게 할 것인가 아니면 조금 더 전통적인 비즈니스 개발 기회를 추구할 것인가를 두고 내부 의사 결정을 거치죠. 거기서 우리는 완전히 다른 비즈니스 모델을 추구할 것이라고 설명했습니다. 외부로부터 상당한 규모의 투자를 받아야 하는 비즈니스 모델이었죠."

레오랩스 창업자들은 창업한 이후에도 잠재적 투자자들에게 상황을 명확히 알려야 했다. "초기에는 레오랩스와 SRI인터내셔널의 관계가 자주 거론되었습니다. 우리는, SRI는 작은 이해관계자일 뿐이고 레오랩스는 완전히 독립된 회사라는 사실을 밝혀야 했습니다."

나날이 커지는 우주 교통 문제의 심각성은 놀라움을 금치 못할 정도다. "몇 년 전까지만 해도 지구 저궤도(LEO)에 떠 있는 운용 위성은 800여 개 정도였죠. 그런데 지금은 4000개 가까이 되고, 조만간 수만 개가 넘을 예정입니다. 운용 중인 이런 위성의 수도 우주 쓰레기에 비하면 새 발의 피밖에 되지 않습니다. 우주 쓰레기는 수명이 다한 위성이나 오래된 발사체의 본체, 그리고 이런 것들의 일부분 같은 것입니다. 현재 우리는 10cm 크기의 물체까지 추적하지요. LEO에는 그런 크기의 물체가 약 1만 6000개 정도 있고, 우리가 추적하지 못하는 2cm 크기의 잔해도 25만 개 정도 됩니다."

레오랩스의 당면 목표는 지금보다 더 작은 물체를 추적하는 시스템을 개발하는 것이다. "작은 잔해라도 충분한 세기의 힘으로 위성에 충돌하면 위성이 파괴될 뿐만 아니라 새로운 쓰레기가 무더기로 만들어져 LEO에 있는 다른 위성이 파괴될 위험성이 크게 높아져요. 우리는 필요한 정확도로 작은 물체를 추적할 수 있는 레이더망을 구축하고 있습니다."

이 데이터는 위성 산업의 발전을 위한 모범 사례를 만드는 데도 유용하다. "우리 데이터는 어떤 궤도가 깨끗이 보존되는지, 혹은 어떤 군집위성이 우주를 깨끗이 보존하는지 보여 줍니다. 예컨대 750km 상공은 교통 밀도가 가장 높은 고도지요. 중국은 이 고도에서 자국 위성 하나를 파괴해 무수한 쓰레기를 발생시켰습니다. 그런데 여기서 미국의 상업용 위성과 수명이 다한 러시아 위성이 충돌하면서 상황이 더 악화되었어요. 이제 새로운 거대 군집위성은 LEO에서 가장 깨끗한 구역인 1100km까지 올라가거나 그보다 낮은 고도인 600km로 내려가죠. 600km 고도는 수명이 다한 위성이나 기타 잔해가 몇 년 안에 궤도를 이탈해 지구로 떨어지므로 자연정화가 되는 곳입니다." 레오랩스의 데이터는 위성 사업자들이 자신에게 어떤 옵션이 있는지 알고 더 나은 선택을 하는 데 꼭 필요한 요소가 될 것이다.

"LEO는 그전보다 훨씬 복잡해져서 적극적 관리가 더욱 중요해졌습니다. 이미 알려졌듯이 리스크는 대부분 운용 위성이 아니라 우주 쓰레기 때문에 발생해요. 우주 쓰레기는 마치 축구장에서 하프 타임 쇼가 진행되는 동안 경기장에 서 있는 사람과 같습니다. 운용 위성은 행진하는 밴드라고 할 수 있고요. 각 연주자는 다른 연주자와 부딪히지 않게 조심하면서 이리저리 움직입니다. 그런데 쓰레기는 경기장에 뛰어 들어와 튜바 연주자와 부딪히는 술 취한 팬과 같죠."

"현재 우리는 LEO에서 활동 중인 위성의 60퍼센트 이상을 상대로 서비스를 제공하고 있습니다. 우리는 물체 추적이나 교통 관리 외에 위성의 상태도 보고합니다. 빙글빙글 돌거나 기동 패턴이 바뀌는 등 위성 오작동의 조기 징후를 포착해 보고하는 것이죠. 또한 위성 사업자나 보험 회사, 규제 기관, 정부 기관 등에 특정 위성 또는 특정 군집위성이 직면한 위험을 실시간으로 분석한 자료도 제공합니다."

우주 경제의 모든 데이터 주도 비즈니스에서 정보 전달은 여전히 걸림돌이 되고 있다. "과거에는 우주 산업의 모든 것이 맞춤형이었습니다. 데이터로 작업하려면 거기에 맞는 인터페이스를 만들어야 했어요. 우리는 이런 장벽을 허물고 소프트웨어 스택 내의 또 다른 계층이 되려고 노력하는 중입니다. 모든 소프트웨어 엔지니어는 API를 이용해 프로그래밍하죠. 그래서 우리도 API를 통해 모든 정보와 경보를 전달합니다. 그러다 보니 접근성이 좋습니다. 심지어 우리 카탈로그에 나오는 모든 위성과 우주 쓰레기 정보를 사람이 읽을 수 있도록 만든 웹 페이지도 운영하고 있습니다. 각 페이지에 들어가면 어떤 물체의 현재 위치와 해당 순간 그 물체의 모든 측정값을 볼 수 있습니다."

"우주 산업은 점점 전체 경제의 중요한 부분이 되어 가고 있습니다. 새로운 상업용 군집위성이 속속 등장함에 따라 이들이 제공하는 서비스는 더 큰 비즈니스와 기술 생태계의 일상적인 부분이 될 것입니다. 이와 같은 이유로 이러한 모든 상업적 활동이 일어나는 공간을 이해하는 일이 훨씬 중요해졌어요. 우주의 상황은 지상에서 일어나는 일에 직접적으로 영향을 미치죠."

스카이워치: 데이터를 통합한다

플래닛랩스 같은 인프라 기업이 방대한 양의 데이터를 생산한다면, 스카이워치 같은 분배 기업은 개발자나 고객이 더 쉽게 데이터에 접근할 수 있게 함으로써 데이터의 가치를 드러나게 한다. 제임스 슬리퍼어즈는 GEOINT 분배의 선두 기업 스카이워치의 창업자 겸 CEO다. 스카이워치는 여러 기관이나 기업이 원격 감지 데이터를 자체 애플리케이션에 통합하는 데 필요한 툴을 제공한다.

슬리퍼어즈는 이렇게 말한다. "우리는 EO 데이터는 접근이 쉬워야 하고, 적당한 가격이어야 하고, 표준화되어야 한다고 생각합니다. 우리는 매끄럽고 간단한 두 제품으로 이 일을 하고 있어요. 하나는 어스캐시(EarthCache)라는 겁니다. 기업을 대상으로 한 위성 데이터에 접속할 때 쓰는 API지요. 우리는 EO의 주요 시장인 정부와 국방은 쳐다보지 않습니다. 대신 억눌려 있는 상업 시장의 수요를 충족시키려고 해요. 우리는 이 시장의 규모를 수십억 달러로 보고 있습니다."

스카이워치의 또 다른 핵심 제품은 테라스트림(TerraStream)이다.

"쉽게 말해 '우주 기업을 위한 쇼피파이[41]'라고 생각하면 됩니다. 자기 위성에서 데이터를 가져와 고객에게 내보내야 하는 사업자를 위한 솔루션이죠. 위성 사업자 대부분이 테라스트림을 쓰고 있는데, 그 이유는 점점 성장하는 EO 데이터의 상업 시장에 쉽게 접근할 수 있기 때문이죠."

"현재 우리는 궤도에 있는 모든 EO 위성이 보내는 데이터의 90퍼센트 이상에 접근할 수 있습니다. 또, 향후 몇 년 안에 위성 발사를 계획하고 있는 회사 절반 이상과 관계를 맺고 있고, 그중 절반과는 이미 계약을 체결했습니다."

이와 동시에 스카이워치는 고객 기반도 확장하고 있다. "우리는 1000개 가까운 기관과 기업에 서비스를 제공하죠. 작년까지만 해도 350개 정도밖에 되지 않았고, 재작년에는 150개였습니다. 비용 절감 방안을 계속 강구하다 보니, 더 많은 고객이 조직 내에서 EO 데이터를 대규모로 쓸 수 있는 가격대에 맞출 수 있게 되었죠." EO 데이터를 한 번도 써 본 적 없는 기업도 새롭게 이용을 시도하고 있다. 스카이워치가 해당 기업의 요구에 맞게 서비스를 설계해 제공하기 때문이다.

"그동안은 고객이 계약을 체결한 뒤 큰돈을 선불로 내야 하는 것이 일반적이었지만, 우리는 종량제(pay-as-you-use) 모델을 들고 시장에 나갔죠. 고객은 요금이 제로인 상태에서 시작해 바로 자신이

---

41 캐나다의 전자상거래 플랫폼 기업. 자기만의 쇼핑몰을 창업하려는 판매자에게 쇼핑몰 구축에 필요한 솔루션을 제공하고, 각 쇼핑몰 사이트에 올라온 상품을 한곳에 모아 보여 준다.

필요로 하는 데이터만 이용할 수 있습니다. 특히 상업 시장을 목표로 할 때 종량제는 최고의 방법입니다. 지금은 이 분야에서 효과가 입증된 일반적인 모델이죠. 우리가 기업 시장에서 좋은 반응을 얻은 것도 종량제의 영향이 큽니다."

일반적으로 EO 데이터를 이용해 본 적이 없는 회사라면 EO 데이터의 잠재력을 전부 이해하는 데 도움이 필요하다. 고객 교육은 스카이워치의 가치 제안에서 빠지지 않는 필수 요소다. "우리는 고객이 현재 어떤 상황에 놓여 있는지, 그리고 어떤 콘텐츠가 고객에게 유용할지 고민하는 데 많은 시간을 할애합니다. 또, 언제든 고객의 여정에 뛰어들어 고객 시스템의 데이터 통합이나 데이터 활용 방법을 지원할 수 있도록 고객과 전 과정을 함께합니다. 단순하게 고객이 제공받는 데이터와 이 데이터를 이용해 제공할 수 있는 가치에 대해 고객이 더 깊이 이해하도록 알려 주기도 하죠."

아마존웹서비스(AWS)나 마이크로소프트 같은 거물급 기업도 GEOINT 분배 계층에 뛰어들었다. 스카이워치는 이것을 경쟁이 아니라 제휴의 기회로 보고 있다. "대형 클라우드 회사는 다운링크될 데이터의 양을 알기 때문에 그들의 데이터 센터에 다운링크 지상국을 구축합니다. 이렇게 하면 큰 도움이 되지요. EO 데이터로 작업할 때 가장 돈이 많이 드는 부분 중 하나가 데이터를 옮기는 것이거든요. 데이터 전송에는 돈이 많이 듭니다. 특히 테라바이트나 페타바이트 단위라면 엄청나지요. 클라우드 회사는 남들보다 쉽게 위성 데이터를 데이터 센터로 가져올 수 있습니다."

"우리는 AWS 및 마이크로소프트와 테라스트림 파트너십을 체결했습니다. 테라스트림을 주 분배 솔루션으로 쓰는 위성 사업자는 AWS 지상국이나 마이크로소프트 애저오비털(Azure Orbital)을 이용해 데이터를 바로 클라우드로 다운링크받아 최대한 빨리 고객에게 전송할 수 있습니다."

스카이워치는 GEOINT의 선구 기업인 에스리(Esri)와도 파트너십을 체결했다. 1969년에 설립된 에스리는 상업적 용도로 지도 정보를 최초로 디지털화한 회사다. "현재 우리는 그전부터 에스리를 이용하고 있던 여러 대기업을 상대로 베타 프로그램을 운용하고 있습니다. 이들은 스카이워치를 거치지 않고도 에스리 인터페이스를 통해 바로 이미지를 검색할 수 있죠. 우리는 API를 우선시하는 기업으로서 고객이 기존 워크플로에서 EO 데이터를 바로 이용할 수 있게 되기를 원합니다. 위성 데이터에 접근하기 위해 별도의 워크플로가 필요하다든가, 드론이나 유인 항공기 데이터에 접근하기 위해 또 다른 워크플로가 필요하면 안 되겠죠. 이 모든 것이 우리가 구상하고 있는 방식으로 돌아가게 하려면 우리가 백엔드의 완벽한 일부가 되어야 합니다."

스카이워치는 업계 선두를 유지하기 위해 새로운 분배 계약을 체결하는 데 노력을 기울이고 있다. "우리는 2022년 여름에 LEO 군집 위성에서 얻을 수 있는 최고 해상도의 데이터를 내놓았습니다. 픽셀당 30cm 이상의 선명한 이미지입니다. 지금까지 이 정도의 정밀도는 맥사의 월드뷰(WorldView) 위성군이 주도해 왔습니다. 그런데 2년 전 월드뷰 4호의 수명이 다하면서 맥사의 능력이 상당히 줄어들었어요. 최근에는 많은 스타트업이 고해상도 위성을 쏘아 올리겠다고 해서 그들을 하나하나 찾아다니면서 협상하고 있습니다."

뮤온스페이스: 새롭게 보는 방법을 찾는다

제임스 슬리퍼어즈에 따르면, 스카이워치 고객이 요구하는 데이터 유형은 280가지가 넘지만 실제로 제공할 수 있는 데이터 유형은 10~15가지밖에 되지 않는다고 한다. 스카이워치가 다양한 GEOINT 데이터를 통합한다면, 뮤온스페이스는 애초에 우리가 수집할 수 있는 데이터 유형을 넓히는 일을 한다. 뮤온스페이스는 기업에 위성 기반의 맞춤형 EO 센서를 개발하는 턴키 솔루션을 제공한다. 자체 애플리케이션에 쓸 새로운 유형의 EO 데이터가 필요한데 하드웨어 노하우가 부족한 기업이 있으면 거기에 맞는 센서를 개발해 궤도에 올릴 수 있도록 지원해 주는 것이다. 우리가 뮤온스페이스의 시드 라운드에 이어 시리즈 A 라운드에도 투자한 이유는 뮤온스페이스가 진정한 세계적 수준의 팀을 구성했기에 그들이 하고자 하는 일의 잠재력에 대한 기대가 컸기 때문이다.

조니 다이어는 뮤온스페이스의 공동창업자 겸 CEO이자 스페이스캐피털의 운영 파트너다. 다이어는 뮤온스페이스의 비전이 하나로 집중되어 있다고 말한다. "우리는 바닷물을 다 끓이려고 하지 않습니다. 우주에서 가능한 임무를 우리가 다 하려고 하지 않는다는 말이지요." 뮤온스페이스는 스페이스X가 발사 분야에서 하는 일을 원격 감지 분야에서 하려고 한다. 새로운 센서 사용에 수반되는 진입 장벽을 낮추는 일이다.

뮤온스페이스 접근법의 핵심은 모든 센서 데이터에 적용할 수 있는 표준 데이터 플랫폼이다. 다이어는 이렇게 말한다. "모든 사람이 새로운 유형의 센서를 올려보낼 때마다 처음부터 새로 시작합니다." 센서 데이터를 수집하고 정리하고 활용하는 뮤온스페이스 플랫폼을 이용하면 "훨씬 작은 규모의 팀으로도 새로운 센서를 빨리 올려 거기서 수집한 데이터를 중심으로 한 제품을 만들어 볼 수 있습니다. 개념 증명[42]을 하기 위해 한 무리의 로켓 과학자와 큰돈을 준비할 필요가 없죠."

이런 새로운 종류의 EO 데이터를 이용하는 주요 사례로 기후 변화에 대한 대응을 들 수 있다. 다이어는 기후 변화 대응을 완화와 적응이라는 두 범주로 나눈다. 완화는 미래의 온난화를 늦추기 위해 대기 중의 탄소량을 줄이는 데 초점을 맞춘다. 반면에 적응은 현재 상황에 대처하는 것이다. "우리가 완화에 큰 성과를 거두더라도 결국은 기후가 변화한 세상에 살게 될 것입니다. 따라서 해수면 상승, 극단적인 날씨, 산불 등에 대처해야 하죠." 그는 완화와 적응 둘 다 "데이터가 매우 중요합니다."라고 말한다.

---

42 Proof of concept. 아이디어나 기술, 제품, 서비스 등이 실현 가능성이 있는지, 예상한 대로 작동하는지 등을 확인하는 과정을 말한다.

적응 분야의 도전 과제 중 하나는 시대에 뒤떨어진 산림 관리 관행, 높아진 기온, 가뭄 등으로 인해 규모가 커지고 더 빈번해진 산불이다. 산불은 인간의 건강에 미치는 악영향 외에도, 대기 중으로 너무 많은 탄소를 방출해 산불 발생의 원인이기도 한 기후 변화를 가속화한다. 일종의 악순환이다. 뮤온스페이스의 EO 데이터는 사전 예방적인 산림 관리에 도움을 준다. 뮤온스페이스의 원격 감지 역량이, 기후에 대한 전문 지식은 풍부하지만 위성 기술이 없어 필요한 데이터를 얻지 못하는 다양한 조직이나 기관에 힘을 실어 주는 것이다. 기술 스택에서 언번들링의 힘을 보여 주는 완벽한 예다. 어떤 기술 스택의 작은 분야에 전문화된 기업이 등장하기 시작하면 발전은 가속화된다.

뮤온스페이스와 그 동종 기업은 서로 보완적인 두 가지 추세의 혜택을 누리고 있다. 센서가 더 정교해졌고, 군집위성에서 받을 수 있는 데이터의 양이 증가한 것이다.

"위성에서 데이터 내려받는 일이 점점 쉬워지고 있습니다. 민간 지상국이 많이 구축된 데다 무선 기술이 빠르게 발전해 데이터 전송 속도가 굉장히 빨라졌기 때문이죠. 데이터 병목 현상이 자주 발생하는 전통적인 NASA형 위성에 비해 받을 수 있는 데이터의 양이 엄청나게 늘었습니다."

파이프가 굵어지자 새로운 접근법이 가능해졌다. "전자기 스펙트럼의 한 부분에 초점을 맞춘 센서를 만드는 대신 서로 다른 여러 주파수의 광자를 빨아들이는 유연한 광대역 센서를 사용할 수 있게 되었습니다. 그렇게 얻은 데이터를 모두 지구로 가져오면 그 데이터를 분류해 사용할 수 있으므로, 결국 공통 데이터 세트를 이용해 다양한 애플리케이션을 구축할 수 있죠." 이런 '초분광(hyper-spectral)' 감지의 유연성 덕분에 EO에 효율적인 다목적 접근이 가능해졌다.

사람들은 이런 추세가 내포한 의미를 이제 막 이해하기 시작했다. "원격 감지를 다수의 센서 대 하나의 센서라는 관점에서 보기 시작하면 문제 해결에 대한 생각이 근본적으로 바뀌죠. '어떻게 하면 정교한 센서 하나를 사용해 이 문제를 해결할 수 있을까?'라는 생각은 잊어야 합니다. 그 대신에 '어떻게 하면, 개별적으로는 품질이 약간 떨어지지만 함께 사용하면 훨씬 유용한 데이터를 얻을 수 있는 센서 여러 개를 사용해 이 문제를 해결할 수 있을까?'라고 생각해야 하죠."

뮤온스페이스의 수석 과학자이자 공동창업자인 댄 매클리스는 민간 부문으로 진출하기 전 제트추진연구소(Jet Propulsion Lab)에서 수석 과학자로서 10년을 포함해 모두 41년간 근무했다. 그는 제트추진연구소에서 근무하는 동안 EO를 이용해 기후를 연구하는 전통적인 접근법에 대해 직접적인 경험을 많이 쌓았다.

매클리스는 이렇게 말한다. "아직도 기후 변화 관측이라고 하면 제일 먼저 영상을 떠올립니다." 하지만 그동안 NASA나 국립해양대기국(NOAA) 등 여러 기관의 후원을 받아 다른 관측 방법이 시도되었고, 그중 일부는 매우 성공적이었다. "그런 기술 중 상용화된 것으로는 전파 엄폐[43]를 들 수 있습니다. 위성항법시스템(GPS) 신호를 이용해 지구 대기를 매우 정밀하게 측정하는 기술입니다. 전파 엄폐 덕분에 일기 예보 정확도가 크게 개선되었습니다. 전파 엄폐는 소규모 기업이 대형 고객에게 EO 데이터를 판매하는 대표적인 사례지요."

"현재 여러 가지 새로운 지구과학 데이터 세트가 만들어지고 있습니다. 예컨대 대기와 지표를 극초단파로 원격 감지해 얻는 데이터 같은 것이지요. 하지만 이런 데이터 세트로 돈을 벌기는 어렵습니다. 상업화할 수 있는 데이터 세트에 대한 안은 많지만, 업계 전체가 과도기 상태입니다." 물론 그래서 뮤온스페이스가 하는 일이 흥미진진한 것이다.

"뮤온스페이스는 이런 종류의 데이터를 상업화하는 데 선두를 달리고 있습니다. 우리는 그저 상업화할 수 있는 정보를 파악한 다음 그 정보를 수집하는 데 필요한 하드웨어를 찾기만 하면 되지요. 순서를 거꾸로 밟아 일하는 것입니다."

아볼: 늘 그렇듯 위험한 비즈니스

플래닛랩스나 뮤온스페이스 같은 기업이 더 많은, 그리고 더 품질 좋은 데이터를 내놓음에 따라 우리는 플래닛랩스의 로비 싱글러가 말한 것처럼 완전히 새로운 차원의 '지구에 관한 진실'을 제공받고

43　Radio occultation. 대기의 물리적 특성을 측정할 수 있는 원격탐사기술의 일종으로 하나의 위성에서 다른 위성으로 전송되는 라디오파가 대기를 통과할 때 굴절되는 정도로부터 대기의 온도, 기압, 수증기량을 측정하는 방법. 라디오파는 보통 GPS 신호를 이용한다.

있다. 하지만 이런 진실로 실제로 할 수 있는 일은 무엇일까? 업계는 이제 막 그 가능성을 탐색하기 시작했다. 조만간 활성화될 흥미로운 애플리케이션 중 하나는 여러 산업의 위험 관리 방식을 변화시킬 것으로 보이는 지수형 보험[44]이다.

시다르타 자는 2018년에 설립된 지수형 보험 플랫폼 아볼의 창업자이자 CEO다. 그는 기후 데이터, 기상 예보, 기후 모델을 거래하는, 세계 최초의 투명한 탈중앙화 장터인 디클라이밋(dClimate)의 설립 파트너이기도 하다.

시다르타 자는 시타델(Citadel)에서 상품 시장을 파악하는 업무에 인공지능(AI)과 머신 러닝을 적용하는 작업을 하던 중 인사이트를 얻어 아볼을 설립하게 되었다. 그는 이렇게 말한다. "날씨는 거의 모든 상품의 위협 요소입니다. 수조 달러 규모의 이들 상품 산업은 모두 계절적 변동이나 기후 변화, 그리고 가뭄, 홍수, 폭염과 같은 기상 현상에 따라 크게 흔들립니다. 예를 들어 폭염이 발생하면 냉방 수요가 급증해 발전소는 발전 용량을 초과하는 전기를 구매하기 위해 예산을 초과한 지출을 해야 하지요. 마찬가지로 풍속이 예기치 않게 떨어지면 풍력 발전소에 심각한 문제를 야기할 수 있습니다. 또, 가뭄과 홍수는 모든 농작물에 영향을 미치죠." 일반적으로 사업자들은 리스크를 줄이기 위해 보험 상품에 의존한다. 하지만 날씨나 기후 관련 리스크는 복잡하고 변화무쌍한 특성 때문에 전통적인 보험 모

---

44 Parametric insurance. 보험 가입할 때 정한 객관적인 기준을 충족하는 사건이 발생하면 자동으로 보험금이 지급되는 상품

델을 적용하기 어렵다.

"그런 경우 정부가 지원하는 기상 보험에 가입할 수 있었지만 아주 큰 피해를 당하지 않는 이상 보험금을 받기 어려웠습니다. 농부들이 보험에 가입하고도 큰 손실을 입은 경우가 많았지요. 모든 시장의 핵심 기능은 리스크의 이전[45]인데, 보험 시장은 이런 기후 리스크의 이전에 실패했습니다. 그러는 동안 기후 패턴이 변화하면서 리스크는 더 커졌지요. 이제 많은 기업이 과거에는 대처할 필요가 없었던 기후로 인한 문제에 봉착했습니다."

기업이 기상 리스크를 제거하는 일은 결코 쉬운 일이 아니었다. 시다르타 자에게 이것은 시장에 기회가 있다는 뜻이었다. 기회가 보이자 그는 시장의 필요를 충족시킬 신기술과 새로운 사고방식을 궁리하기 시작했다.

"아볼은 블록체인 공간에서 백서를 배포하며 시작되었죠. 우리는 스마트 계약[46]을 이용해 온도나 풍속 같은 객관적 데이터를 기반으로 자동으로 보험금을 지급하겠다고 제안했습니다. 규제적 관점에서 봤을 때 백서에서 제안한 내용 중에는 아직 불가능한 부분도 있지만, 우리는 블록체인 기술을 이용한 완전한 분산 시스템이라는 목표를 향해 계속 노력하고 있습니다."

시다르타 자는 보험에 대한 새로운 접근법의 차별화 요소로 객관

---

45   Transfer of risk. 특정 리스크를 다른 개인이나 조직에게 넘기는 것. 주로 보험을 통해 이루어지는데, 리스크를 보험 회사에 이전함으로써 그 리스크를 회피하거나 경감할 수 있다.

46   블록체인 기술을 이용해 계약 조건이 성립하면 자동으로 계약이 실행되는 프로그램

성과 속도를 꼽는다. 전통적인 접근법은 너무 주관적이었고 속도가 너무 느렸다. "기상 이변으로 입은 손해를 사람이 주관적으로 평가한다는 것 자체가 보험 업계에 대한 불만의 주요 원인이었습니다. 코비드 19 팬데믹에서 보았듯이, 어떤 예기치 않은 일이 벌어지면 수만 건의 소송이 일어납니다. 이 팬데믹은 보장 대상인가요? 손해액은 어떤 식으로 평가합니까? 이런 식으로 일 처리가 지연되고, 얼마 지나지 않아 보험금 지급을 기다리다 파산하는 고객이 생깁니다."

"아볼의 설립 취지는 데이터만을 기반으로 자동으로 보험금을 지급하는 지수형 보험의 적용 범위를 넓히자는 것이었습니다. 지수형 보험의 가장 큰 적용 사례는 기후 보험이죠. 이것이 가능하게 된 것은 위성의 성능이 향상되어 기상이나 작물의 건강 상태 같은 것을 좁은 구역 단위로 측정할 수 있게 되었기 때문입니다. 이전에는 보험에 가입한 바로 그 구역에 해당하는 데이터를 확인하기 어려웠죠. 100km^2 단위로 기상을 측정하면 1km^2 구역 내의 실제 기상 상태는 구역별로 크게 다를 수 있습니다. 보험에 가입한 포도 재배 농부가 폭풍우로 피해를 입었어도 해당 구역이 속한 넓은 지역의 기상 데이터에는 폭풍우가 나타나지 않을 수도 있죠. 하지만 1km^2 단위로 기상을 추적할 수 있다면 이른바 '베이시스 리스크'[47]는 훨씬 낮아질 것입니다."

필요한 수준의 세부 정보는 새로운 위성으로부터 제공받는다. "지

---

47   Basis risk. 실제 손실과 지급보험금의 차이. 실제 손실보다 지급보험금이 적은 경우는 음의 베이시스 리스크, 그 반대의 경우는 양의 베이시스 리스크라고 한다.

상 관측소도 여전히 운영되고 있죠. 하지만 인구 밀집 지역을 벗어나면 지상 관측소는 머릿속에서 지워 버려야 합니다. 갭을 메우려면 위성 데이터가 필요합니다. 미국에서도 외곽 지역은 다를 바가 없어요. 우리는 나라 전체에 기상 관측소가 주요 공항 한 군데에만 있을지도 모르는 캄보디아 같은 지역에서도 프로그램을 운영하지요. 오늘날의 위성 데이터가 없다면 할 수 없는 일입니다."

"보험업은 서비스 범위 확대에 문제가 있었습니다. 이런 비효율성으로 인해 고객이 필요한 보험에 가입할 수 없었어요. 아볼은 손해사정인을 보내는 대신 위성에서 받은 객관적인 데이터에 의존하죠. 또, 보험 가입 승인 여부를 결정하기 위해 보험심사역을 대규모로 채용하는 대신 AI 엔진을 이용합니다. 우리는 월스트리트를 바꾼 체계적인 거래 방식을 보험 업계에 도입하는 중입니다."

아볼이 설립된 지 몇 년 뒤 아볼을 확장하는 자연스러운 과정에서 디클라이밋이 설립되었다. "우리는 양질의 기후 데이터를 많이 모았죠. 경쟁사처럼 엄청난 돈을 받을 수도 있었을 겁니다. 하지만 그렇게 하고 싶지 않았어요. 당시 대기업은 기후 데이터를 사들여 기후 리스크에 시달리는 지자체나 중소기업 같은 소규모 고객이 기후 정보에 접근할 수 없게 만들고 있었습니다. 예컨대 허리케인 시뮬레이션 분석 자료를 구하려면 가입비로 1000만 달러가 들 수도 있었지요. 세계적 보험사만이 감당할 수 있는 비용입니다. 허리케인이 자주 발생하는 지역의 지자체라면 어떻게 하겠습니까? 그 지역에 공장이 있는 중소기업은 또 어떻고요? 미가공 상태의 날씨 데이터는 무료로 사용할 수 있었지만 사일로화[48]되어 있어서 필요한 데이터를 찾기 어려웠습니다. 이런 데이터를 분석하려면 많은 데이터 과학자가 필요했을 겁니다. 쉽게 말해 공짜로 얻을 수 있는 데이터는 사용자 친화적이지 않았고, 사용자 친화적인 데이터는 값이 매우 비쌌지요."

아볼은 이 문제를 해결하기 위해 자사가 수집한 데이터를 탈중앙화 네트워크에서 이용할 수 있게 했다. "우리는 커뮤니티가 우리 데이터를 이용해 분석 툴, 시각화 툴, 일기 예보 등과 같은 유용한 툴을 구축할 수 있게 허용했습니다. 그 결과 어떤 건설 현장에서 발생할 수 있는 날씨로 인한 작업 손실 일수를 추정하는 툴 같은 것이 생겼죠. 건설회사를 담당하는 보험 중개사들이 지금까지 요청하던 툴입니다. 그전에는 현장 관리자가 이런 리스크를 정확하게 평가할 수 있는 쉬운 방법이 없었습니다."

"이 플랫폼은 아주 유연합니다. 모든 종류의 데이터를 수용할 수 있죠. 현재 우리는 배기가스, 탄소 격리, 농작물, 토양 수분 등의 데이터를 플랫폼에 통합하고 있습니다. 대부분 위성에서 측정한 데이터죠. 아볼은 데이터를 사일로에 감춰 두는 대신 디클라이밋을 설립해 개방함으로써 기후 분야에서 일어나고 있는 일을 최대한 활용할 수 있게 만들었습니다. 디클라이밋은 농작물 수확량에서 탄소 바이오매스 데이터에 이르기까지 기후와 관련한 모든 면을 다룹니다. 아직 API를 스텔스 모드로 운용하고 있는데도 API 요청 건수는 매월

---

48 사일로(silo, 창고)에 정보나 데이터가 갇혀 있는 현상을 가리키는 단어로, 정보가 각자의 영역에 분리되어 있어 사용자끼리 공유하거나 활용하기 어려운 상태를 의미한다.

100만 회가 넘고, 그중 상당수는 세계적 상품 회사의 요청이죠. 시장의 잠재 수요가 어느 정도인지 짐작할 수 있을 겁니다. 우리는 아직 플래그십 플랫폼도 내놓지 않았습니다. 현재로서는 더 많은 사람이 디클라이밋을 이용해 보고, 다른 방법에 비해 날씨 및 기후에 관한 클린 데이터를 훨씬 쉽게 얻을 수 있다는 사실을 알았으면 좋겠다는 생각입니다."

"아볼 자체가 디클라이밋의 고정 고객입니다. 아볼은 디클라이밋의 데이터를 이용해 지수형 보험 계약을 체결하죠. 우리 계약은 간단합니다. 해당 지역의 7월 한 달 강우량이 예년의 평균 강우량보다 적으면 보험에 가입한 농부에게 보험금을 지급하는 식이죠. 지수는 매우 복잡할 수도 있습니다. 예컨대 재생 에너지 회사의 수요와 공급을 모두 정확하게 반영하기 위해 풍속, 일조량, 온도를 섞어서 지수를 만드는 경우가 그렇습니다. 아볼은 디클라이밋의 데이터를 이용해 이 모든 상품을 구조화합니다."

"우리는 놀라운 성장을 이루었습니다. 고객 기반도 다양해졌습니다. 농업 분야는 물론 재생 에너지 업체, 전통적인 에너지 기업, 그리고 그 밖의 많은 상품 기업이 우리의 고객 기반이에요. 심지어 숙박업 같은 분야에도 진출하고 있습니다. 예컨대 햄프턴 지역에 숙소를 잡았는데 머무는 동안 매일 비가 내린다면 보험금을 받는 식이죠."

"새로운 애플리케이션 중에는 고객의 요청으로 시작되는 것이 많습니다. 수요는 있지만 기존의 보험 방식으로는 실행 불가능한 상품이 많죠. 우리도 많이 성장했다고는 하나 이제 겨우 껍데기를 긁는 정도입니다. 해마다 1조 달러에 이르는 농작물이 보험에 가입하지 않고 있습니다. 게다가 농업 외에도 기회가 많죠. 우리의 TAM[49]은 엄청납니다."

"궁극적 목표는 생태계를 구축하는 것입니다. 고객은 디클라이밋을 이용해 기후 리스크를 분석하고, 아볼을 이용해 그 리스크를 줄일 수 있습니다. 우리는 기후 리스크를 줄이고자 하는 모든 기업을 위한 원스톱 쇼핑몰이 되고 싶습니다. 예컨대 모든 은행은 각 이해관계자로부터 전체적인 기후 리스크를 측정하라는 압력을 받고 있죠. 은행의 모기지 대출 잔고에는 홍수 리스크, 허리케인 리스크, 산불 리스크 등 모든 종류의 리스크가 내재해 있습니다. 최근까지만 해도 이런 리스크를 계량화하려는 은행은 하나도 없었습니다. 그런데 이제 계량화하기 시작했습니다. 하지만 규제 기관의 요구를 충족하기 위해 리스크를 계량화하는 것은 시작에 불과하죠. 조만간 투자자나 주주, 이사의 요구에 의해 리스크를 계량화해야 할 것입니다. 이때 아볼이 이들을 돕기 위해 그 자리에 있을 겁니다."

리그로: 더 적은 자원으로 더 많이 수확한다

아볼과 디클라이밋은 양질의 EO 데이터를 이용해 농업에 종사하

---

49   Total Addressable Market. 어떤 제품이나 서비스가 속한 분야의 잠재적인 전체 시장 규모를 말한다.

는 사람들이 점점 커지는 기후 변화 리스크를 이전할 수 있게 해 준다. 양질의 EO 데이터를 이용하면 보험금 지급이 필요해지기 전에 농부들이 영농 방식을 상황에 맞게 조정할 수도 있다. 리그로는 정밀 농업이라는 새로운 분야에서 선두를 달리는 기업이다.

리그로는 EO 데이터와 과학적 모델을 결합해 농작물 생산량을 극대화하고, 낭비를 최소화하고, 해로운 배기가스나 기타 부산물을 줄일 수 있도록 농부들을 지원한다. 리그로의 분석 엔진은 위성이나 비행기, 드론, 자동차 등에서 수집한 센서 데이터를 이용해 넓은 범위의 농토에 구역별로 정밀하게 관개용수나 비료 사용을 최적화할 수 있게 해 줄 뿐만 아니라 징후가 눈에 보이기 전에 병충해나 기타 문제를 조기에 발견할 수 있게 해 준다. 덕분에 농부들은 농사를 망치지 않기 위해 최선의 노력을 기울일 수 있게 되었다.

리그로의 창업자이자 CEO인 아나스타샤 볼코바에 따르면, 리그로는 "농업 분야에서 자원 사용을 둘러싼 문제를 해결해 농업의 회복 탄력성을 높이고, 비료 의존도를 낮추며, 농업을 보다 환경 친화적으로 만들기 위해 노력"[b]하고 있다. 현대의 공업화된 식량 생산 방식은 과학이 이룬 기적으로, 전 세계 수십억 인구를 기아로부터 지켜 주었다. 하지만 20세기의 영농 방식은 온실가스 배출이나 물과 비료의 낭비, 기타 부정적 외부효과[50] 측면에서 식량 생산자에게 경제적 문제를 야기했을 뿐만 아니라 환경적으로도 재앙이었다.

---

50 Externality. 금전적 거래 없이 어떤 경제 주체의 행위가 다른 경제 주체에게 기대하지 않은 혜택(긍정적 외부효과)이나 손해(부정적 외부효과)를 발생시키는 효과

우크라이나에서 자란 볼코바는 항공우주공학 학사 학위를 취득한 뒤 폴란드에서 석사 과정을 마쳤다. 볼코바는 학창 시절에 다양한 스타트업에서 파트 타임으로 일하며 "고객을 끌어모아 유지하는 방법과 성공적인 제품을 만드는 방법"을 배웠다. 그 뒤 호주의 시드니대학교에서 항공공학 박사 학위를 취득한 다음 호주 정부가 구매한 첨단 NASA 카메라 시스템 다루는 일을 했다. 볼코바는 금세 원격 감지 기술의 잠재력에 매료되었다. 동시에 사용 가능한 애플리케이션이 얼마 없다는 사실에 충격을 받기도 했다.

볼코바는 이렇게 말한다. "사람들은 우주라고 하면 제일 먼저 발사체와 위성을 떠올립니다. 사실 비즈니스 모델에서 가장 중요한 것은 데이터로 무엇을 할 것인가인데 말이죠." 위성이 수집하는 EO 이미지는 그 양이 어마어마해, 거기서 유용한 인사이트를 끌어내 지상에서 실제로 무슨 일이 일어나고 있는지 아는 것은 거의 불가능했다. '이 목초지가 저 목초지보다 나을까?' 또는 '저 녹색 땅덩어리가 밀밭인가 목화밭인가?'와 같은 질문에 분명하고 실제적 유용성이 있는 답을 줄 수 있는 소스는 하나도 없었다. 이런 질문에 대한 답은 토양 악화를 방지하고, 자원 사용을 최소화하고, 농작물 수확량을 극대화하는 데 매우 중요했지만, 답을 얻으려면 엄청나게 많은 다양한 데이터 세트를 통합하는 지적 작업이 필요했다.

볼코바는 가뭄이 매우 중요한 이슈인 호주에 살면서 전 세계의 농업에 갈수록 더 큰 영향을 미칠 관개 문제를 미리 겪어 보았다. 그러는 사이 물 사용 관리는 EO 데이터가 영향을 미칠 수 있는 많은 영

역 중 하나일 뿐이라는 사실을 알게 되었다. 그 밖의 잠재적 가능성
도 엄청나게 컸다. 볼코바는 아직 박사 과정을 밟던 중에 500만 달
러를 모집해 플루로샛(FluroSat)을 설립했다. 이 플루보샛이 나중에
리그로가 되었다.

"우리는 다양한 소스에서 데이터를 긁어 와 표준화합니다. 수확량
지도, 기상 정보 소스, 농부가 자기 농장을 어떻게 관리하고 있는지
보여 주는 농장 관리 소프트웨어 같은 것들이죠." 리그로는 이런 데
이터를 이용해 다음과 같은 중요한 질문에 답을 내놓을 수 있었다.
이 작물은 정상 성장 속도보다 앞서 있는가, 뒤처져 있는가? 어떤 부
분을 개선해야 수확량을 늘릴 수 있을까? 이 지역 혹은 이 작물에
가장 적합한 지속 가능한 영농 방법은 무엇인가?

리그로는 위성 이미지와 기타 여러 센서를 이용해 농작물을 자동
으로 감시하고 있다가 어떤 문제가 발생하면 농부에게 그 사실을 알
릴 수 있다. 심지어 구체적인 해결 방안까지 추천할 수 있다.

"리그로는 트랙터에 질소 비료를 뿌릴 곳의 지도를 줄 수도 있고,
작업자에게 이상 징후가 발견되었으니 조사해 보라고 지시할 수도
있어요." AI는 학습도 가능하다. "당신이 질소 비료를 뿌렸으면 리그
로는 엽록소 수치를 확인한 뒤 '이제 토양이 비옥해졌습니다. 다음
에는 수확량이 늘겠군요.'라고 알려 줍니다. 마찬가지로, 작업자가
이상 징후가 생긴 현장을 조사하다가 병충해의 증거를 발견하면 리
그로는 자동으로 농장 전체에서 유사한 병충해가 발생한 곳을 식별
할 수 있습니다."

리그로는 센서 융합의 힘을 보여 준다. 센서 융합은 도시 계획에서부터 국방에 이르기까지 모든 분야에 응용할 수 있다. 뮤온스페이스가 더 좋은 센서를 더 많이 설치하는 기업이라면, 리그로 같은 기업은 서로 다른 여러 유형의 데이터를 결합해 실제적 유용성이 있는 인사이트를 찾아낸다.

리그로의 수요를 견인하는 것은 기후 변화를 악화시키지 않으면서도 점점 늘어나는 세계 인구를 먹여 살릴 필요성이다. "우리는 더 적은 자원을 투입해 더 많이 수확해야 합니다. 이것이 최종 목표예요. 인간의 기술은 이제 이 목표를 위해 실제로 활용할 수 있는 단계에 와 있습니다." 기업형 농장은 이미 고도로 자동화되어 있다. 예컨대 트랙터는 자율주행을 시작한 지 수십 년 되었다. 볼코바가 지적하듯이 빈 들판에서 자율주행하는 것이 고속도로에서 자율주행하는 것보다 훨씬 쉽다.

오늘날 제너럴밀스(General Mills), 켈로그(Kellogg's), 카길(Cargill) 같은 기업은 리그로의 데이터에 의존해 수백만 에이커의 농지에서 지속 가능한 영농 방법을 이끌고 있다. 리그로는 '방목장, 낙농업, 다년생 작물 등 더 많은 생산자와 농업 시스템'으로 서비스를 확장하기 위해 수천만 달러의 투자금을 모집했다.

볼코바는, 리그로가 하는 일은 EO가 제공하는 엄청난 기회의 일부에 불과하다고 본다. "거의 모든 산업에는 우주 데이터를 내려받아 응용할 분야가 있습니다."

* * *

　지금까지 우주 경제의 변화를 주도하는 미래지향적인 혁신적 창업가들을 만나 보았다. 앞으로 이 흥미로운 분야에서 아직 개발되지 않은 잠재적 가능성을 더 깊이 들여다보는 데 도움이 될 것이다.

　다음 장에서는 우주 경제가 가진 독특한 창업의 도전 과제와 기회를 살펴보면서 앞에서 만난 리더들로부터 더 많은 인사이트와 교훈을 들어 보기로 하겠다.

제4장

우주 경제에서
적은 비용으로 창업하기

스타트업 준비 방법과
주의 사항들

대부분의 사람은 우주라는 단어를 들으면 아직도 닐 암스트롱이나 챌린저호 폭발 사고, 빅뱅을 다룬 PBS의 특집 방송, 학창 시절의 천체 투영관 견학 등을 떠올린다. 항공우주에 관한 교육이나 공학 분야의 학위, 군이나 정부에서의 근무 등의 경험이 없는 사람이 투자금을 모집해 어떤 식으로든 우주와 관련된 회사를 설립한다는 생각은 터무니없는 소리처럼 들릴 것이다. 위험을 감수하는 창업가 유형의 사람조차도 겁나고 가능성 없는 일이라고 느낄 것이다. 창업은 힘든 일이다.

하지만 다시 생각해 보자. 무언가 큰일을 하려는 야심 찬 노력을 의미하는 단어는 무엇인가? 바로 문샷(Moonshot)이다.

당신이 우주에 관한 경험이 없는 창업가라면 우주 경제에 뛰어드는 일이 불안할 것이다. 이런 우려 때문에 모든 가능성에 대한 탐색을 포기하면 안 된다. 개발되지 않은 잠재적 가능성을 창업가만큼 잘 찾는 사람은 없다. 지금도 우주 경제에 뛰어들어 창업하는 사람이 넘쳐난다. 이런 모든 활동은 하나의 징후다. 당신 일생에 이렇게 활짝 열린 창업 기회는 다시 없을지도 모른다. 우주에 출사표를 던져 보라.

창업가로서의 작은 한 걸음: 지금이 바로 그때다

그렇다. 회사를 창업하려면 기술도 필요하고 경험도 있어야 하고 전문 지식도 필요하다. 특히 급격한 성장에 초점을 맞춘 스타트업이라면 더욱 그러하다. 하지만 첫걸음을 내딛기 위해 모든 조건이 완벽하게 맞아야 할 필요는 없다. 래리 페이지와 세르게이 브린이 애스크지브스[51]에서 근무한 경험이 없다고 구글 창업을 미뤘어야 했을까? 우주는 대부분의 창업가에게 새로운 영역이다. 심지어 대부분의 기술자에게도 마찬가지다. 모든 창업가가, 이를테면 방위산업체에서 자신이 생각하는 만큼의 경험을 쌓을 때까지 기다리기에는 달성할 일이 너무 많다.

당신이 항공우주전자공학이나 위성통신, 방위산업 같은 곳에서

---

51 1996년에 설립된 검색 엔진 사이트. 원래 명칭은 애스크지브스(Ask Jeeves)였으나 지금은 애스크닷컴(Ask.com)으로 바꿨다.

우주와 관련한 경험을 쌓은 사람이라면 망원경을 거꾸로 잡고 본 정도로만 우주 경제를 알고 있을 수도 있다. 보잉이나 록히드마틴 같은 레거시 기업에서 일하는 전형적인 엔지니어는 실질적인 우주 기술보다는 쓸데없는 행정 업무에 더 많은 시간을 빼앗긴다. 창문 없는 사무실과 칙칙한 색깔의 칸막이에 익숙한 사람들의 관점에서는 위워크(WeWork) 공간에서 창업해 원격으로 근무하는 소수의 동료와 일하는 모습을 상상하기 어려울 것이다. 세상은 바뀌었다. 벤처캐피털로부터 시드 라운드 투자를 받은 돈으로는 노스롭그루먼(Northrop Grumman) 같은 회사의 한 달 치 종이 클립값도 감당할 수 없다.

기업가가 되었든 엔지니어가 되었든, 대학을 갓 졸업한 사람이든 경력이 있는 관료든, 우주 경제에 필요한 창업가는 새로운 아이디어를 시도하려 하고, 효과 있는 아이디어를 공격적으로 확장하려 하는 혁신적이고 결단력 있는 사람이다. 창업은 기술 발전과 경제 발전의 가장 강력한 원동력이고, 우주 경제는 현재 빠른 발전이 가능한 분야다. 이런 놀라운 가능성은 더 많은 창업가가 필요한 위험을 감수하려 하지 않는 한 완전히 실현되지 못할 것이다.

플래닛랩스의 로비 싱글러는 상업적 우주를 새로운 '프런티어 마켓'[52]으로 본다. '과학적 연구나 정부의 필요에 의해 시작되었지만, 다양한 이유(주로 기술의 융합)로 일반에 개방된' 프런티어 마켓이라

---

52 Frontier market. 신흥 시장 중에서도 상대적으로 미성숙하고 개발이 덜 된, 따라서 기회가 많고 성장 가능성이 높지만 동시에 리스크도 많은 시장을 말한다.

는 것이다. 싱글러는 가장 최근에 형성되었던 그런 시장의 예로 초기의 월드와이드웹을 든다. "우주 경제를 웹과 같이 생각해 보라고 말하고 싶습니다. 인터넷이 어떻게 세계적 공익 서비스가 되었는지 돌아볼 필요가 있습니다."

6장에서 우리는 아폴로 계획과 스페이스X의 등장 사이에 우주 개발이 정체되었던 이유에 대해 자세히 알아볼 것이다. 이 이야기에서 놀라운 점은 왜 우주 개발 속도가 느려졌는가보다는 일개 회사가 얼마나 빨리 수십 년에 걸친 정체기를 확실하게 끝냈는가 하는 것이다. 지금도 스페이스X는 우주 경제 전반의 발전을 계속 이끌고 있다.

1장에서 언급했듯이 우주 경제는 이 글을 쓰는 시점에도 여전히 미국이 주도하고 있다. 당연한 일이다. 건국 당시 미국은 자본주의와 자치에 대해 대담하고 의도적인 실험을 시도한 국가였다. 결국 미국은 국가 스타트업인 셈으로, 18세기에 상장된 이래 창업의 온상이 되어 왔다. 다른 나라는 정부가 자국 내에서 우주와 관련된 창업을 장려하고 지원하는 범위 내에서만 미국을 따라잡을 수 있을 것이다.

미국은 지구상의 그 어떤 나라보다도 효과적으로 창업가를 육성하고 있다. 앞으로 10년 뒤 우주 경제가 어떤 모습을 하고 있을지 확실하게 말할 수 있는 사람은 아무도 없다. 하지만 우리가 함께 올라가는 이 혁신의 S 곡선을 선도하는 사람은, 어느 나라 사람이든 분명히 창업가일 것이다.

알려진 미지: 가장 큰 잠재력을 지닌 영역

2002년 미 국방부 장관 도널드 럼즈펠드는 뉴스 브리핑에서 이라크의 대량 살상 무기 은닉 의혹과 관련해 '알려진 기지(旣知)'와 '알려진 미지(未知)', '알려지지 않은 미지'를 비교하는 유명한 발언을 했다. 『이상한 나라의 앨리스』에 등장하는 애벌레가 이보다 더 명확하게 표현했을지 모른다. 하지만 럼즈펠드의 발언에도 음미할 만한 것이 있다.(럼즈펠드는 우주의 군사화를 논하는 10장에서 다시 만날 예정이다.) 세상에는 우리가 '모른다'는 것을 '아는' 영역이 있다는 것이다. 혁신에서 이런 '알려진 미지'는 돌파구로 향하는 가장 직접적인 경로다. 자신이 의문을 가져 본 적이 없는 문제에는 답을 할 수가 없다.

물론 창업가는 '알려진 기지'에 덤벼들어 기존 솔루션을 조금씩 개선할 수도 있다. 하지만 이 경우에도 성공은 '더 좋은 쥐덫'[53]을 만든 기업에서 보듯 간단한 일이 아니다. 다른 회사가 제공하는 똑같은 솔루션(예컨대, 로켓 발사)을 조금 더 빨리 혹은 조금 더 싸게 제공한다고 해서 돌파구를 찾을 수는 없을 것이다. 두 솔루션을 나란히 놓고 비교해 이긴다고 해도 대부분의 고객은 굳이 바꾸려 들지 않을 것이다. 기존 업체의 솔루션에 결함이 있거나 효율이 좀 떨어지더라도 대부분의 고객은 신생 업체보다는 자신이 잘 아는 업체를 고수할 것이라는 뜻이다. 새로운 제품이나 서비스가 당초 약속한 대

---

53 '더 좋은 쥐덫(a better mousetrap)'은 잘 알려진 제품을 개량한 신형 제품을 뜻하는 관용어로, 단순히 더 나은 제품을 뜻하기보다는 소비자 욕구를 고려하지 않은 제품 중심의 사고를 경고하는 용어로 많이 쓰인다.

로 돌아가는 일은 드물다. 그러니 약간의 개선 가능성을 믿고 업체를 바꿀 위험을 감수할 필요가 있겠는가?

관성을 극복하려면 레벨을 확 끌어올려야 한다. 열 배는 개선되어야 한다. 비용이나 속도, 정확도, 또는 그 밖의 무엇이 되었든 당신이 제공하는 솔루션의 핵심 요소 중 적어도 하나는 양적 또는 질적 측면에서 기존 솔루션보다 훨씬 뛰어나야, 당신이 약속을 지키지 못할 위험보다 업체를 바꿈으로써 생길 잠재적 이익이 커지는 것이다.

스페이스X의 발사 서비스가 러시아 업체보다 단지 10퍼센트 정도만 효율적이거나 저렴했다면 스페이스X는 발사 서비스 시장에 발을 붙이지 못했을 것이다. 일론 머스크의 약속을 이행할 능력에 관한 의심은 처음부터 하늘을 찌를 듯했다. 스페이스X는 기존 업체보다 훨씬 저렴한 발사 서비스와 훨씬 투명한 가격 정책을 내세워 기존 업체를 뛰어넘어야 했다. 그럼에도 스페이스X는 수년 동안 험난한 길을 걸었다. 통신 회사 같은 거대 고객은 수익성이 높지만 가장 확보하기 어려운 고객이다. 방위산업체나 정부 기관 같은 거대 관료 조직을 고객으로 맞으려면 오랜 준비 기간이 필요하다.

해당 분야의 선두 주자보다 훨씬 나은 솔루션을 제공하는 것을 대체하는 방법은 '알려진 미지'에 도전하는 것이다. 김위찬 교수와 르네 마보안 교수는 이것을 '블루오션 전략'이라고 부른다. 기존 강자나 경쟁자가 없는 시장을 찾는 전략이다.[a]

시장에서 블루오션을 찾는 것은 아직 아무도 원하지 않는 제품을 만들어 사람들에게 필요한 제품이라고 설득하는 것이 아니다. 아직 믿을 만한 솔루션이 없는 시급한 문제를 찾는 것이다. 즉, 알려진 미지를 찾는 것이다. 우주 경제의 기본적인 매력 중 하나는 알려진 미지의 양적 방대함이다. 광대한 블루오션이 사방으로 뻗어 있다.

루시 호그와 케이틀린 커티스는 최첨단 분야의 하드웨어 엔지니어로서, 시장이 아직 해결해 주지 못하던 문제를 스스로 해결하다가 바이올렛랩스의 가능성을 발견했다. 이들은 해당 업계와 자신이 하는 일을 잘 알고 있었기에 이것이 틈새 제품이 아니라는 사실을 깨달았다. 호그는 이렇게 말한다. "우주선이나 위성 같은 복잡한 제품도 더는 정부나 대기업의 영역이 아닙니다. 이런 일은 더 작고 민첩한 기업으로 확산하고 있습니다. 그리고 이 기업들은 그런 일을 하기 위해 혁신적인 툴을 필요로 하죠."

우주 경제에는 알려진 미지가 많이 있다. 고객들은 할 수 있게 되었으면 하고 바라지만 현재 나와 있는 제품이나 서비스로는 할 수 없는, 그렇지만 기술적으로는 가능한 일들이다. 앞으로 우주 경제에서 성공한 여러 창업가의 사례에서 보게 되겠지만, 이런 충족되지 못한 수요의 발견이 창업을 결심하는 계기가 되는 경우가 많다.

지금부터 현재 우주 경제에서 잠재력이 풍부한 분야 몇 가지를 소개하겠다.

• 차세대 지구 관측(EO) 애플리케이션
스카이워치 같은 기업 덕분에 소프트웨어 개발자들은 API를 통해 방대한 EO 데이터를 이용할 수 있게 되었다. 그렇다면 이런 데이터로 무엇을 할 것인가? 공급망 모니터링에서부터 운송 경로 최적화에 이르기까지 상공에서 바라본 모습을 어떻게 활용해야 이 지상의 삶에 유용한 인사이트를 얻을 수 있을까?

• 센서 융합

위성은 지구상의 어떤 지점이라도, 비록 멀기는 하지만 지속해서 관찰할 수 있다. 드론은 가동 시간이 제한되는 대신 위성보다 더 가까이에서 들여다볼 수 있다. 지상 기반의 센서는 영상을 촬영할 수 있을 뿐만 아니라 온도부터 염도나 방사능에 이르기까지 모든 것을, 그것도 무한히 측정할 수 있다. 단, 한 지점에서만 가능하다. 센서 융합은 더 큰 인사이트를 얻기 위해 이런 상호 보완적인 관점을 한데 묶는 것을 말한다. 예컨대 농업은 농장에서 이미 사용되고 있는 다양한 센서의 결합을 통해 크게 변화하고 있다. 이에 대해 리그로의 설립자 아나스타샤 볼코바는 이렇게 말한다. "트랙터가 자율주행한 것은 수십 년 되었습니다. 트랙터의 현재 위치와 가야 할 방향을 위성이 알려 줍니다. 토양 수분을 측정하는 센서, 탱크의 유량을 측정하는 센서도 있지요. 심지어 소귀의 태그도 망에 연결되어 있습니다." 센서 융합을 활용할 수 있는 분야는 또 어떤 것이 있을까? 드론 데이터를 판매하는 장터는 어떨까? 광업 회사가 위성 이미지를 보다가 외딴곳의 흥미로운 지형을 더 자세히 보고 싶어서 그런 요청을 포스팅하고, 그러면 해당 지역에 있는 드론 애호가가 실시간 영상을 찍어 보내 주는 것이다. 가능성은 우리 주변에 널려 있다.

• 증강 현실(AR) 애플리케이션

나이언틱의 포켓몬 GO는 사용자 위치 데이터를 이용해 맞춤형 경험을 제공하는 앱 중 하나일 뿐이다. 여러 스타트업이, 고객이 특정 짐포 가까이 갈 때만 광고가 뜨는 표적 광고에서부터 사용자가 집 근처에 도착하면 활성화되는 스마트 홈 기기에 이르기까지 다양한 실험을 하고 있다.

• 3D 데이터와 개발 툴

이전에 구글어스를 이용해 본 적이 있는 사람이라면 구글이 2차원 위성 이미지를 거의 정확한 3차원 이미지로 변환한 사실을 알 것이다. 이것은 시작에 불과하다. 앞으로 정교한 디지털 툴이 더 많이 쏟아져 나와 개발자들이 지리공간 데이터를 가치 있는 새로운 방식으로 바꾸거나 조작하거나 처리할 수 있게 해 줄 것이다.

• 위성항법시스템(GPS) 대체 기술

GPS는 전파 방해나 기타 악의적인 공격에 취약하다. 게다가 미터 수준의 정확도를 담보하지 못한다. 하지만 GPS를 보완해 기능을 향상시키는 다른 위치 확인 방법을 병용하면 강한 GPS 신호를 받기 어려운 지역에서도 미터 수준의 정확도를 얻을 수 있다. 최근에는 이 중요한 인프라의 복원력을 높이는 방법도 나왔다. 현재 이 분야에서는 지구 자기장을 이용하는 방법을 포함해 여러 유망한 방법이 모색되고 있다.

• 해양 관측

지표면의 70퍼센트를 차지하는 바다는 너무 넓어 전통적인 방법으로는 전부 감시할 수 없다. 호크아이360은 자체 위성을 이용해 비컨을 끈 선박의 위치를 파악한다. 규제 기관은 이 데이터를 보고 드론을 보내 해당 선박이 해적선인지, 밀수선인지, 불법 조업을 하는 배인지 등을 확인한다. 앞으로는 사람의 개입 없이 알고리즘이 위성 이미지를 보고 규제 목적에 유용한 패턴을 찾아낼 것이다. 그리고 해운업자, 어부, 양식업자 등에게는 값진 정보를 제공할 것이다. 위성통신(SatCom) 스마트 부표도 잠재력이 있는 분야다. 이 부표로 해양 관측 데이터를 실시간으로 수집해 전송할 수도 있고, 전 세계의 어로 활동에 문제가 되고 있는 어망에 부딪히지 않도록 어망 근처를 지나는 선박에 경고 신호를 보낼 수도 있다.

• 핀셋 일기 예보

일기 예보는 그 역사가 100년이 훌쩍 넘었지만 아직도 진화하는 과학이다. 기상학자들은 짧은 시간 안에 넓은 지역의 날씨를 예보하기 위해 애쓰고 있다. 안타깝게도 날씨를 감지하는 인프라가 몇십 년 동안 업그레이드되지 않았기 때문에, 아무리 슈퍼컴퓨터나 더 스마트해진 알고리즘을 동원해도 정확도 향상을 위해 할 수 있는 일은 그 정도밖에 되지 않는다. 날씨는 국지적으로 매우 다를 수 있다. 이제 우리는 더 많은, 그리고 더 나은 데이터가 필요하다. 특히 샌프란시스코의 베이에어리어에 있는, 그 유명한 서늘하고 습한 구역 같은 곳의 핀셋 예보를 하려면 더욱 그러하다. 유용한 예보를 하려면 세분화된 데이터가 필요하다. 투모로우닷아이오(Tomorrow.io)는 델타 항공이나 유나이티드항공에서부터 NFL, 영국 전력 회사 내셔널그리드(National Grid)에 이르기까지 다양한 기업에 실제적 유용성이 있는 날씨 정보를 제공한다. 이들은 이 정보를 이용해 날씨가 비행기 운항이나 미식축구 경기, 송전선 등에 미칠 영향을 관리한다. 이 분야에는 잠재 고객이 많이 있다. 예컨대 아몬드나 양조용 포도 같은 고부가가치 작물을 재배하는 농부라면 아주 좁은 지역의 정확한 일기 예보 정보를 구매할 가능성이 높다. 이런 정보를 제공하려면 핀셋 일기 예보에 초점을 맞춘 새로운 기상 센서와 소프트웨어가 필요할 것이다.

* * *

위성 산업 매트릭스의 일부 분야(예컨대, GPS 인프라)에는 기존 기업과 신흥 기업이 빽빽이 포진해 있다. 하지만 SatCom 애플리케이션 같은 분야는 활짝 열려 있다. 매트릭스가 유용한 이유 중 하나는 기존의 기술력을 충분히 활용하지 않은 분야가 드러나 보이기 때문이다. 매트릭스의 각 부분을 깊이 들여다보고 자신의 전문 지식, 경험, 창업가적 성향을 고려했을 때 자신이 무엇을 할 수 있을지 곰곰이 생각해 보기 바란다.

레오랩스의 댄 세펄리는 이렇게 말한다. "내가 정말로 좋아하는 분야는 인프라입니다. 우주 경제에 골드러시가 일어나고 있습니다.

레오랩스는 전도양양한 여러 우주 기업에 정보를 제공하고 있습니다. 발사 사업자, 우주 상황 인식 사업자, 위성 사업자 등과 같이 다른 서비스의 바탕이 되는 기반 서비스를 제공하는 회사에 주목하세요. 우주 산업은 수직적 통합의 형태에서 다양한 서비스 제공업체가 참여하는 형태로 바뀌고 있습니다. 이런 변화로 인해 혁신 주기는 훨씬 빨라질 것입니다. 앞으로 군집위성 분야에서 성공하는 기업을 보게 될 것입니다. 그뿐만 아니라 다양한 지원 서비스와 지원 기술에서 성공하는 기업도 나타날 것입니다."

"지금은 우주 산업에서 일생에 한 번뿐인 기회입니다. 투자가 되었든, 창업이 되었든, 신기술 개발이 되었든, 지금이 뛰어들기에 가장 좋은 때죠. 우주에 진입해 우주를 이용하는 데 드는 비용은 줄어들고 있고, 현대 컴퓨팅 기술을 이용해 훨씬 큰 규모의 일을 할 수 있습니다."

창업의 발판이 되는 우주 경제 일자리

많은 창업가가 앞에서 설명한 것처럼 체계적으로 문제를 찾는 것이 아니라 일상적인 일을 하는 과정에 우연히 아이디어를 떠올린다. 그래서 호기심이 중요한 것이다. 자신이 걸어가고 있는 길 위에 색다른 것이나 예상치 못한 것이 눈에 띄면 발걸음을 멈추고 살펴보라. 때로는 작은 문제가 큰 사업으로 이어질 수도 있다.

많은 스타트업이, 자신이 결국에 파괴할 기존의 산업 내에서 탄생한다. 창업가 정신을 가진 직원은 누가 시키지 않아도 자신이 직면한 문제를 해결하려고 하지만, 기존 비즈니스 모델을 새 비즈니스 모델로 바꾸는 파괴적 혁신을 하려는 대기업은 거의 없다. 점진적 개선은 대기업이 잘하지만 단계를 뛰어넘는 일은 스타트업이 앞선다.

당신이 이미 우주 경제 분야 또는 인접 분야에서 일하고 있는 예비 창업가라면 당신이 해야 할 첫 번째이자 가장 중요한 일은 주변의 해결되지 않은 문제를 주시하는 것이다. 절대 '완벽한' 아이디어를 찾으려고 하지 마라. 그 대신 새로운 아이디어가 불쑥불쑥 떠오를 때마다 적어 놓았다가 깊이 생각해 보는 습관을 들이도록 하라. 무엇보다도 그 아이디어에 대한 시장을 생각해 봐야 한다. 까다로운 문제를 해결하는 일은 재미있겠지만, 그 일이 과연 어딘가에 있는 누군가가 돈을 지불할 만한 일일까?

랜더드닷에이아이의 CEO이자 설립자인 네이선 쿤츠는 듀크대에서 전기 공학 석사와 물리학 박사 학위를 취득한 뒤 워싱턴주 벨뷰에 있는 인텔렉추얼 벤처스(Intellectual Ventures)에 들어갔다. 기술 분야의 특허를 개발해 빌려주는 사모펀드 회사였다.

덕분에 쿤츠는 첨단 기술을 기반으로 신제품을 개발하는 많은 과학자 및 엔지니어와 긴밀히 협업할 수 있는 드문 기회를 얻었다. 그러다 인텔렉추얼 벤처스가 위성통신(SatCom) 애플리케이션에 적합한 안테나를 기반으로 카이메타(Kymeta)라는 자회사를 설립하자 쿤츠는 카이메타의 CTO가 되었고, 나중에는 CEO까지 되었다.

그 뒤 2019년 쿤츠가 인공지능(AI) 훈련 및 검증용 모조 센서 데이터를 개발하는 회사 랜더드닷에이아이를 설립할 때 그는 이미 창업의 모든 단계를 잘 알고 있었다. 세계적 수준의 기술 교육, 실제이루어지는 혁신의 직접적인 경험, 기술 기업의 책임자 역할 등 쿤츠가 쌓은 경험보다 우주 경제 창업가에게 더 적합한 경험은 상상하기 어려울 것이다.

쿤츠의 이야기는 업계의 실제 문제에 대한 경험이 가치 있는 스타트업 아이디어로 이어진 훌륭한 예다. 그는 위성 업계에서 일하면서애플리케이션 개발자들이 방대한 양의 데이터를 판독하도록 AI를훈련하는 과정에서 직면한 문제를 관찰할 기회를 얻었다.

쿤츠는 이렇게 말한다. "AI 알고리즘은 결국 알고리즘을 훈련하는데 사용되는 데이터에 의해 구동되는 것입니다. 최근에 정부는 60퍼센트의 정확도로 사물을 식별하려면 식별하려는 모든 물체에 대해각 물체당 5000만 개의 이미지가 필요하다고 했습니다. 데이터 수집뿐만 아니라 사람이 개입해 각각의 이미지가 무엇인지 컴퓨터에알려 주는 주석을 다는 일까지 고려하면 상당히 돈이 많이 들어갑니다. 게다가 이런 방식으로는 어쩌다 일어나는 사건이나 극단적인 사건을 놓치게 될 수 있고, 그것들이 알고리즘 성능에 큰 영향을 끼칩니다. 알고리즘을 개발하는 데 투입되는 시간과 비용의 80퍼센트는데이터 세트에 접근하는 데 들어가지요."

이런 관찰은 AI 훈련 목적의 모조 데이터를 가공하는 아이디어로 이어졌다. 이를 계기로 그는 랜더드닷에이아이를 설립하기에 이르렀다. 만약 쿤츠가 AI 훈련이 애플리케이션 개발자에게 돈이 많이 드는 걸림돌이라는 사실을 몰랐다면 이 아이디어를 떠올리지 못했을 것이다. 결과적으로 모조 이미지 데이터는 자율주행에서부터 의료 목적의 스캐닝이나 일기 예보에 이르기까지 AI 이미지 분석이 필요한 전 분야에 쓰이고 있다.

그렇다고 해서 우주 경제 분야에서 창업하려면 먼저 해당 업계에서 탄탄한 경험을 쌓아야 한다는 뜻은 아니다. 창업가로서 내놓을 수 있는 당신만의 기술과 경험을 생각해 본 뒤 이것을 최대한 활용할 수 있는 접근법을 찾으면 된다. 자신의 강점을 파악하고 그 강점을 바탕으로 일을 추진하라.

혁신적 창업가의 완전한 기술을 다루는 것은 이 책의 범위를 벗어난다. 하지만 투자자를 끌어들일 잠재력 있는 아이디어에 전력투구하기 전에 다양한 아이디어를 검토해 봐야 한다는 데에는 의문의 여지가 없다. 가치 있고 시급한 무언가를 발견한 것 같은 느낌이 들더라도 유연하고 열린 마음가짐을 견지해야 한다. 고객이 해결해 달라고 돈을 지불할 문제를 향해 더듬거리며 나가는 과정에서 여러 번 방향을 바꿔야 할 수도 있다.

이 이야기는 당신이 우주 경제에 대해 적어도 어느 정도의 경험은 있다고 가정하고 하는 것이다. 만약 우주 경제 근처에도 가 보지 않은 사람이라면 먼저 공부부터 해야 한다. 나는 머리말에서 애스트로보틱의 상업용 달 수송 서비스에 대한 시장 평가를 도와준 경험에 관해 이야기했다. 링크드인에 올라온 포스팅을 보고 그 기회를 잡은 것이 아니었다. 내가 스스로 생각해 내서 회사에 제안한 것이었다. 우주 경제를 직접 경험해 보고 싶었기 때문이었다. 애스트로보틱은 내 제안이 도움이 될 것이라며 흔쾌히 동의했다.

우주 경제에서 창업가로 성공하려면 우주 경제에 어느 정도 익숙해질 필요가 있다. 처음 시작하는 사람이라면 자신에게 맞는 일자리를 구하든지, 아니면 나처럼 무상 근무라도 자원해 먼저 이 바닥에 발을 들여놓아야 한다. 다행히 요즘에는 경험 쌓기가 훨씬 쉬워졌다. 그 전보다 민간 우주 기업이 많아진 데다 다른 기업과 마찬가지로 우주 기업에도 경리나 인사 지원 업무부터 온라인 마케팅, 재무 보고에 이르기까지 여러 가지 역할이 필요하기 때문이다. 창업의 첫 단계로 당신이 '기존에 하던 일'을 계속하는 것의 장점은, 가용 자원을 모두 동원하는 스타트업의 '총력전' 문화에 노출될 수 있다는 것이다. 우주 기업에서 기존 경력에 맞는 일자리를 잡으면, 첫날부터 위성을 설계하지는 못하더라도 핵심 업무 이외의 분야에서 회사에 기여하면서 경험과 학습 기술을 쌓다가 그 과정에 기회를 발견할 수 있을 것이다.

참호 속에서 보내는 시간을 대체할 수 있는 것은 없다. 나는 애스트로보틱에서 보낸 시간이 성장에 큰 도움이 되었다고 생각한다. 그래서 이 분야에 경험이 없는 예비 창업가라면 나처럼 해 보라고 권하고 싶다. 우주 경제 분야에서 자신의 역량에 맞는 일자리를 찾아라. 채용 게시판에 그런 자리가 올라와 있지 않으면 직접 문을 두드려라.

당신이 무엇을 하든, 대학 중퇴자들이 차고에서 미래를 만들어 간다는 실리콘밸리의 허풍에 넘어가면 안 된다. 지금의 내 위치에 있는 사람들은 창업가가 성공하는 모습을 누구보다 더 많이 볼 수 있다. 나는 그런 창업가들이 모두 어느 정도의 경험과 전문성을 갖추고 창업한다는 사실을 자신 있게 말할 수 있다. 그들은 앞으로 낯선 도전에 직면하겠지만, 어쨌든 그 영역을 알고 있고 기술도 있다. 반짝이는 신인이 업계의 거물이 된다는 이야기는 미디어가 만들어 낸 신화일 뿐이다. 당신이 우주 경제 분야의 전통적인 일자리에 오래 머물고 싶지 않을 수는 있다. 하지만 어떤 산업에서든 성공적인 창업에 이르는 검증된 경로 중 하나는 해당 산업에서 직원으로 시간을 보내는 것이다.

직접 일을 하다 보면 알려진 미지를 접할 기회가 있을 것이다. 또, 직원 채용이나 업무 관리에서부터 마케팅이나 판매에 이르기까지 모든 분야의 교훈을 얻을 수도 있을 것이다. 그것도 급여를 받으면서 말이다. MBA가 유용할 수는 있겠지만, 다른 사람이 기본적인 것을 놓쳐 일이 잘못되는 것을 지켜보는 것이 기업 경영의 기본 원칙을 가장 빠르게 가르쳐 준다. 당신이 사장보다 기업을 더 잘 경영할 수 있다는 확신이 들면 그때 나가서 그 사실을 증명하면 된다.

이런 길을 따라 창업하는 것에 관심이 있다면 8장을 참고하기 바란다. 8장에서는 인맥 구축에서부터 승진 사다리를 오르는 것에 이르기까지 우주 경제에서 경력 쌓는 법을 설명할 것이다. 기술 분야에서 성공한 창업가 대부분이 관련 분야의 경력을 안고 시작했다는 사실을 고려하면 이 접근법이 가장 안전한 방법으로 보인다.

물론 전체로 놓고 보면 예비 창업가들이 그다지 인내심이 많은 편은 아니다. 매일 우주 경제가 뉴스를 장식하는 것을 보고 있노라면, 엄청난 성장과 기회의 시기에 다른 사람의 꿈을 위해 몇 년을 보낸다는 것이 견디기 힘들 수도 있을 것이다. 당신이 거기에 해당하는 사람이라면, 창업의 위험을 줄이고 성공의 가능성을 높이기 위해 당신이 할 수 있는 일이 아직 남아 있다는 사실을 명심하라.

업계 동향을 감지하기

거대한 스크린과 불빛이 번쩍이는 버튼이 줄지어 배치된 관제실을 생각하면 안 된다. 우주 경제의 실제 작업은 대부분 노트북이나 회의실 테이블 위에서 이루어진다. 인프라 계층의 기업이 아니라면 업무 공간이 거대한 격납고나 로켓 발사장 근처에 있을 일도 없을 것이다. 오히려 다른 어떤 분야보다도 더 활발하게 원격 근무가 이루어지는 곳이 우주 경제다.

창업자라고 해서 존 글렌이나 닐 암스트롱처럼 보일 필요는 없다. 기술 업계가 전반적으로 그렇듯이 극복해야 할 다양성 장애물[54]이 있기는 하지만, 우주 경제에 '적합한 인재'는 모국어나 억양, 피부색

---

54 Diversity hurdle. 나이, 종교, 성, 인종, 윤리적 배경, 성 정체성, 사회적 계급 같은 것의 차이로 인한 차별.

은 말할 것도 없고 출신 대학과도 거의 상관이 없다.

어떤 시장이든 새로 생긴 시장의 흥미로운 점 중 하나는 사회적 이동의 가능성이다. 1996년에 자기 집안이 5대째 이어져 내려온 유명한 웹 개발자 집안이라고 말할 수 있는 사람은 아무도 없었다. 만약 당신이 어떤 이유에서든 다른 업계에서 환영받지 못했다고 느꼈다면 우주 경제는 상대적으로 개방적이고 포용적이라는 점을 기억하라.

우주는 규제가 심한 분야다. 그런데 이런 규제는 혁신이 활발하게 일어나는 다른 분야에서와 마찬가지로 기술 변화의 속도를 따라가지 못한다. 기존 산업을 파괴하는 우버 같은 혁신 기업의 사례에서 보았듯이, 기업을 확장하는 비결의 하나는 규제가 모호한 부분을 파악한 다음 규제 기관이나 동업자 단체, 시민 단체 등이 효과적인 방어책을 마련하기 전에 이 부분을 강하고 빠르게 치고 나가는 것이다. (물론 너무 오래, 너무 강하게 밀어붙이면 심각한 결과를 초래할 수 있다. 이 또한 우버의 사례에서 볼 수 있다.)

고도의 규제를 받는 분야에서 파괴적 혁신을 하려면 그 분야의 사업 환경을 파악하고 있어야 한다. 레오랩스의 우주 영역 인식의 경우 미국 국방부는 이미 추적 및 충돌 경고 서비스를 제공하고 있었다. 레오랩스 창업자 댄 세펄리는 이렇게 말한다. "큰 덩어리의 우주 쓰레기가 일주일 내에 위성에 근접할 가능성이 보이면 국방부가 공지를 했죠. 2009년 미국의 상업 위성과 수명이 다한 러시아 위성 사이에 큰 충돌이 일어났을 때, 그 충돌 가능성을 확인할 수 있는 센서를 갖추고 그런 사실을 공지할 수 있는 조직은 전 세계에서 미국 정부뿐이었을 겁니다."

공짜 서비스와는 경쟁하기 어렵다. 하지만 위성의 수가 기하급수적으로 늘어나자 국방부는 우주 교통 관리 서비스에서 완전히 손을 떼기로 했다. 레오랩스는 그 기회를 잡았다. "우리가 그 부담을 떠안았죠. 현재 지구 저궤도(LEO)에서 활동 중인 위성의 60퍼센트 이상이 우리 충돌 방지 서비스를 이용하고 있습니다. 우리 말고는 아직 이런 일을 하는 데 필요한 확장성 있는 아키텍처를 개발한 곳이 한 군데도 없습니다."

정부 기관은 민간 기업과 매우 다르게 운영된다. 스타트업에 이런 정부 기관은 고객일 수도 있고 경쟁자일 수도 있고 둘 다일 수도 있다. 뮤온스페이스의 댄 매클리스는, 우주 경제의 창업가는 이런 상황을 '입법자 같은 수완'을 발휘해 헤쳐 나가야 한다고 말한다. "뚫고 들어가기가 어렵습니다. 정부 기관 같은 곳에서 이미 유사한 데이터 세트를 무료로 제공하고 있기 때문에 유료 데이터 세트가 발붙이기 힘들죠." 예컨대 국립해양대기국(NOAA)은 기상 예보 정보를 일반에 공개하고 있다. 따라서 자체 기상 센서를 개발하려고 한다면, 시장에서는 필요로 하지만 아직 시장에 제공되지 않는 데이터가 무엇인지, 그리고 그런 데이터를 수집하는 것이 기술적으로 가능한지를 가장 먼저 확인해야 한다.

민간 기업의 장점은 행정 우선순위에 신경 쓰지 않고 정확하게 기회가 있는 곳을 파고들 수 있다는 것이다. "NASA는 바다, 육지, 대기 같은 모든 주요 권역의 기후 지표를 다룹니다. 그렇게 함으로써 여기저기에 돈을 뿌리지요. 이렇게 하면 전반적인 과학 발전에 도움은 되겠지만 '다음에는 꼭 이것을 해야 한다.'라는 것이 없습니다." 이와 대조적으로 민간 부문은 그럴 필요가 없다. 그 대신 기업은 사용자는 누가 될 것인가, 궁극적으로 데이터 비용을 지불할 사람은 누구인가와 같은 '모호한' 질문에 집중할 수 있다.

"당신이 기가 막힌 기후 측정 시스템을 개발했다고 합시다. 사용자는 누가 될까요? 기후 모델링 연구 단체는 지금도 돈 내고 데이터를 구매하는 경우가 별로 없는데 그들이 이용하려 할까요? 만약 그렇다면, 그 돈은 어디서 확보할까요? 석유 및 가스 산업은 유료 데이터 수요가 실제로 있을 것 같은 분야죠. 분명히 그쪽에는 데이터 수집과 분석에 쓸 돈이 있습니다. 천연가스 산업은 EO 데이터로 비용을 절감할 수 있죠. 예를 들어 가스 회사가 메탄 가스 누출 사실을 알면 누출을 막아 새어 나가는 돈을 회수할 수 있습니다. 플라스틱 산업도 마찬가지죠. 플라스틱 산업은 제조 과정에 발생하는 온실가스 배출량을 제한받고 있는데, 앞으로 배출 허용량은 더 줄어들 것입니다. 데이터를 구매할 동기가 있는 거죠."

시장에 뚫고 들어가고 싶다면 매클리스의 사고방식을 받아들여라. 뮤온스페이스의 조니 다이어는, 우주 경제에서 창업가로 성공하려면 "민간 시장 세력과 정부 정책 및 규제의 상호작용을 이해해야 합니다."라고 말한다. 업계의 동향을 무시하면 위험을 초래할 수 있다.

지형은 끊임없이 바뀐다

우주 경제는 이제 서부 개척 시대를 벗어나 규제가 강화되고 있다. 당신이 기억하듯이 한때 승차 공유 시장은 무질서했는데, 이런 상황은 규칙을 무시하는 우버에 매우 유리했다. 우버가 지배적인 위치를 차지하면서 규제 환경은 훨씬 엄격해졌다. 우주도 같은 패턴을 따르고 있다.

정부의 철저한 검토에는 긍정적인 면이 있다. 민간 기업이 가능성의 지평을 넓혀 감에 따라 더 많은 정부 자금이 유망한 아이디어에 투입되고 있다. 사실, 다음 장에서 살펴보겠지만 많은 창업가가 개인 투자자를 설득하는 데 필요한 시제품 만들 돈을 처음으로 구하는 곳이 정부다.

상업용 우주선을 둘러싼 자유주의자들의 온갖 주장과 일론 머스크에 관한 여러 신화에도 불구하고, 머스크는 정부 지원이 스페이스X의 순조로운 출발에 중요한 역할을 했다는 사실을 인정한다.

2012년 스페이스X의 드래건 우주선 발사가 성공한 후 열린 기자 회견에서 머스크는 다음과 같이 말했다. "먼저 NASA와 함께 일할 수 있어 큰 영광이었다는 말씀을 드리고 싶습니다. NASA의 지원이 없었더라면 스페이스X를 시작할 수도 없었을 뿐 아니라 여기까지 올 수도 없었을 것입니다."[b] 스페이스X는 설립 후 10년 동안 회사를 운영하면서 NASA가 진척도에 따라 지급하는 기성고에 크게 의존했다. 우주 경제의 다른 많은 기업과 마찬가지로 스페이스X도 기업과 정부가 서로 돕는 민관 협력의 산물이다. 이 모델의 중요성은 미래에도 계속될 것이다.

＊ ＊ ＊

우주 경제는 예비 창업가가 어떤 방면을 지향하든, 그에게 세상을 뒤흔들 잠재력을 제공한다. 여기서는 작은 아이디어나 사소한 개선 같은 것에 목매지 않는다. 우주 경제의 스타트업은 성공하면 수백만, 때로는 수십억 명의 삶의 질을 개선할 거대하고 영향력 있는 결과를 추구한다.

그래서 세계 최고의 인재들이 투자은행이나 개인용 소프트웨어 같은 큰돈을 벌 수 있는 분야의 기회를 뿌리치고 우리 대열에 합류하는 것이다. 세계적 수준의 인재들이 도전에 응하고 있다. 기후 변화를 완화하거나, 개발도상국의 수십억 명의 굶주린 사람에게 식량을 공급하거나, 억압적인 정권하에서 신음하는 사람들에게 인터넷 접속 기회를 제공하는 것만큼 짜릿한 도전은 없을 것이다.

리그로의 아나스타샤 볼코바는 이렇게 말한다. "나는 정말로 지속 가능한 영향을 끼치고 싶었습니다. 내 아이들의 눈을 보고 이렇게 말하고 싶었어요. '엄마는 네가 살 수 있고, 또 네 아이들이 살 수 있도록 세상을 더 지속 가능하게 만드는 일을 했단다.' 사람들은 로켓 과학자라면 화성에 가는 꿈을 꾸는 사람들이라고 생각하죠. 리그로도 언젠가는 화성에 감자 재배 모듈을 가지고 있을지도 모릅니다. 하지만 제 비전은 지구에서 발생하는 문제를 먼저 해결하는 것입니다."

1968년 아폴로 8호가 전송해 온 '지구돋이(Earthrise)'는 달에서 지구를 찍은 전설적인 사진이다. 이 강렬한 이미지는 환경 운동 촉발에 영향을 끼쳤다. 우리가 우주에서 하는 일은 큰돈을 벌 수 있는 다른 많은 영리 활동이 할 수 없는 방식으로 인류에게 큰 영향을 끼칠 수 있다. 당신이 어떤 방면으로 창업의 야망을 실현해야 할지 고민하고 있다면 이 점을 생각해 보라.

우주 경제에서 창업하고 싶은 생각이 있는 사람이라면 무엇부터 시작해야 할지 궁금할 것이다. 다음 장에서는 이 분야에서 창업가로 성공하려면 무엇이 필요한지, 어디서부터 그 여정을 시작해야 하는지, 회사를 설립한 다음에는 무엇을 해야 하는지 알아볼 것이다.

제5장

창업의 경로 설정

공동창업자, 고객, 자본 찾기

우리가 투자하는 스타트업의 창업자들은 대개 아직 규모를 키울 준비가 되어 있지 않다. 이들 대부분은 아직 제품-시장 적합성을 찾는 단계에 있다. 시드 단계의 창업자는 고객이 실제로 무엇을 구매할까에 초점을 맞춰 자신의 제품이나 서비스를 갈고 닦는 데 투자금을 사용한다.

앞장에서 우리는 우주 경제에서 어떤 분야가 잠재력이 있는지, 그리고 예비 창업가가 어떤 방법으로 유망한 사업 아이디어를 발견할 수 있는지 살펴보았다. 일반적인 솔루션을 성공 가능성이 높은 사업으로 전환하는 것은 해당 솔루션에 적합한 시장을 찾는 것에서 시작된다. 가능성 있는 첫 번째 고객군을 찾았다면, 그다음 할 일은 해당 고객군과 그들의 니즈에 대해 자세히 알아보는 것이다.

'가지면 좋은 것'으로는 안 된다. 사업은 '가져야 하는 것'을 기반으로 하는 것이다.

고객을 염두에 두고 시작하라

경영학자 피터 드러커는 "'고객이 누구인가?'는 사업 목적과 사업의 사명을 정의하는 데 필요한 첫 번째이자 가장 중요한 질문이다."라고 말했다.[a] 하지만 잠재 고객을 알고 있다고 해도 그들과 한 번도 이야기를 나눠 보지 않았다면 아무 소용이 없다. 고객이 원하는 기능에서부터 지불할 의사가 있는 가격까지, 일을 계속 진행하는 데 필요한 답을 얻는 단 한 가지 방법은 가서 물어보는 것이다.

아볼의 창업자 시다르타 자는 이렇게 말한다. "아볼이 등장하기 전에는 기상위험보험은 닭이 먼저냐, 달걀이 먼저냐의 상황이었습니다. 시장이 작으면 돈을 투자하려는 사람이 거의 없습니다. 규모가 작은 시장은 위험하고 유동성이 떨어질 뿐 아니라 지나치게 집중되어 있죠. 기상 리스크 시장은 기본적으로 미국과 유럽의 특정 지역에 있는 위험 지대였습니다. 다각화 측면에서 보면 좋은 시장이 아니죠. 게다가 보험사가 이 모든 리스크를 떠안아야 하기에 보험료를 높게 책정할 수밖에 없어요. 보험료가 너무 비싸면 반복 거래가 이루어지지 않습니다."

"우리는 이런 순환 고리를 끊기 위해 다양한 유형의 여러 고객과 만나 이야기하는 지루한 작업을 했습니다. 고객이 원하는 것이 무엇인지 완전히 파악하려는 것이었지요. 그전에는, 특히 농업 분야에서는 누구도 하지 않으려던 일이었습니다. 이야기를 나눠 본 결과 여러 다양한 회사에서 필요로 하는 것이 있는데, 아무도 제공하고 있지 않다는 사실을 알게 되었죠. 자본 쪽에서 관심을 가질 만큼의 충족되지 않은 니즈가 있었습니다."

무엇을 제공할지에 대한 대략적인 아이디어가 있더라도 초기에 고객과 대화를 나누는 '지루한 작업'을 거치면 제품-시장 적합성에 더 가까워질 것이다. 리드 생성[55]에서 자본 조달에 이르는 창업 프로세스가 갑자기 쉬워졌다는 느낌이 들면 제품-시장 적합성을 찾은 것이다. 사람들이 진정으로 원하는 것을 찾았다면 일은 탄력을 받는다. 뜨뜻미지근한 아이디어를 힘들게 밀어붙이지 말고, 고객과의 대화 과정에서 고객의 흥미를 유발한 아이디어로 갈아타라.

이 과정을 너무 복잡하게 할 필요는 없다. A에서 B로 가는 가장 빠른 길을 찾으면 된다. 바이올렛랩스의 루시 호그와 케이틀린 커티스는 첫 단계로 그때까지 구축해 놓은 인맥을 활용했다. 호그는 이렇게 말한다. "케이틀린과 나는 오랫동안 이 일을 해 왔습니다. 우리 둘 다 이 분야에서 폭넓은 인맥을 쌓은 것이 큰 다행이었죠. 오래된 회사뿐만 아니라 스타트업에도 우리가 존경하는 사람이 많았어요. 우리는 가장 먼저 이들에게 연락했습니다. 가까운 친구들에게 뭔가

---

55 제품이나 서비스에 대한 소비자의 관심을 판매로 전환하는 것을 목표로 소비자의 관심을 불러일으키는 것. 가망 고객을 만들어 가는 과정이라 할 수 있다.

를 부탁하는 성가신 사람이 된 거죠." 당시 두 사람의 옛 동료들은 로켓랩 같은 기업에서 제품 팀을 이끌고 있었기 때문에 클라우드 기반의 엔지니어링 워크플로 툴에 관해 초기 대화를 나누기에 이상적이었다.

호그와 커티스는 적합한 자리에 있는 사람과 의견을 교환하는 것은 시작에 불과하다고 생각했다. "케이틀린과 나는 시간을 두고 부지런히 우리 제품을 알릴 프레젠테이션 자료를 만들었습니다. 어떤 사람에게 접근하는 것이 좋을지도 깊이 생각했습니다. 처음에 우리는 여러 산업 분야에 종사하는 잠재 고객 수십 명에게 제품을 설명했죠. 항공우주, 방위산업, 자율주행 트럭, 로봇, 의료 기기, 소비자 가전뿐만 아니라 퍼스널 피트니스와 웨어러블 기기 산업까지 접촉했습니다. 이들의 대체적인 반응은 아주 좋았어요. '좀 더 일찍 만들 수는 없나요? 지금 당장 필요한데요.'라는 말을 많이 들었죠. 이들의 반응에서 절박함을 느낄 수 있었습니다."

초기에 나눈 이런 성공적인 대화는 첫 번째 도미노였다. "더 많은 사람에게 프레젠테이션하고 더 많은 사람과 문제점에 관한 이야기를 나눌수록 우리는 시장이 생각보다 커질 수도 있겠다는 사실을 깨달았죠. 우리가 모르는 사람들이 링크드인으로 우리에게 접근하기도 했고, 심지어 문자를 보내오기도 했습니다. 유기적 과정이 된 셈이죠. 누군가가 시장이 원하는 것을 들고 있으면 소문이 퍼지기 마련입니다. 덕분에 우리는 항공우주를 벗어나 로봇, 의료 기기, 자동차, 농업 등 새로운 산업으로 진출할 수 있었습니다." 제품-시장 적합성이 효과를 발휘한 것이다.

호그는 성공적이었던 바이올렛랩스의 시드 라운드를 돌아보며, 그 과정이 얼마나 쉬웠던지 '짜릿한 느낌'이 들었다고 한다. "지화자 찬하려는 것이 아니라 사람들이 이 제품을 얼마나 필요로 했는지 말하려는 것입니다. 우리 제품은 많은 사람에게 큰 반향을 불러일으켰습니다. 그래서, 음, 우리도 깜짝 놀랐죠."

제품-시장 적합성을 찾아 회사를 출범시킨 다음에도 고객과의 대화를 멈춰서는 안 된다. 예컨대 뮤온스페이스는 모든 작업을 고객의 필요성에서 시작한다. 이 회사의 목표는 '일단 만들면 고객이 찾아올 것'이라는 마음가짐으로 상상할 수 있는 모든 종류의 센서를 만드는 것이 아니다. 대신 하나의 위성을 발사하더라도 먼저 문제의 본질을 파악해 그 문제를 해결하는 데 가장 적합한 원격 감지 솔루션을 개발한 뒤 발사한다.

뮤온스페이스의 CEO이자 공동창업자인 조니 다이어는 이렇게 말한다. "우리는 처음부터 이 시장의 고객과 소통합니다. 이런 소통은 어떤 센서의 엔지니어링 솔루션에 대한 아이디어가 나오기 훨씬 전에 이루어지죠." 뮤온스페이스는 "초기 아이디어부터 고객의 클라우드 버킷(bucket)으로 데이터를 스트리밍할 때까지" 고객과 협업한다.

뮤온스페이스는 고객 니즈를 우선시하는 이런 방식을 통해 갈수록 경쟁이 치열해지는 틈새시장에서 회사를 차별화한다. "누군가가 구매하기를 바라면서 적당히 수집한 데이터 세트를 판매하려고 하지 않습니다. 고객이 해결하고자 하는 문제에 없어서는 안 될 데이터를 수집하려고 하죠. 우리는 원격 감지의 엔지니어링 측면에서나 지식 측면에서 경험이 많아 이런 일을 수행하는 데 독보적인 위치를 차지하고 있습니다."

플래닛랩스의 공동창업자이자 최고 전략 책임자인 로비 싱글러도 다이어와 같은 말을 한다. "미친 듯이 고객에게 집중해야 합니다. 처음부터 고객의 목소리를 듣는 것이 중요하죠. 우리가 하는 일은 문제를 해결하는 것입니다. 특정 수직적 시장에 최대한 집중해야 합니다." 이렇게 되면 어떤 수직적 시장에 집중할 것인가라는 문제가 제기된다. 하나의 기술 솔루션이 다양한 산업에 적용될 수도 있기 때문이다. 어딘가에서 시작해야 하지만, 필연적으로 첫 번째 고객군이 사업의 궤도를 결정할 것이므로 선택을 잘해야 한다.

플래닛랩스는 우주 경제의 다른 여러 스타트업과 달리 정부 기관이 아니라 농업 분야를 고객으로 선택했다. "초기 고객이 가장 큰 영향을 끼치죠. 현재 내가 실용적인 것을 제공해 주기를 원하는 고객, 그리고 내가 수년에 걸쳐 자신의 사업을 위해 차별화된 역량을 구축하려 한다는 사실을 아는 고객을 선택해야 합니다. 그 여정을 기꺼이 함께할 생각이 있는 고객이 필요하죠."

"초기에 적합한 고객의 의견을 잘 들으면 자신이 아니라 특정한 누군가를 기준으로 제품을 만들게 되죠. 잘 들으라고 해서 언제나 그들의 의견을 따르라는 뜻은 아닙니다. 하지만 자신이 하겠다고 말한 것을 실행하고, 항상 고객의 소리를 듣는 모습을 보이면 얼리어답터의 신뢰를 얻을 수 있어요. 이런 일은 사용자 니즈를 만족시키는 제품을 만들기 위해 필수적인 과정입니다. 현실에 안주하지 않고 미래로 나아가는 길이기도 하죠. 고객의 신뢰를 얻어 장기적인 파트너십을 구축하면 고객은 자신의 목표를 달성할 수단으로 기꺼이 당신을 선택할 것입니다. 당신이 지속해서 파괴적 혁신을 하리라고 믿는 거죠."

플래닛랩스와 마찬가지로 스카이워치도 전략적이고 장기적인 방법으로 고객에게 초점을 맞추고 있다. 스카이워치의 제임스 슬리퍼어즈는 이렇게 말한다. "일반적으로는 지구 관측(EO) 수입의 90퍼센트 이상이 정부 자금에서 나오지만, 스카이워치 수입에서 정부 자금이 차지하는 비중은 5퍼센트 미만입니다. 민간 부문에 초점을 맞추기 때문이죠. 우리는 위성 이미지를 대중화하려고 합니다. 우리목표는 EO 데이터를 통해, 지난 20년 동안 위성항법시스템(GPS) 데이터가 세상에 미친 영향력과 맞먹는 영향력을 발휘하는 것입니다."

민간 EO 시장은 정부 부문과 작동 방식이 다르기 때문에 스카이워치를 성장시키려면 여기에 초점을 맞추는 것이 중요하다. "정부는 한 번에 많은 양의 데이터를 구매하죠. 도시, 카운티, 주, 심지어 다른 나라의 이미지까지 구매합니다. 하지만 자연재해나 군사적 충돌이 일어났을 때를 제외하고는 이런 이미지가 자주 필요한 것은 아니죠." 이에 반해 민간 고객은 좁은 지역의 이미지가 필요하며, 그 주기가 훨씬 짧다. "일주일 단위로 건설 현장을 모니터링하고 싶은 사람도 있을 테고, 3~4일 주기로 농장을 모니터링하고 싶은 사람도 있겠죠. 이전에는 EO의 비용 구조 때문에 이런 민간 목적의 사용을 지원할 수 없었습니다. 우리는 요청부터 전송까지 전체 프로세스를 자동화해 민간 기업이 EO 데이터를 더 효율적이고 더 저렴하게 이용할 수 있게 했어요. 위성 이미지 접근은 넷플릭스 시청하는 것처럼 매끄러워야 합니다. 우리가 성공할 수 있었던 이유는, 시장을 파악해 세분화한 뒤 각 세분 집단이 자신이 처한 상황에서 EO를 최대한 활용할 수 있도록 고객 성공 프로그램을 구축했기 때문입니다."

기술 혁신의 최전선에 있는 분야에서는 고객 사용 데이터 분석이 신제품의 수요를 확인하고 검증하는 데 필수적이다. "우리는 엄청난 양의 시장 정보를 가지고 있습니다. 우리 플랫폼에 뜨는 수백만 건의 API 호출뿐만이 아니라 고객과의 대화에서 수집한 데이터도 있습니다. 곧 어스캐시-X라는 제품을 출시할 예정인데, 아직은 가칭입니다만, 이 제품을 이용하면 고객은 우리가 아직 통합하지 않은 데이터라도 자신에게 필요하면 가져다 쓸 수 있습니다. 이렇게 되면 고객은 시간을 절약할 수 있겠죠. 우리는 해당 데이터 세트에 대한 수요를 검증할 수 있고요. 새로운 초분광 센서, 합성 개구 레이더(SAR), 라이다를 이용한 새로운 기능 등 첨단 제품 같은 경우에 어스캐시-X를 통해 시장 수요를 측정할 수 있습니다."

당신이 시작한 비즈니스는 제품-시장 적합성을 찾아가는 도중에 여러 번 크게 바뀔 수 있다. 그렇기 때문에 제공하고자 하는 특정 제품이나 서비스보다는 올바른 경영진이 훨씬 중요할 수 있다. 성공적인 제품이나 서비스로 가는 길은 결코 평탄하지 않다. 우리는 어떤 하나의 사업 아이디어보다 회복 탄력성, 경험, 전문성을 갖춘 유능한 창업팀을 더 중요하게 본다. 고객군을 선택하는 것만큼이나 신중하게 공동창업자를 선택해야 한다.

잘 준비된 창업팀 꾸리기

완벽한 창업팀의 조건은 무엇일까? 물론, 중요한 것은 절대 한 가지가 아니라는 점이다. (뛰어난 창업자를 알아내는 공식을 발견하는 벤처캐피털리스트가 있다면 우리보다 훨씬 좋은 실적을 낼 것이다.) 언론은 성공 스토리에서 대중의 관심을 끌 만한 부분만 부각하는 경향이 있지만 뛰어난 창업자의 형태는 매우 다양하다. 그들의 배경과 성격은 언론의 호의적인 보도를 보고 당신이 생각하는 것보다 훨씬 다양하다. 하지만 공통적인 요소가 있다.

첫 번째는 투지다. 창업자들이 우리를 찾아올 때 우리가 보는 것은 뭔가가 될 때까지 이런저런 시도를 계속할 의지가 있는가다. 두 번째는 유연성, 즉 남의 의견을 받아들이는 개방성이다. 무엇이든 자기가 생각하는 것이 옳다고 확신하고 대화에 임하면 성공할 수 없다. 스티브 잡스조차 전문가의 의견을 들어 본 뒤에 결정을 내렸다. 잡스가 다른 사람보다 한 가지 나았던 점은 어떤 전문가에게 물어볼지, 그리고 언제 전문가의 의견보다는 자신의 직감을 따라야 할지 알았다는 것이다. 대부분의 경우 잡스는 자기가 무엇을 모르는지 알고 있었다.

성공적인 창업팀이 되려면 상호 보완적이어야 한다. 호그는 아마존의 광대역 인터넷 군집위성인 카이퍼 프로젝트를 수행하다가 미래의 바이올렛랩스 공동창업자를 만났다.

호그는 이렇게 말한다. "케이틀린과 나는 제품 개발 주기상 서로 다른 위치에서 일하고 있었어요. 나는 대부분의 경력을 시스템 엔지니어링, 요구 조건, 설계 분석, 통합, 시험 등 제품 개발 주기의 전반부에서 쌓았습니다. 케이틀린은 주로 제조, 운용, 공급망 문제 등을 다루는 후반부에서 일했습니다. 정말로 자연스럽게 서로 아귀가 맞았죠." 호그와 커티스는 현대의 복잡한 제품 개발 프로세스에서 느낀 불편한 점을 토로하다가 의기투합했다. 두 사람 다 세계적 수준의 여러 조직에서 다양한 경험을 하다가 알게 된 사실이었다.

조니 다이어는 스카이박스이미징에서 우주 경제를 처음 경험한 뒤 비영리 단체인 환경보호기금(Environmental Defense Fund)의 자회사 메테인샛(MethaneSAT)의 고문이 되었다. 메테인샛은 위성을 이용해, 지구 온도를 상승시키는 주요 온실가스 중 하나로 알려진 메탄 배출을 추적하는 회사다. 다이어는 메테인샛의 고문으로 활동하던 중 나중에 뮤온스페이스의 공동창업자가 되는 댄 매클리스 및 루번 로슈나이더와 인연을 맺었다.

창업가에게, 자원봉사를 포함해 어떤 임무를 수행하는 직책을 맡는 것은 잠재적 우군을 만들고 인맥을 구축하는 효과적인 방법이다. 다이어, 매클리스, 로슈나이더는 메테인샛 고문으로 활동하다가 메탄 수치 외에도 기후 변화와의 싸움에 유용하게 쓸 수 있는 다른 측정치가 있다는 사실을 알게 되었다. 다이어는 이렇게 말한다. "메탄샛은 좋은 아이디어지만, 대기 중으로 방출되는 메탄 배출량을 측정하는 데만 초점을 맞추고 있습니다. 브레인스토밍을 해 보면 앞으로의 기후 변화를 완화하고 기후 변화에 적응하는 데 도움이 되는 측정치를 30가지는 더 생각해 낼 수 있을 겁니다."

인류를 위한 봉사 활동이 뮤온스페이스의 창업으로 이어졌다. 이들이 메테인샛을 돕겠다고 자원하지 않았더라면 창업할 생각도 하지 못했거나, 창업할 생각이 있었어도 적합한 파트너를 찾지 못했을 것이다.

성공하기 적합한 곳에 자리 잡기

미국의 악명 높은 은행 강도 윌리 서턴은 왜 은행을 털었느냐는 질문을 받고 "돈이 있는 곳이니까."라고 대답한 것으로 유명하다. 원격 근무 시대에도 지리적 조건은 중요한 요소다. 많은 경우 자신의 현 위치에 사업 근거지를 두어도 된다. 하지만 일론 머스크가 스페이스X의 본사를 로스앤젤레스에 둔 데에는 그럴 만한 이유가 있었다. 로켓 기술자들이 그곳에 있었기 때문이다. 마찬가지 이유로 머스크는 스타링크 본사를 시애틀에서 얼마 떨어지지 않은 워싱턴주 레드먼드에 두었다. 이 지역에 집중된 소프트웨어 인재를 활용하기 위해서였다.

뛰어난 팀원을 모집하고, 잠재 고객을 찾고, 투자자를 설득하는 일은 모두 어디에 자리를 잡느냐에 따라 더 쉬워질 수도 있고 더 어려워질 수도 있다. 위치는 중요하다. 특히 우주 경제에서는 더욱 그러하다. 어떤 곳에 자리 잡으려면 먼저 이런 질문을 해 보라. 이 위치의 불리한 점은 무엇이고, 저 위치의 유리한 점은 무엇인가?

전문 인력은 스타트업의 입지를 결정할 때 고려해야 할 요인 중하나다. 현장 기술 인력이 많이 필요하면 외곽에서 헛수고하지 말고과감하게 기술 허브로 들어가라. 자신이 하고자 하는 사업의 성격에따라 주세, 지방세, 규제, 정부 인센티브 등도 중요한 고려 요인이 될수 있다. 업종에 따라서는 나중에 사업 규모를 확장하면 많은 직원을 채용해야 할 수도 있을 것이다. 이런 경우에는 현지의 임금 수준, 생활비 수준뿐만 아니라 범죄율이나 학교의 질 같은 것도 고려해야한다. (직원 채용에 관해서는 9장에서 자세히 다룰 예정이다.)

입지와 관련해 고려해야 할 요인이 하나 더 있다. 우주 경제의 인프라 계층에서 사업하는 기업은 종종 발사 서비스에 접근할 필요가있다. 다른 조건이 모두 같다는 전제하에, 궤도에 진입시킬 무언가를 만드는 사업을 할 생각이라면 적어도 회사의 일부 기능은 발사대근처에 두는 것이 좋을 것이다. 스페이스X의 일부 시설이 케이프 커내버럴에 있는 이유도 그곳에 발사 인프라가 있기 때문이다. 케이프커내버럴은 우주선을 바다 위로 발사할 수 있으면서도 미국 본토에서 적도에 가장 가까운 곳이다. 회사는 바뀌지만 지리적 조건은 바뀌지 않는다.

정부 지원 활용하기

이 업계에서는 정부 돈 냄새를 맡을 수 있는 능력을 키우거나 그런 능력이 있는 사람을 고용할 필요가 있다. 스타트업 창업자는 우리 스페이스캐피털에서 처음으로 기관 투자를 받는 경우가 많다. 하지만 이 단계에서도 우리는 해당 스타트업이 다른 지원을 받기를 원하며, 그런 지원을 찾는 데는 돈이 든다.

우리는 인큐베이터 프로그램이 이 목적으로는 큰 가치가 없다고 생각한다. 창업자에게 요구하는 것은 많지만 대가가 너무 적기 때문이다. 우주 경제에서는 정부가 이보다 훨씬 나은 초기의 자금 조달 소스가 될 수 있다. 우주 기반의 야망을 추구하는 유능한 창업가라면 거의 확실하게 이용할 수 있는 다양한 정부 자금 소스를 알아보라. 출신 국가가 어디든 상관없다.

내가 초기에 우주 경제에 기여한 것 중 하나는 「민관 우주여행의 재검토(Rethinking public-private space travel)」라는 제목의 논문을 발표한 것이었다. 우연히 이 주제를 선택한 것은 아니었다. 나는 애스트로보틱에서 우주 경제를 처음 접하면서 민간 우주 활동에 정부 지원이 얼마나 중요한지 (그리고 앞으로도 얼마나 중요할지) 알게 되었다. 월드와이드웹이 국방부의 자금 지원을 받은 아르파넷(ARPANET)에서 시작되었듯이, 우주 경제도 정부에 깊이 뿌리박고 있고 앞으로도 계속 그럴 것이다.

방위산업체는 여전히 정부에 의존해 기업을 운영한다. 지금은 상황이 많이 바뀌었지만, 10여 년 전에 내가 논문을 쓸 때만 해도 스페이스X도 같은 처지였다. 오늘날에도 우주 경제에서 창업한 대부분의 신생 기업은 어떤 형태로든 정부의 참여와 지원을 받아 운영되고 있다. 초기에 연구를 수행하거나 처음으로 시제품을 만들 때 들어가는 초기 자금은 민간 투자자에게서 나오는 것이 아니라 정부 기관에서 나온다. 미국으로 치자면 이 말은, NASA나 미 우주군 또는 기타 정부 기관이 우주 관련 연구에 적극적으로 자금을 지원하거나 유망한 우주 스타트업의 첫 번째 고객이 되어 준다는 뜻이다.

이런 상황은 당분간 바뀌지 않을 것이다. 60년이 넘는 기간 우주는 세계 강대국들의 배타적 영역이었다. 지금도 우주 경제의 주요 플레이어는 대부분 어떤 형태로든 정부 기관과 긴밀히 협력하거나 정부 기관에 의존한다. 게다가 우주 공간은 분쟁이 심한 지역이다. 누가 우주에서 활동할 수 있는지, 또는 우주에서 할 수 있는 일을 어디까지 허용할 것인지에 대한 세계적 합의가 이루어져 있지 않다. 발사와 착륙에 수반되는 위험뿐만 아니라 군사적인 영향(여기에 관해서는 10장에서 자세히 다룰 예정이다.)까지 고려할 때 우주 경제는 '빨리 실행하고, 기존 질서를 파괴하는 것'[56]이 엄청난 결과를 야기할 수 있는 창업 영역이다.

창업가로서 당신은 한 나라의 정부 또는 여러 나라의 정부를 상대하게 될 것이다. 6장에서 살펴보겠지만, 미국에서 우주 경제의 번

---

56 Move fast and break things. 마크 저커버그가 만들어 2014년까지 페이스북에서 쓰던 모토다.

창을 가로막는 걸림돌을 제거하는 데는 많은 정치 지도자와 정부 관료의 오랜 노력이 필요했다. 정부 관료 집단이 창업을 장려하기 위해 미래지향적인 노력을 기울이는 것은 드문 현상이므로 항상 정부 요인을 염두에 두고 있어야 한다. 정부는 계속 바뀌고 그에 따라 내세우는 정책이나 프로그램, 규정도 바뀐다. 시간이 지나면서 시장이 진화하듯 정치 환경도 진화한다.

한때 방위산업체는 정부 계약을 꽉 쥐고 있었다. 이 레거시 기업들은 정부 자금의 안정적 유입을 위협하는 민간 우주 애플리케이션을 막음으로써 혁신에 저항하는 항체 역할을 했으며, 수십 년 동안 이 일을 성공적으로 해냈다. 일론 머스크가 이들의 독점을 깰 수 있었던 이유 중 하나는 아무것도 금기시하지 않는다는 실리콘밸리의 규칙을 따랐기 때문이다. 일례를 들자면, 의회에서 중요한 표결이 있는 날 머스크는 팰컨 1 로켓을 평상형 트레일러에 싣고 의사당 앞에 세워 두었다. 이런 식으로 공개적으로 회사를 옹호하는 행위는 창업 과정의 핵심 요소다. 오늘날 스페이스X는 거대한 로비 조직을 운영하고 있다. NASA가 스페이스X보다 열등한 제안서를 낸 업체에 선심성 계약을 밀어주자 스페이스X는 그들의 최고 고객인 NASA를 상대로 소송전에 뛰어들어 승소했다.

일단 스타트업을 출범시켰으면, 민간 우주 기업 수백 개를 대표하는 로비 단체인 상업용우주비행연맹(Commercial Spaceflight Federation) 가입을 고려해 보는 것도 좋을 것이다. 연맹은 회원사로부터 자금을 모집해 투표로 결정된 우선순위에 따라 회원사의 요구 사항을 법제화하는 데 그 돈을 쓴다.

　우주 경제의 민관 관계에 대해서는 6장에서 더 자세히 살펴볼 것이다. 지금은 우주 경제의 창업가가 처음으로 해야 할 일 중 하나가 정부 자금을 지원받으려 노력해야 하는 것이라는 사실을 아는 것만으로도 충분하다. 물론 그 과정에 정치적 환경도 더 배워야 한다.

자본금 모집하기

　일반적으로, 잘 알려진 사업은 예상한 대로 투자 수익을 가져다준다. 경험 많은 투자자는 유동 인구 규모와 인구 통계만 보고도 프랜차이즈 레스토랑의 잠재 수익을 1달러 단위까지 예측할 수 있다. 이런 경우는 비교적 안전한 투자지만 수익성이 제한적이다.

　기술 혁신의 첨단 분야에 투자하는 것은 타코 가게를 개업하는 것보다 큰 위험을 수반하지만, 훨씬 큰 잠재 수익을 기대할 수 있다. 신기술은 알려지지 않았기 때문에 규제할 근거도 없다.

　공유 오피스 임대업은 수익률이 낮고 성장에 걸림돌이 많은, 잘 알려진 사업이다. 그런데 애덤 노이만은 이것을 위워크라는 기술 기업으로 리브랜딩해 소프트뱅크 같은 국제적 투자자들로부터 수십억 달러의 투자를 유치할 수 있었다. 이것은 신의 한 수였다. 우주 경제의 창업가도 그런 덕을 볼 수 있다. 우주 기술을 이용해 지상의 고객에게 서비스를 제공하는 애플리케이션 기술에 대한 투자자의 관심은 매우 높다. 현재 다른 많은 분야와 달리 이 분야에는 투자금이 넘쳐난다. 경험 많은 투자자를 포함해, 이런 상승 추세가 어디까지 지속될지 어느 정도라도 자신 있게 말할 수 있는 사람은 아무도 없다는 사실을 잊으면 안 된다. 투자자를 확보하려면 우주 경제 분야에서 창업해야 한다.

적합한 고객을 찾았고 뛰어난 창업팀을 구성했다면 자본금을 모집할 때가 되었다. 단, 기회의 창이 닫힐 시간이 얼마 남지 않았고 빨리 성장해야 할 경우에만 해당하는 이야기다. 댄 세펄리와 그의 동료들이 레오랩스를 SRI인터내셔널에서 독립시켜 스타트업으로 만들기로 한 것도 이런 이유 때문이었다. 세펄리는 이렇게 말한다. "새로운 하드웨어를 만들기 위해 상당한 투자금이 필요했습니다. 전세계에 레이더 시설을 구축하려면 돈이 많이 듭니다. 우주에 대한 투자자들의 높은 관심 덕분에 자본금을 모집할 수 있었죠. 하지만 좀 더 효과적으로 모집하기 위해서는 투자자들이 돈을 투입할 새 법인이 필요했습니다."

많은 우주 경제 스타트업에 벤처캐피털은 현명한 접근 방법이다. 플래닛랩스가 굳이 벤처캐피털을 선택한 것도 이유가 있어서였다. 로비 싱글러는 이렇게 말한다. "우리는 래피드아이(RapidEye)를 주목하고 있었죠. 독일인 창업자들은 1999년에 농업 분야를 대상으로 한 구독 기반의 모니터링 서비스를 생각해 냈는데, 2009년에야 은행의 구조화 금융을 이용해 회사를 설립할 수 있었습니다. 그러다 금융 위기가 닥치자 은행이 상환을 요구했고 결국 래피드아이는 파산하고 말았어요. 래피드아이의 서비스를 재판매하던 사업자가 래피드아이를 사들였고, 다시 우리가 그 재판매업체를 인수했습니다. 이제 우리는 래피드아이가 하고자 했던 일을 하고 있습니다."

충분한 길이의 활주로를 확보하는 것은 매우 중요하다. "어떤 새로운 분야의 퍼스트 무버라면 감당하지 못할 만큼 무리하면 안 됩니다. 한 번의 실패가 죽음으로 이어지기 때문이죠. 우리는 사업을 지속하기 위해 당장 필요 없어도 항상 자금을 모집합니다. 뭔가를 설립한다는 것은 어려운 일입니다."

투자자를 설득하기 전에 계산부터 해 봐야 한다. 이 아이디어는 물리적으로 실현 가능한가? 계산하는 데 필요한 기술 능력이 부족하면 그런 기술을 가진 사람을 찾아 확인해 보라. 아무리 열정이 넘쳐도 질량과 추력과 운동량[57]에 관심을 기울이지 않으면 안 된다. 아이디어가 실현 가능한지 확인할 기본적인 계산도 해 보지 않고 우리 같은 벤처캐피털 회사를 설득하려는 창업가가 너무 많다. 우리가 계산기를 두드려 당신 아이디어를 죽여서는 안 되지 않겠는가? 당신의 사업이 확립된 어떤 이론, 예컨대 뉴턴의 운동 제2법칙 같은 것때문에 제대로 돌아가지 않을 것 같으면, 투자자를 설득하는 도중이 아니라 혼자 있는 시간에 그런 사실을 알아내야 한다. 그러지 않으면 두 번 다시 기회를 잡을 수 없을 것이다. 불가능한 사업을 잘 배

---

57 '사업 아이디어의 성공 가능성'을 로켓이 궤도에 진입할 만한 추력을 내는 것에 빗대 표현한 말. 추력은 로켓을 밀어 올리는 힘으로, 시간 변화에 따른 운동량의 변화를 말하고, 운동량은 질량×속도이므로 이렇게 표현했다.

제할수록 가능성 있는 사업에 투자받을 공산이 커진다.

준비가 비결이다. 하지만 격식을 갖춘 사업 계획은 필요 없다. 구시대의 유물일 뿐이다. 투자자들을 감탄시키고 싶다면 어떤 문제를 해결하려고 하는지 알리는 데 공을 들여라. 단 1달러라도 투자금을 구하기 전에 앞에서 살펴본 대로 잠재 고객과 초기 대화를 나누어라. 대화 상대방이 통신사가 되었든, 정부 기관이 되었든, 휴대폰 마케팅 회사가 되었든, 당신이 하려고 하는 것이 무엇인지 알고, 그 잠재력을 판단하고, 결점을 파악하고, 돈을 내고 쓸지 말지 결정할 충분한 정보가 있어야 한다.

시제품을 어떻게 만드는 것이 좋은가는 아이디어의 성격과 팀이 가진 기술력에 달려 있다. 원시적이지만 실제로 작동하는 어떤 장치를 만들 수도 있고, 3D 프린터로 출력한 모형이 될 수도 있으며, 비즈니스 모델을 명확하게 보여 주는 다이어그램이 될 수도 있다. 사우스웨스트 항공은 바 냅킨 위에 그린 스케치에서 출발한 것으로 유명하다. 사우스웨스트 항공 창업자들이 그린 것은 새로운 기종의 비행기 설계도가 아니라 이미 운항 중인 비행기를 이용한 새 비즈니스 모델이었다. 이들이 다음 단계로 나가는 데는 냅킨만으로도 충분했다.

간단히 하자면 잠재 고객과 대화하기 위해 궤도에서 완전히 작동하는 위성이 필요하지는 않다는 말이다. 예컨대 고객에게 소프트웨어를 소개하려면, 와이어 프레임을 이용해 사용자 인터페이스와 잠재적 결과물을 보여 주면 된다. 사용하려는 하드웨어 부품이 시중에서 구할 수 있는 것이라면 실물 모형만으로도 충분할 것이다. 완전히 새로운 부품을 개발할 생각이라면, 첫 단계로는 전문가를 설득할 정도의 상세도나 개념도 정도만 있어도 된다.

벤처캐피털리스트로서 나는 스타트업의 잠재 고객에게 접근해 해당 스타트업의 제품을 구매할 의향이 있는지, 있다면 그 이유가 무엇인지 물어보는 것이 우리 사업에 도움이 된다고 생각한다. 고객이 바이올렛랩스 제품을 구매할 의향이 있다는 사실이 분명해지자 투자자들도 바이올렛랩스에 관심을 보였다. 호그와 커티스는 스페이스캐피털이 주도한 시드 라운드에 신중하게 접근했다. 호그는 이렇게 말한다. "우리는 다양성을 원했어요. 우주에만 초점을 맞춘 회사가 되고 싶지 않았지요. 기술자들이 정말로 즐겨 사용할 제품이 되려면, 항공우주뿐만 아니라 여러 산업의 다양한 기술자에게 매력적이고 가치 있게 만들어야 합니다. 이런 다양성을 소외된 기술 분야뿐만 아니라 투자자 선택에도 반영하려고 했습니다. 이것은 우리에게 굉장히 중요한 문제이고, 앞으로도 회사가 추구하는 방향이 될 것입니다."

적합한 투자자를 선택하는 것은 적합한 고객이나 공동창업자를 선택하는 것만큼이나 중요한 일이다. 리그로의 아나스타샤 볼코바는 이렇게 말한다. "우리 투자자 중 한 사람에 대해 다른 공동창업자와 통화한 적이 있습니다. '어떻게 그 투자를 유치했지?'라고 묻더군요. 나는 그에게 질문이 틀렸다며 이렇게 물어야 한다고 말했습니다. '왜 그 사람의 투자를 받아들였지? 그 사람이 회사에 기여할 수 있는 가치가 뭐야?' 이사회실에 앉아 회사의 나아갈 방향을 결정하는 사람은 창업자와 투자자입니다. 투자자들이 당신이 하려고 하는 일이 무엇인지 알고 있나요? 언제 특정 분야의 인재를 채용해야 하는지 당신에게 말해 줄 만큼 전문성이 있습니까? 언제 제품을 출시해야 하는지, 언제 기술팀 인력을 늘려야 하는지에 대해서도 마찬가지입니다. 그런 것이 중요하지요. 창업자는 많은 의사 결정을 투자자 협의회와 함께 해 나갑니다. 이사회실에는 적합한 사람들이 앉아 있어야 합니다. 이 사람들은 문자 그대로 기득권을 가지고 있어요. 최고의 사람들이 기득권을 가져야 당신이 성공할 수 있습니다."

하지만 투자를 받지 않으면 아이디어의 실현이 버거울 때만 투자금을 모집해야 한다는 점을 명심하라. 혼자 힘으로 해 나갈 수 있다면 그렇게 하는 것이 좋다. 클라우드에 의존하고 직원이나 인프라가 많이 필요하지 않은 소프트웨어 솔루션은 외부의 자금 지원을 받지 않고도 빨리 성장할 수 있는 경우가 많다. 이런 식으로 당신의 아이디어를 실현할 수 있거나, 큰 자금 지출 없이 다음 단계까지 만이라도 나갈 정도가 된다면, 탄력이 붙을 때까지는 사업을 부수적인 프로젝트로 생각하고 진행하는 것도 고려해 보라. 이렇게 하면 개인적인 재무 위험이 줄어 제품-시장 적합성을 찾을 때까지 방향을 바꿀 여지가 많아진다. 그러다 나중에 투자금이 필요할 경우, 이미 고객 기반과 꾸준한 수입이 있으면 투자자들은 더 큰 관심을 보일 것이다. 이때 투자자들은 당신이 다음 단계로 나갈 수 있게 도움을 줄 수 있다.

하지만 승냥이가 덤벼들어 당신 몫을 채어 가기 전에 시장 기회를 잡아야 한다면, 최대한 빨리 자본금을 모집해 그 돈으로 사업 규모를 확장해야 한다. 스타트업은 빠른 성장을 목표로 만들어진 회사다. 빠른 성장을 달성하려면 많은 사람이 원하는 것을 만들어 그들에게 그것을 제공해야 한다. 기업이 성장하면 다른 것들은 저절로 해결된다. 사실 성장은 창업가로서 직면하게 되는 거의 모든 결정의 방향을 잡아 주는 유용한 나침반이다.

벤처캐피털은 스타트업이 빨리 성장할 수 있게 돕는 도구다. 연속된 각 자금 조달 라운드는 회사의 생사를 가르는 평가 무대다. 충분히 계획하고 준비한다면 각 라운드를 성공적으로 통과할 가능성이 크게 높아질 것이다.

하지만 모든 것을 제대로 하고도 실패할 수 있다.

실패하며 나아가기

대부분의 스타트업은 실패한다. 조사에 의하면 장기적으로 보았을 때 스타트업 성공률은 10~20퍼센트 사이에서 맴돈다고 한다. 믿거나 말거나 이것은 좋은 현상이다. 스타트업은 어떤 아이디어의 실행 가능성을 알아보는 일종의 실험실이다. 완전한 실패의 장점은 확실한 실험 결과를 얻는다는 것이다. 군더더기 없이 회사를 경영하고, 손실을 최소화하고, 현실적인 목표에 충실했는데도 시장에서 실패했다면 그 아이디어에 유용한 가치가 없다는 뜻이다. 다른 것으로 넘어갈 때다. 실패는 마음을 비운 채 아이디어를 내려놓고 가능성이 더 많은 다른 아이디어로 넘어가라는 것을 의미한다.

벤처캐피털리스트로서 나는 창업자의 이력서에서 이렇게 실패한 기록을 보기를 원한다. 사실 나는 창업자들에게 실패하며 나아가는 마음가짐을 가지라고 권장한다. 창업팀의 진짜 리스크는 괜찮은 아이디어다. 여기서 '괜찮다'는 말은 회사를 유지할 만큼의 수익은 내지만 그 이상 발전할 수 없는 아이디어를 말한다. 창업은 경제 발전의 원동력이다. 창업자와 투자자는 큰 위험 부담을 안고 세상을 위해 엄청난 가치를 창출하려고 노력한다. 패러다임의 전환으로 이어질 하키 스틱 커브[58]를 그리는 성장을 지향하는 것이다. 페라리를 염두에 두고 만든 것이 골프 카트처럼 느릿느릿 움직이면 창업자는 고민에 빠지게 된다. 별 볼 일 없지만 그럭저럭 수익은 나는 사업을 그대로 끌고 갈 것인가? 아니면 미끼를 잘라 버리고 더 큰 물고기를 잡으려고 시도할 것인가?

현명한 벤처캐피털리스트라면 창업 경험이 한 번도 없는 창업가보다 산전수전 다 겪은 창업가에게 투자하려고 할 것이다. 우리는 무언가를 시도해 보았고 그 과정에서 실수를 통해 교훈을 얻은 행동 지향적인 창업가를 좋아한다. 성공은 했지만 실패가 없다면 어쩌면 처음에 운이 좋아서였을 수도 있다. 그보다 더 나쁜 것은 이런 사람

---

[58] 처음에는 서서히 성장하다가 어느 순간 폭발적으로 성장하는 곡선으로, 그 모양이 하키 스틱과 비슷해서 붙인 이름이다.

들이 다음에도 쉽게 할 수 있다고 착각하는 것이다. 우리는 어떤 도전이 기다리고 있는지 잘 알고 있는, 그리고 다음번에는 더 잘하겠다고 잔뜩 벼르고 있는, 전투로 단련된 창업가에게 훨씬 관심이 많다.

* * *

이 장에서 개략적으로 살펴본 내용을 통해 우주 경제의 유망한 아이디어가 살아 숨 쉬는 사업이 되기까지의 과정을 어느 정도 이해할 수 있었기를 바란다. 하지만 말로 하는 것과 보여 주는 것에 차이가 있듯, 이 장에서 소개한 모범 사례와 창업의 실제는 다른 이야기다.

바이올렛랩스의 루시 호그는 이렇게 말한다. "누군가가 나에게 어떤 조언을 따를 것인지 신중하게 선택해야 한다고 말해 줬더라면 참 좋았겠다고 생각했습니다. 내가 창업가에게 해 주고 싶은 조언은 자신의 생각과 자기가 정한 앞날에 확신을 가지라는 것이죠. 세상에는 들을 만한 조언이 참 많습니다. 하지만 자기가 할 일을 하는 것과 자신을 믿는 것이 가장 중요합니다."

이 장에서는 우주에 적용되는 정치적 환경과 규제 환경을 잘 살펴보는 것이 얼마나 중요한지 알아보았다. 역사적 맥락을 모르면 이런 그림이 복잡하게 느껴지고 이해하기 어려울 것이다. 하지만 아폴로 계획 시절부터 현재까지 오게 된 과정을 각 시대의 업계 종사자의 눈으로 바라본다면 오늘날의 우주 경제를 훨씬 잘 이해할 수 있을 것이다. 아울러 앞으로 우주 경제가 어떻게 발전해 나갈지도 알게 될 것이다. 자, 계속 읽어 보도록 하자.

제6장

아폴로에서 스페이스X, 그리고 그 너머까지

미국 우주 산업의 역사와 민관 협력의 미래

책 첫머리에서 나는 미국의 우주 야망이 쇠퇴하게 된(그 결과 민관 협력이 탄생하게 된) 미스터리를 자세히 설명하겠다고 했다. 이와 더불어 우주 경제가 세계적 현상이 된 이유에 대해서도 살펴볼 것이다.

무슨 일이 일어났던 것일까? 미국이 만연한 범죄와 수많은 경제 문제를 딛고 일어나 새로운 차원의 경제적 성공을 거둔 그 수십 년 기간에, 어떻게 해서 아폴로호의 달 착륙이라는 놀라운 위업을 이룬 NASA가 한 번도 아니고 두 번이나 치명적인 재앙을 초래한, 돈은 많이 들고 성과는 저조하면서 극도로 불안전한 우주왕복선 프로그램을 운영하는 기관으로 전락했을까? 2011년 NASA가 프로그램을 접을 당시, 사람들은 우주왕복선을 정부의 비효율 및 낭비와 동의어로 생각했다.

아폴로 계획 이후 미국의 우주 역량이 감소하는 와중에도, 오늘날 우주 경제의 씨앗은 그 이후의 각 정부를 거치면서 변화하는 지정학적 환경 속에서 뿌려지고 있었다. 몇몇 선견지명이 있는 창업가, 투자자, 그리고 일부 정부 지도자의 노력이 없었다면, 미국의 우주 야망을 되살리고 우주 역량을 끌어올린 최근의 창업과 혁신의 물결은 절대 볼 수 없었을 것이다. 이런 부활을 가장 잘 보여 주는 상징인 스페이스X는 수십 년에 걸친 많은 사람의 헌신과 노력을 드러내는 빙산의 일각에 지나지 않는다. 앞으로 살펴보겠지만, 이들의 공로는 더 많이 인정받아야 마땅하다.

이 이야기를 마친 다음에는 불편하지만 끊임없이 진화하는 그리고 궁극적으로는 서로에게 도움이 될, 우주 경제 기업과 세계 여러 정부와의 관계를 살펴볼 것이다. 희망적인 변화는, 대부분의 정부가 직접적인 우주 탐사에서 벗어나 민간 기업이 자체 목표를 추구할 수 있는 평화롭고 공정한 환경을 조성하기 위해 우주를 법제화하는 방향으로 노력을 기울이고 있다는 점이다.

아폴로의 잿더미에서 부활하다

1981년 4월 12일 우주 비행사 존 영과 로버트 크리펜은 우주왕복선 컬럼비아호를 타고 궤도에 진입했다. STS-1은 최초의 우주왕복선 발사였고, 당시 다섯 살이었던 피터 마케즈는 집에서 이 모습을 TV로 지켜보고 있었다.

마케즈는 이렇게 말한다. "최초의 우주왕복선 발사 장면은 내 뇌리에 지울 수 없는 흔적을 남겼습니다. 그때부터였던 것 같아요. 우주와 관련된 것이라면 무엇이든 좋아했지요." 자연스럽게 마케즈는 십 대에 우주 캠프에 참가했다. 그 뒤 조지워싱턴대학교 우주정책연구소(Space Policy Institute)에서 석사 학위를 받았다.

대학원 졸업 후 그가 처음으로 잡은 직장은 펜타곤이었다. 공군과 국방부에서 7년 동안 비밀 우주 프로그램 관련 일을 하다가 국가안전보장회의의 우주 정책 담당 국장으로 3년간 근무하며 부시 행정부와 오바마 행정부에 우주 정책에 관한 조언을 했다. 이후에는 민간 우주 경제 분야에 종사했는데, 여기에 관해서는 다음 장에서 살펴볼 예정이다.

공직에 있는 동안 마케즈는, 우주 정책에 관해서는 미국뿐만 아니라 전 세계에서 인정받는 인물이었다. 그래서 민간 부문에 진출한 후에도 계속해서 정부 정책에 관한 조언을 요청받았다. 그는 2015년에는 '우주 자원 탐사 및 활용에 관한 법'의 제정, 2020년에는 '국가 우주 정책'의 수립 등에 관여했다. 아폴로 계획이 계속 이어지지 못한 이유에 대해 마케즈는 다음과 같이 말한다.

"암호를 풀기만 하면 미국 우주 프로그램을 쉽게 이해할 수 있죠. 정치적 의지와 현실 정치를 포함해서 생각해야 우주에 관한 모든 결정을 거시적 차원에서 이해할 수 있다는 얘기입니다. 머큐리 계획,

제미니 계획, 아폴로 계획이 이루어지던 1961년에서 1973년까지는 현실 정치였죠. 냉전 시대였습니다. 우주를, 어떤 체제가 더 나은 체제인지 보여 주는 정치권력의 도구로 사용한 거죠. 그게 실상이었습니다."

"우리가 달에 착륙하고 소련이 사실상 우주 경쟁에서의 패배를 인정하자 더는 그 전략에 우주를 사용할 수 없게 되었어요. NASA는 다음에 뭘 해야 할지 고민에 빠졌습니다. 구체적인 목표를 찾지 못했죠." 불가능한 꿈은 이루었는데, 그것을 뛰어넘으려면 무엇을 해야 할까?

상황은 갈수록 어두워져 갔다. 수차에 걸친 실패와 사고 때문에 1960년대와 1970년대에 계획된 여러 아폴로 임무가 취소되었다. 그러다 NASA는 모든 프로그램을 중단해 버렸다. 이로 인해 항공우주산업과 방위산업 전반이 침체에 빠졌다.

"과학과 국가 안보 분야에서는 여전히 우주 프로그램을 필요로 했습니다. 그래서 NASA와 공군이 타협한 결과 돈이 매우 많이 드는 우주왕복선 프로그램이 탄생했습니다. 우주왕복선 프로그램이 공군의 요구 사항을 충족시키지 못하자 결국 공군은 프로젝트에서 완전히 손을 뗐죠. 그러자 NASA가 엄청난 비용이 드는(동시에 정당성 입증이 필요한) 이 프로젝트를 떠안게 되었습니다."

우주왕복선의 여러 한계에도 불구하고 닉슨 정부는 미국의 미래 발사 역량을 전적으로 우주왕복선에 의존하기로 했다. 이로 인해 수행할 수 있는 임무의 종류가 줄어들었을 뿐만 아니라(일례로, 달에 다시 가는 계획은 배제되었다.) 소모성 우주 발사체(ELV) 제작 업체의 진로도 막혀 버렸다.

1984년 희망의 빛이 희미하게 비치기 시작했다. 그해 1월 로널드 레이건 대통령은 연두교서에서 우주를 미국의 '다음 개척지'로 규정하는 대담한 선언을 했다.

우주 시대는 시작된 지 이제 겨우 4반세기밖에 지나지 않았지만, 우리는 과학과 기술을 발전시켜 문명을 한 차원 높게 끌어올렸습니다. 우리가 지식의 한계선을 넘어 미지의 세계로 깊이 들어갈수록 기회와 일자리는 크게 늘어날 것입니다. 우주에서 우리가 이룬 발전, 즉 인류를 위해 내디딘 위대한 발걸음은 미국의 팀워크와 우수성 덕분에 가능했습니다. 정부와 기업과 학계의 최고 인재들이 힘을 합쳐 이룬 쾌거입니다. 우리는 자랑스럽게 말할 수 있습니다. '우리가 최초다, 우리가 최고다, 이유는 우리가 자유롭기 때문이다.'라고 말입니다.

마지막의 자유에 대한 언급은 소련에 가한, 뻔히 보이는 일침이었다. 소련은 우주 경쟁에서 지기는 했지만, 여전히 군사적으로나 지정학적으로 미국에 큰 위협이었다.

레이건은 연설에서 "과학, 통신, 금속, 그리고 우주에서만 제조할 수 있는 의약품 연구의 비약적 발전을 위해" 국제우주정거장(ISS)을 건설하기로 했다고 발표했다. 영화배우였던 그의 어조는 사뭇 낭만적이었다.

바다가 범선과 양키 상인에게 새로운 세상을 열어 주었듯이 오늘날 우주에는 엄청난 상업적 잠재력이 있습니다. 우주 수송 시장은 우리가 따라잡지 못할 정도로 커질 수 있습니다. 탑재물을 우주에 보내려는 기업은 민간 부문의 발사 서비스를 쉽게 이용할 수 있어야 합니다. 교통부는 소모성 우주 발사 서비스 산업이 출범할 수 있도록 지원할 것입니다. 우리는 곧 몇 가지 행정 계획을 시행할 것이고, 규제를 완화할 방안을 강구할 것이며, NASA의 도움을 받아 민간 부문의 우주 투자를 활성화시킬 것입니다.

돌이켜 생각해 보면, 20년 뒤에 이런 연설을 했더라면 선견지명이 있었다는 소리를 들었을 것이다. 하지만 곧 설명할 여러 이유로 인해 이 중에서 실현된 것은 거의 없었다. 그렇기는 해도 1984년의 이 연두교서에서 오늘날의 민간 우주 산업이 탄생했다고 해도 무방할 것이다. 레이건은, 비록 발아하는 데 예상보다 훨씬 오랜 시간이 걸리기는 했지만, 중요한 씨앗을 뿌렸다. 마이크 그리핀은 "이런 일은 성숙하는 데 시간이 오래 걸립니다."라고 말한다. 그리핀은 레이건이 연설할 당시 존스홉킨스대학교 응용물리연구소에 재직 중이었으며, 그 뒤 NASA 국장 등 여러 주요 직책을 맡았다. "이 일이 이루어지기까지 숱한 우여곡절이 있었지만, 시작은 그 연두교서였어요."

그해 레이건은 '1984년 상업용 우주 발사에 관한 법'을 공포했다.

우리 정부의 주요 목표 중 하나는 민간 부문의 상업적 우주 활동을 장려하는 것이고, 앞으로도 그럴 것입니다. (…) 이 법의 제정은 탑재물을 발사하려는 민간 기업이 우주에 쉽게 접근할 수 있게 하기 위한 우리의 노력이 이룬 결실입니다. (…) 우리는 튼튼한 소모성 우주 발사체(ELV) 산업이, 정부의 우주 수송 시스템을 보완하는 존재로서, 미국의 지속적인 우주 우위에 기여할 더 강력하고 더 효율적인 발사 역량을 갖출 수 있기를 기대합니다.

이 법은 "발사 사업자가 기존의 여러 연방 규정에 맞게 빠르고 효율적으로 면허를 신청할 수 있는 포괄적 제도를 도입했다. 민간 발사 사업자에게 있어 이 제도는 현 정부가 우주 탐사의 새로운 영역을 개척하려는 민간의 노력을 지지한다는 신호로 작용했다." 이 법에 따라 교통부 산하에 상업용우주수송국(OCST)이 신설되었다.

레이건 정부는 발사를 우주왕복선에만 의존하기로 한 닉슨의 결정을 뒤집었다. 조지 W. 부시 대통령 시절에 NASA 부국장을 지낸 스콧 페이스는 이렇게 말한다. "이 조치만으로도 고사 직전이던 소모성 우주 발사체 산업이 살아났습니다. 델타 로켓과 아틀라스 로켓이 목숨을 건졌죠."

레이건 대통령이 미국의 발사 역량을 우주왕복선 이상으로 키우기 위해 많은 노력을 기울였지만, NASA는 발사 비용이 아무리 떨어져도 일정 수준 이상으로 발사 수요가 늘어나지 않으리라고 굳게 믿었다. ISS에 관해서는, 스페이스캐피털의 톰 잉거솔을 비롯한 업계의 많은 관계자들은 기술의 '비약적 발전'을 이루는 것이 진짜 목적이 아니라고 생각한다.

잉거솔은 이렇게 말한다. "ISS의 목적은 우주왕복선 프로그램을 정당화하고, 우주왕복선에 할 일을 주는 것이었습니다." 이 무렵 우주왕복선 프로그램은 3년째 운영 중이었는데, 이를 지지하던 사람들조차 엄청난 비용이 드는 이 프로그램의 정당성을 입증하지 못해 애를 먹었다.

하지만 모든 결함에도 불구하고 우주왕복선은 어떤 식으로든 우주에 일상적으로 접근할 수 있는 가능성을 의미했다. 페이스는 이렇게 말한다. "일상적인 우주 접근이 가능해지면 거기서 다른 활동이 파생될 수 있습니다. NASA의 일부 앞서가는 사람들은 정지궤도 위성 서비스나 정지궤도 플랫폼 서비스 같은 것을 달로 가는 뒷 도어로 생각했습니다. 일단 상업적 이유로 사람을 정지궤도까지 보낼 수 있으면, 거기서 달까지 가는 데 필요한 추가 델타-v[59]는 비교적 미미한 수준이라는 것이죠." 안타깝게도 우주왕복선으로 궤도에 가는 임무는 어렵기도 했고 비용도 많이 들었다. 절대 일상적인 일이 아니었다.

레이건 대통령은 일반인들 사이에서 약간의 조롱기를 담아 '스타워즈'라고 불린 전략방위구상(SDI)도 발표했다. SDI의 목적은 핵 충돌이 발생할 경우 소련이 보유한 엄청난 양의 대륙간 탄도 미사일(ICBM)의 착탄을 막기 위해 미국과 그 동맹국 주위에 방어막을 구축하는 것이었다. 이를 위해서는 입자 빔 무기, 레이저 위성, 운동 에

---

59   Delta-v. 우주선이 발사 또는 착륙 같은 기동을 수행하거나 위성의 궤도를 바꾸는 데 필요한 속도 증분을 말한다.

너지 무기, 우주 비행기 등 우주 기술의 최첨단에 있는 여러 거대한 시스템을 구축해야 했다. 야심 찬 목표에서부터 블록버스터 영화 제목에서 따온 스타워즈라는 별명까지, SDI는 미국 대중에게 공상 과학 소설처럼 들렸다. 그리고 그것은 사실이었다. 미국 정부는 스타워즈에 수십억 달러를 쏟아부었다. 미사일 방어막을 구축하기 위해서가 아니라 미국 정부가 그렇게 하리라는 믿음을 심어 주기 위해서였다. 이 엄청난 일을 가까이에서 지켜본 잉거솔은, 스타워즈의 진짜 목적은 소련을 압박하기 위해서였다고 말한다. 이렇게 하려면 미국의 위협이 믿을 만해 보여야 했다. 그래야 겁을 먹은 동유럽권 국가들이 핵무기나 미르 우주정거장을 비롯해 돈이 많이 드는 대형 프로젝트에 더 많은 국방비를 투입할 터였다. 뜻대로만 된다면 동유럽 국가들의 절박한 재정난이 더 악화되어 궁극적으로는 붕괴에 이를 수도 있었다.

의도한 대로, 실제로 소련은 미국이 핵무기를 방어할 수 있으리라는 환상 때문에 국민이 굶주리는 상황에서도 우주 프로그램에 과도한 지출을 했다. 돌이켜 보면 스타워즈도 철의 장막 붕괴에 크게 기여했다고 말할 수 있을 것이다.

스타워즈 덕분에 미국이 지정학적 우위를 확립했을지는 모르지만, 경쟁자가 사라지면서 미국의 우주 프로그램은 큰 위기를 맞았다. 정부는 우주에 대한 지출에 관해 납세자를 설득하는 데 어려움을 겪었는데, 소련과의 경쟁이 그 지출을 정당화하는 것에 중요한 역할을 해 왔었다. 그런데 이제는 무엇을 근거로 NASA의 필요성을 주장할 것인가? 소련이 붕괴되자마자 스타워즈는 사실상 사라졌다. 하지만 역설적으로 스타워즈 전략이 너무나 잘 들어맞으면서 새로운 문제가 발생했다. 러시아에 로켓 공학, 위성, 핵무기 설계 등 극도로 위험한 분야의 전문 지식을 가진 기술자가 넘쳐난 것이다.

피터 마케즈는 이렇게 말한다. "확산 문제가 발생했죠. 현실 정치가 다시 고개를 들었습니다. 우리는 러시아 과학자가 전 세계로 나가는 것을 원치 않았습니다. 그래서 일자리 프로그램을 만들었죠. 대공황 시기에 테네시강 유역 개발 공사를 만든 것처럼 국제우주정거장을 건설했습니다. 러시아인들을 끌어들여 바쁘게 만들고, 그 과정에 우주왕복선의 존재 이유도 만들어야 했어요." 이것으로 미국이 갑자기 미르 우주정거장에 참여하고 소유스 발사체에 의존한 것이 설명된다.

잉거솔은 이렇게 말한다. "러시아가 붕괴되었을 때 우리는 러시아 기술자들을 계속 묶어 두기 위해 자금을 지원했습니다." 잉거솔이 '화이트칼라 복지'라고 명명한 이 일 때문에 우주의 상업화는 추진력을 잃었다. 이제 단순히 기술 발전뿐만 아니라 우주의 모든 것을 정부 주도의 노력에 의존하려는 강한 동기가 생겨났다.

방위산업체의 시대

스콧 페이스는 이렇게 말한다. "우주왕복선이 책정한 가격 때문에 민간 발사업체는 돈을 벌 수 없었습니다. 우주왕복선과 경쟁이 되지 않았기 때문입니다. 챌린저호 사고로 인한 정책 변경에 따라 우주왕복선이 시장에서 퇴출되자 어느 정도 숨통이 트였지요. 소모성 우주 발사체를 제작하던 기업들에 다시 길이 열린 것입니다."

1991년 SDI 담당 부서는 맥도널더글러스에 재사용이 가능한 1단형 우주 발사체의 제작을 의뢰했다. 아폴로 우주 비행사였던 피트 콘래드와 맥도널더글러스에서 일하던 톰 잉거솔은 나중에 DC-X로 불리게 되는 발사체를 개발하는 데 핵심 역할을 했다. 몇 년 뒤 아틀라스 로켓을 개발한 록히드마틴의 제너럴다이내믹스팀은 DC-X의 경쟁 로켓인 X-33 벤처스타(VentureStar) 개발에 돌입했다.

제너럴다이내믹스의 재사용 발사체 개발 사업인 아틀라스 프로그램은 정부 대상에서 상업용으로 전환되면서 문제에 봉착했다. 하지만 해군 제독이자 아폴로 우주 비행사였던 T. K. 매팅리가 합류하면서 문제를 해결할 수 있었다. 매팅리는 아틀라스를 가장 신뢰도가 높은 우주 발사체로 만들었다.(물론 상대적인 말이기는 하지만 어쨌든 대단한 업적이었다.) 마틴매리에타(Martin Marietta)가 제너럴다이내믹스를 인수하고, 후에 록히드가 마틴매리에타를 인수한 뒤 탄생한 록히드마틴은 매팅리에게 벤처스타의 개발을 맡겼다. 맥도널더글러스의 피트 콘래드와 톰 잉거솔이 개발하던 DC-X는 진도가 더 많이 나간 상태였다. 이들은 작동되는 시제품까지 만들었다. 하지만 문제가 발생했다. 맥도널더글러스가 보잉과의 합병을 앞두고 있었던 것이다. 그동안 DC-X 프로그램에 책정된 예산은 고작 1000만 달러밖에 되지 않았다.

당시 록히드마틴은 NASA와 공군에 타이탄 로켓을 대당 10억 달러나 받고 팔고 있었다. 이 10억 달러짜리 발사체는 10억 달러어치 탑재물을 실은 채 주기적으로 발사에 실패했다. 지금 생각하면 말도 안 되는 소리 같지만, 잉거솔에 따르면 그때에는 통상적인 일이었다고 한다. 공군과 NASA는 자체 계약 규정에 의해 손발이 묶인 상태였다. 기본적으로 정부는 방위산업체에 성공의 대가가 아니라 노력의 대가를 주고 있었다. 따라서 방위산업체가 기술을 더 발전시킬 진정한 동기가 없었다.

우리는 벤처스타의 슬픈 운명에서 관료주의의 수렁이 낳은 결과를 엿볼 수 있다. 잉거솔과 콘래드가 DC-X를 선택하라고 NASA를 설득하고 있을 때 록히드마틴 CEO 노먼 오거스틴은 매일 T. K. 매팅리에게 전화를 걸어 맥도널더글러스를 이기기 위해 회사가 할 수 있는 일이 무엇인지 물었다. 나중에 매팅리가 잉거솔에게 얘기했듯이, 오거스틴은 벤처스타에 10억 달러를 쏟아붓겠다고 약속했다. NASA 입장에서는 고작 1000만 달러를 투자하기로 한 맥도널더글러스의 DC-X가 아니라 막대한 금액을 쏟아붓겠다고 한 록히드마틴의 벤처스타를 선택하는 것이 당연했다.

하지만 NASA가 록히드마틴과 1단형 우주 발사체 계약을 체결하자 10억 달러를 투자하겠다던 약속은 실현되지 않았다. 게다가 벤처스타에 대한 자신의 열정을 보여 주기 위해 매일 매팅리에게 걸려왔던 노먼 오거스틴의 전화도 더는 없었다.

잉거솔은 이렇게 말한다. "그런 것이 당시 업계의 상황이었죠. 거대 항공우주 기업들은 어떤 종류의 상업화도 바라지 않았습니다. 오히려 필사적으로 저항하고 있었죠. 넌더리 나는 일이지만, 오거스틴이 벤처스타에 10억 달러를 쏟아붓겠다고 한 것은 타이탄 IV 로켓의 수익원을 위협하기 전에 벤처스타를 죽이기 위해 한 말이 확실합니다."

록히드마틴에 졌을 때 맥도널더글러스 발사체의 완성도가 더 높기는 했지만, 그쪽 상황도 기본적으로 크게 다를 것이 없었다. 콘래드와 잉거솔이 저비용 상업 발사체 개발을 추진하자 맥도널더글러스의 항공우주 부문 책임자 빌 올슨은 자신이 생각하는 우선순위를 분명히 밝혔다. "우리가 만드는 값비싼 발사체를 다 팔 수 있는데 굳이 저비용 로켓을 개발할 필요가 있을까요?" 잉거솔이 보기에 이것이 정부 돈줄이 작동하는 방식이었다. 기업이 비싼 물건을 팔아먹고, 자기 비즈니스 모델을 위협하는 것은 다 죽이는 것이다.

올슨이 자신의 패를 내보이자 콘래드와 잉거솔은 맥도널더글러스를 그만두고 우주 벤처를 설립했다. DC-X 프로그램은 그것으로 끝이 났다.

초기 상업적 우주 활동들은 왜 실패했을까?

1990년대 중반 NASA는 위성 지상국 망을 새로 구축하기 위해 10억 달러 규모의 제안 요청서를 내기로 했다. 하지만 NASA 우주 비행 담당 부국장 조 로텐버그는 돈을 내고 서비스를 이용하면 되는데 막대한 자금을 투입해 자산을 구축할 필요는 없다고 생각했다.

1998년 로텐버그는 민간 기업이 구축한 지상국에 10억 달러를 투자하는 상업용우주운용서비스계약(CSOC)을 밀어붙여 성사시켰다. 그 덕분에 새로운 기업이 진입할 수 있는 시장이 탄생해 비용을 크게 절감할 수 있을 것으로 보였다. CSOC는 NASA가 민간 기업에 우주 운용을 의존하기 시작한 계기가 되었다. 톰 잉거솔은 새로 탄생한 이 시장에서, 우주선 추적·원격 측정·통제 서비스를 제공하는 유니버설 스페이스 네트워크(USN)라는 기업을 운영하게 되었다. USN은 잉거솔이 맥도널더글러스를 그만두고 피트 콘래드, T. K. 매팅리, 브루스 매코와 공동으로 창업한 유니버설 스페이스 라인스의 자회사로 출범했다. (USN의 설립 이면에는 매코의 지원이 있었다. 매코셀룰러McCaw Cellular의 공동창업자 매코는 자신의 리더십, 사업 경험, 인맥 등을 활용해 투자자, 공동창업자, 이사 등으로 활동하며 초기의 우주 기업에 막대한 영향을 끼쳤다.)

잉거솔을 이렇게 말한다. "USN의 경제성은 대단히 매력적이었습니다. 하나 운용하는 데 1000만 달러가 드는 지상국이 여러 개 필요했는데, 지상국마다 운용 인력도 있어야 했지요. 만약 지상국 운용의 일부를 자동화하고, 여러 위성이 지상국을 시분할 방식으로 이용하는 방법을 찾을 수 있다면, 전형적인 '한 번 사서 천 번 파는' 비즈니스 모델을 갖게 되는 것입니다. USN은 엄청난 경제적 성공을 거두지는 못했지만 수익성은 있었습니다. 우리는 2011년에 이익을 남기고 USN을 매각했습니다. 그보다 더 중요한 것은 상업용 우주 서비스도 정말로 아웃소싱할 수 있다는 것을 업계에 보여 줬다는 점입니다."

사업이 성공했음에도 USN은 한동안 예외적인 존재로 취급받았다. NASA는 여전히 우주의 상업적 잠재력에 매우 회의적이었다. 당시 NASA의 태도는 1943년에 컴퓨터의 잠재 시장은 '아마 다섯 개' 정도밖에 되지 않을 것이라고 한 IBM 사장 토머스 왓슨의 주장을 떠올리게 한다. 하지만 공정하게 말하자면 NASA가 이렇게 조심성 있는 태도를 보이는 데도 이유가 있었다. 1990년대 중반 텔레데식 (Teledesic)은 지구 저궤도(LEO)에 군집위성을 쏘아 올려 광대역 인터넷 서비스를 하겠다는 거창한 계획을 발표했다. 마이크로소프트의 공동창업자 빌 게이츠의 지원을 받은 텔레데식의 실패는 우주의 상업화라는 아이디어에 큰 타격을 입혔다.

초기의 상업적 우주 활동 시도 대부분이 실패한 이유는 무엇일까? 한 가지 요인은 지적 다양성과 상업적 백그라운드가 부족했기 때문이다. 예를 들자면, DC-X 프로그램이 중단되자 수석 엔지니어 짐 프렌치는 새로운 발사체를 개발하기 위해 키슬러 에어로스페이스(Kistler Aerospace)로 자리를 옮겼다. 키슬러 에어로스페이스는 프렌치뿐만 아니라 아폴로 계획에 참여한 여러 재능 있는 인재를 영입했지만, 정작 이곳을 운영하는 사람들은 민간 기업이 필요로 하는 일을 거의 알지 못하는 전직 정부 관료들이었다. 잉거솔에 따르면,

키슬러 에어로스페이스는 정해진 예산 범위 내에서 대규모 엔지니어링 프로젝트를 끝낼 만한 전문성과 사업 집중력이 없었다고 한다. 또 다른 초기 민간 우주 기업 빌 에어로스페이스는 사업 감각은 있었지만, 엔지니어링팀의 오판으로 기술적으로 실행 가능성이 없었던 과산화수소 로켓 엔진을 추구하며 기술적 문제에 직면했다.

우주 기업이 성공하려면 리더가 상업적 문제와 기술적 문제를 모두 이해해야 한다. 이런 조건에 맞는 창업가가 나왔는데, 아이러니하게도 그는 완전히 다른 분야인 인터넷 산업 출신이었다.

마이크 그리핀은 한동안 컨설팅 업무를 했다. 당시 그의 고객 중한 명이 페이팔을 막 매각한 일론 머스크였다. 머스크가 그리핀을 찾아온 이유는 화성에 탑재물을 보내고 싶어서였다. 그리핀은 이렇게 말한다. "머스크는 꽃을 심은 유리병을 화성으로 보낸 뒤 사진을 찍어 화성에서도 무언가가 자란다는 것을 보여 주고 싶어 했죠." 당시 붉은 행성에 갈 수 있는 가장 현실적인 방법은 러시아의 대륙간탄도 미사일 SS-18 '사탄(Satan)'이었다. 그리핀은 머스크를 따라 모스크바까지 갔다. 러시아 측은 페이팔 매각 대금 결제일을 눈치챈 뒤터무니없는 금액을 요구했다. "그들은 머스크를 봉으로 취급했죠. 그러자 머스크가 자기한테 더 좋은 생각이 있다고 말했어요. 돌아오는 비행기 안에서 머스크는 스페이스X를 세우기로 결심했습니다."

머스크가 스페이스X를 설립할 결심을 하기 전에 유니버설 스페이스 라인스의 또 다른 자회사 로켓 디벨로프먼트사(Rocket Development Corporation, RDC)는 이미 차세대 발사체 개발에 상당한 진전을 보이고 있었다. 하지만 시리즈 B 라운드를 통해 자본금을 모집하기도 전에 닷컴 버블이 터져 버렸다. 당시 로켓 회사를 설립할 생각을 가진 야망 있는 창업가라면 실패한 회사가 내력적인 목표물이 될 수 있었다.

잉거솔은 이렇게 말한다. "두 그룹이 RDC를 진지하게 지켜보고 있었습니다. 하나는 일론 머스크 측이었고, 다른 하나는 제프 베이조스 측이었습니다." 제2차 세계대전이 끝나고 미국과 소련이 독일의 로켓 과학자들을 데려간 것처럼, 돈 많고 야심만만한 두 기업가도 RDC의 과학자와 기술자를 나눠 가졌다. 두 그룹 모두 엄청난 자원이 있었고, 두 그룹 모두 상업 발사 서비스를 제공할 계획이었다. 하지만 결정적인 차이점이 있었다.

"머스크는 발사가 얼마나 어려운지 이해할 수 있는 기술 지식이 있었기에 한 번에 한 걸음씩 전진해야 한다는 사실을 알았죠." 베이조스도 돈과 사업 감각이 있었다. 하지만 세계에서 가장 크면서도 가장 빨리 성장하는 기업을 운영하느라 바빴기에 빌 에어로스페이스와 키슬러 에어로스페이스에서 영입한 인재들에게 의존할 수밖에 없었다. "베이조스는 초기에 과산화수소 엔진을 개발하느라 시간과 돈을 낭비했습니다. 화학적으로 맞지 않는 방법이었죠."

잉거솔은 머스크가 전기 자동차 시대를 앞당겼듯이, 머스크와 베이조스 둘 다 우주 경제를 촉진할 사람으로 보고 있다. "수많은 사람이 엉터리 전기차를 만들고 있었는데 한 사람이 나타나 제대로 된 전기차를 만들었어요. 발사 서비스에서도 똑같은 일이 일어났습니다. 머스크의 성공 덕분에 드디어 실력을 갖춘 팀들이 나서서 사람들이 할 수 없다고 말하던 일들을 할 수 있게 되었죠. 우리는 앞으로 나가기 시작했습니다."

이와 동시에 NASA의 리더들도 상업화를 전향적으로 받아들였을 뿐만 아니라 야망에 찬 시각으로 우주를 보기 시작했다. 이런 태도 변화에는 우주왕복선 컬럼비아호의 사고가 일정한 역할을 했다.

스콧 페이스는 이렇게 말한다. "국제우주정거장(ISS)을 조립하는 도중에 컬럼비아호 사고가 발생하자 사람들은 '왜 인간이 목숨을 걸고 궤도를 오르내리고 지구 주위를 돌아야 하지? 목숨을 걸고 하려면 걸린 판돈이 더 커야지. 이 일이 그럴 만한 가치가 있을까?'라는 의문을 품게 되었습니다. 이런 의문이 우주 탐사에 대한 새로운 비전으로 이어졌죠."

"사고 발생 후 우주 비행을 재개하겠다고 부시 대통령에게 보고하는 자리에서 마이크 그리핀은 NASA가 모든 일을 완벽하게 한다고 해도 또다시 일이 잘못될 수 있다는 점을 설명했습니다. ISS 조립을 마치기 전에 사고가 또 일어날 확률은 제로가 아니었죠. 그러자 방안에 있던 사람들이 잿빛 얼굴을 하고는 '지금 농담하는 거요?'라고 하더군요."

"우리는 파트너 국가에 ISS 조립 중단 여부에 대한 의견을 물었습니다. ISS는 안정적 단계에 접어들었기 때문에 모듈을 추가하지 않고 중단해도 괜찮았죠. 하지만 앙겔라 메르켈 총리의 입장은 기본적으로 '계속해야 합니다. 여기서 포기하면 앞으로 다른 협력 활동은 할 수 없습니다.'라는 것이었죠. 메르켈 총리의 그 말은 균형을 이룬 저울을 기울이는 지푸라기 역할을 했습니다. 그래서 부시 대통령이 이렇게 말했죠. '이 사람들(우주 비행사들)은 전문가입니다. 이미 위험성을 알고 있죠. 우리는 미국의 명예를 위해 ISS를 완성할 것입니다.' 누구도 내릴 수 없는 결정을 부시 대통령이 내린 겁니다."이 결정은 거의 끝나 가던 우주왕복선 프로그램으로 엄청난 양의 작업을 수행해야 하는 문제를 남겼다.

마이크 그리핀은 이렇게 말한다. "내가 NASA에 들어갈 때 우주왕복선은 2010년에 퇴역할 예정이었습니다. 대통령은 ISS 완성에 대해 의회의 지지를 받아냈고, 14개 파트너 국가도 여기에 동의했습니다. 이 말은 우주왕복선을 다시 띄워야 한다는 뜻이었죠. 그래서 나는 팀을 구성해 우주왕복선 프로그램이 종료되기 전에 ISS 구축을 끝낼 계획을 수립했습니다. 이렇게 하려면 다른 목적을 위한 비행은 모두 죽이고 오로지 ISS 조립 목적으로만 우주왕복선을 띄워야 했죠. ISS를 완성하고 나면 나중에 다른 목적을 위해서도 활용할 수 있으리라고 생각했습니다."

"컬럼비아호 사고조사위원회는 우리에게 사람과 화물을 분리하라는 결정을 내렸습니다. 무조건 따라야 하는 결정이었습니다. 앞으로 사람이 탑승하는 우주선은 승용차처럼 트렁크는 있어도 되지만 우주왕복선같이 세미 트럭으로 사용하면 안 된다는 것이었죠. 그래서 우리는 무인 발사체로 ISS에 화물을 운반할 방법을 찾아야 했습니다."

"당시 보잉과 록히드마틴은 회당 3억 달러에 발사를 하겠다고 제안했습니다. 미국은 매년 일정량의 화물을 우주정거장에 보내기로 약속한 상태였고, 러시아도 마찬가지였습니다. 우리는 보잉과 록히드마틴의 가격을 감당할 수 없어서 화물을 수송할 새로운 업체를 찾아야 했습니다."

새로운 발사 서비스 업체가 있으면 NASA가 절실히 필요로 하던 회복 탄력성도 생길 터였다. 스콧 페이스는 이렇게 말한다. "컬럼비아호 사고는 사람들 머릿속에 이종 다중화[60]의 가치를 심어 주었죠. 사고 이후 러시아가 우리를 살려 줬습니다. 러시아가 없었다면 ISS를 지원할 수 없었을 겁니다. 우리는 그 교훈을 뼛속 깊이 새겼죠."

그리핀은 이렇게 말한다. "발사체 업계가 정부의 엄격한 감독 없이 화물 수송선을 만들어도 된다고 생각했습니다. 나는 자유 시장 자본주의자라 경쟁을 믿습니다. 자본주의도 당연히 통제를 받아야죠. 그래야 사람들이 나쁜 짓을 하지 않을 테니까요. 그렇지만 자유 시장은 소비자와 공급자의 균형이 맞을 때 잘 돌아갑니다. 돈을 낼 고객이 없으면 시장은 작동하지 않습니다."

"예컨대 9G 전투기를 원하는 민간 고객은 없습니다. 정부가 이런 전투기를 원한다면 기업이 계약에 따라 공급하겠죠. 여기서 시장 원리는 적용되지 않습니다. F-35 구매 계약을 체결하는 순간 정부는 록히드마틴의 인질이 됩니다. 따라서 이런 제품은 정부 전문가의 엄

---

60 Dissimilar redundancy. 다중화(혹은 중복성)는 중요한 기능을 수행하는 부품이나 물체를 여러 개 만들어 기능 수행의 신뢰성을 높이는 방법이다. 이종 다중화는 같은 종류의 부품이나 물체가 아니라 같은 기능을 수행하는 다른 종류의 부품이나 물체를 중복으로 배치해 기능 수행의 신뢰성을 높이는 방법을 말한다.

격한 감독을 받아야 합니다. 하지만 F-35에서 보았듯이 이런 일이 제대로 이뤄지지 않을 때가 종종 있죠. 이것과 완전히 반대편에 있는 것이 아이폰입니다. 나는 정부가 개발하는 아이폰을 원하지 않습니다. 정부는 민간으로부터 아이폰을 구매하면 됩니다."

"그리고 그 중간에 해당하는 것이 있습니다. 2005년경에 나는 발사체가 그 중간 어딘가에 속한다고 생각했죠. 당시에는 통신위성과 영상 위성을 쏘아 올릴 필요성 때문에 상당한 발사 수요가 있었습니다. 하지만 상업용 위성은 정부가 지원하는 방위산업체가 아니면 쏘아 올릴 수 없었습니다. 상업용 위성통신 시장은 있는데, 방위산업체의 도움 없이는 그 시장을 중심으로 한 비즈니스를 개발할 수 없었다는 뜻입니다. 상업용 위성은 독자적으로 작동할 수 없었습니다. 상업용 위성은 미국 국가 안보 활동의 가장 끝부분, 즉 민간 영역에 가까운 부분을 활용하는 것이지요."

"정부 정책을 잘 만들면 방위산업 기반을 활용해 상업 활동을 발전시킬 수 있습니다. 대륙횡단철도나 주간(州間) 고속도로, 연방 항공관제 시스템이 없다면 미국 경제가 어떤 모습을 하고 있을지 생각해 보세요. 주마다, 아니 그보다 항공사마다 별도의 항공관제 시스템을 운용하는 모습을 상상할 수 있습니까? 나는 비행기 조종사인데, 거의 매주 항공관제 시스템의 관제하에 비행합니다. 내 입장에서는 그런 모습을 상상할 수 없습니다. 하지만 그렇다고 해서 목적이 수단을 정당화할 수는 없죠. 대륙횡단철도가 건설될 때 희대의 부패 사건이 발생해 몇십 년 동안 소송이 이어졌고, 또 많은 사람이 결코 허용되어서는 안 되는 고통을 겪었습니다."

"시간이 지나고 기술이 발전함에 따라 정부 지원이 필요한 영역과 민간 기업이 할 수 있는 영역의 경계가 바뀌고 있습니다. 컴퓨터가 처음 시작되었을 때 그건 정부 영역이었죠. 하지만 지금은 정부가 컴퓨터 근처에도 안 왔으면 좋겠습니다. 발사체가 처음 시작되었을 때 그건 정부의 영역이었죠. 2005년에도 정부는 그 산업에 참여할 필요가 있었습니다. 하지만 그때는 민간 기업이 개발할 수 있는 부분이 있었고, 심지어 완전한 비즈니스 체계를 갖출 수 있는 부분도 있었습니다."

"우리는 일단 COTS(NASA의 상업용 궤도 수송 서비스 프로그램)를 만들었어요. 그런 다음 관리예산실을 설득해 5억 달러를 확보한 뒤 업체 두 개를 선정해 업체당 2억 5000만 달러를 투자하기로 했습니다. 대략 계산해 보니 2억 5000만 달러면 민간 기업이 우주정거장에 화물을 보낼 발사체 개발에 필요한 자금의 3분의 1 정도는 될 것 같았죠. 정부가 3분의 1을 부담하면 업체가 민간 자본을 끌어들여 정부의 간섭을 받지 않고 상용 발사체를 개발할 수 있을 거라고 생각했어요. 아이디어는 내 것이었지만, 정책적인 면을 관리하고 예산을 조율한 것은 스콧 페이스였습니다. 나는 그저 아이디어를 내고 대외적으로 그 아이디어를 옹호했을 뿐입니다. NASA 국장으로서 나의 주 임무는 우주왕복선 운행을 재개하고, 달로 다시 갈 기틀을 마련하는 것이었습니다."

"우리는 경쟁을 붙였어요. 업체에 발사체 설계도가 포함된 사업

계획서를 제출하라고 했습니다. 하지만 고도의 기술력이 필요한 부분을 제외하고는 설계도를 고칠 생각은 없었죠. 우리의 기본적인 생각은 설계에 간섭하지 말고 기업에 맡기자는 것이었습니다. 정부가 군용 차량을 구매할 때를 보면 GM, 포드, 크라이슬러에 경쟁을 붙여 그중 가장 좋은 조건을 제시한 기업을 선정하지요. 그게 내가 하려던 것이었습니다. 제출한 제안서를 기준으로 두 개의 업체를 선정했습니다. 바로 스페이스X와 키슬러 에어로스페이스였습니다."

이 결정에 참여한 스콧 페이스는 이렇게 말한다. "스페이스X와 키슬러 에어로스페이스가 제출한 제안서가 제일 나았습니다. 두 업체의 제안은 기술적 신뢰도도 있으면서 가격 대비 제공 가치가 가장 높았죠. 오비털 사이언시스사(Orbital Sciences Corporation, 현재 노스롭그루먼의 자회사)가 근소한 차이로 3위를 했습니다. 두 회사와 차이가 좀 있었죠. 하지만 나중에 키슬러가 제안한 일정대로 프로젝트를 진행하지 못해 오비털에 프로젝트를 대신 맡겼죠."

그리핀은 이렇게 말한다. "결국 스페이스X와 오비털 사이언시스사는 카고 드래건(Cargo Dragon)과 시그너스(Cygnus)를 개발하며 프로젝트를 끝마쳤습니다. 두 우주선은 아직도 쓰이고 있습니다."

"나는 NASA 국장이기에 정책을 만들 수는 없었습니다. 내 일은 정책을 집행하는 것이었죠. 앞으로 우주왕복선도 없어지고 유인 우주선으로 화물을 실어 나를 수도 없는데 록히드마틴과 보잉이 부르는 가격을 감당할 수 없으면 어떻게 해야 할까 하는 생각을 했습니다. 그래서 그런 아이디어를 냈고, 성공했던 것이죠."

"물론 한계도 있었죠. 무게 중심 한계[61] 때문에 원하는 만큼 화물을 실을 수 없었습니다. 스페이스X와 달리 오비털은 우크라이나를 비롯해 전 세계에서 부품을 공급받았기 때문에 또 다른 면에서 취약점이 있었습니다. 프로젝트가 완전하지는 않았지만 투입한 돈만큼의 가치는 있었습니다. 기대했던 것만큼은 아니었습니다. 그래도 다음 사람들이 그 문제에 집중할 수 있게 만들었어요."

이 경험을 통해 NASA는 실패의 위험을 줄이는 것이 얼마나 중요한지 깨닫게 되었다. 다음 NASA 국장이 같은 상업용 궤도 수송 서비스(COTS) 계약 메커니즘을 이용해 유인 우주선 프로그램을 진행했을 때도 다시 두 개의 업체를 선정했다. 이번에는 스페이스X와 보잉이었다. 오바마 대통령 시절 NASA 부국장이었던 로리 가버는 머스크의 성공 가능성을 높이 샀지만, 한 방식에 몰아서 투자하는 것이 얼마나 위험한지 알고 있었다. 2019년에 가버는 나에게 이렇게 말했다. "스페이스X가 등장하자 우리는 성공할 수 있는 사람이 나타났다고 생각했습니다. 하지만 그런 생각을 한 건 스페이스X가 처음이 아니었습니다. 키슬러 에어로스페이스나 빌 에어로스페이스도 다 그렇게 생각했었죠. 우리가 스페이스X에 투자한 것은 위험한 일이었습니다. 그럼에도 불구하고 민간 주도 혁신이 우주 프로그램을 발전시키도록 해야 한다고 믿었어요."

---

61 Center of gravity limit. 항공기의 안전한 비행을 위한 무게 중심의 범위. 항공기의 무게 중심은 비행 중 무게 중심 한계 내에 있어야 한다. 한계를 벗어날 경우 연료량 증가, 안전성 감소 등의 문제가 발생한다.

미국 우주 정책의 진화

피터 마케즈는 이렇게 말한다. "나는 국가 우주 정책을 만들 때 민간 우주 산업 성장을 지원하는 규정을 뒷받침하는 문구를 넣었습니다." 하지만 정부의 모든 사람이 이 접근법에 동의한 것은 아니었다. "예컨대 이런 식이었죠. '여기에 어떻게 이런 문구를 넣을 수 있소? 민간 산업을 왜 그리 지원하려고 하시오? 그런 산업이 없잖소?'"

국방부의 많은 유력 인사들은 중요한 정부 탑재물의 궤도 수송을 민간 기업에 의존하면 국가 안보가 위태로워질 수 있다고 생각했다. 마케즈에 따르면 이들은 백악관에 이렇게 말했다고 한다. "우리는 국방부 화물을 그런 발사체에 싣고 싶지 않습니다. 그런 발사체는 폭발할 겁니다. 우리는 그런 발사체를 신뢰하지 않습니다. 당신들은 우리 임무를 방해하고 있습니다."

그로부터 얼마 후 스페이스X는 민간 우주 산업의 잠재력에 대한 마케즈의 믿음이 옳았다는 사실을 증명했다. "지금은 국가 우주 정책을 본 사람들이 이렇게 말합니다. '그래, 당연하지. 그런 내용을 집어넣지 않으면 바보지.' 하지만 당시에는 우리를 이단아로 봤어요. 군집위성 같은 말도 없을 때였습니다. 위성 100개를 쏘아 올린다는 말을 했다가는 '정신 나간 소리'라는 말을 들었을 겁니다. 지금 사람들은 5000개의 군집위성을 띄운다고 해도 '뭐, 그럴 수도 있지.'라며 심드렁한 반응을 보일 겁니다. 지난 15년 동안 엄청난 변화가 일어났던 거죠."

우주 경제의 부상을 촉진한 정책적 변화는 새로운 사고방식을 가진 사람들이 있었기에 가능했다. 마케즈에 따르면, 국방부의 전통주의자들은 '정부에 있는 사람들은 정부 프로그램을 지원해야 한다.'고 믿었다. 하지만 마케즈와 스콧 페이스, NASA의 마이크 그리핀, 백악관 과학기술정책실의 데이먼 웰스 등의 생각은 달랐다. "우리는 정부에만 집중하는 것이야말로 국가 안보를 위태롭게 하는 짓이라고 생각했죠. 우리는 새로운 역량을 기르지 않고 있었습니다. 경제를 확충하지 않고 있었습니다. 새로운 지식재산을 창출하지 않고 있었습니다. 수출을 하지 않고 있었습니다. 2007년의 미국 우주선 발사 산업 실태를 보면, 민간 발사를 포기함으로써 우주 영역에서 우리의 입지가 줄어들고 있었다는 사실을 알 수 있습니다."

　"우리 쪽에서는, 민간 발사 역량을 키우는 것이 국가 안보 면에서나 경제 발전 면에서 우리를 구제하는 수단이 되리라 생각했죠." 기술 발전을 민간 기업에 의존하는 것은 부끄러울 것 없는 미국의 전략이다. 마케즈는 이런 사실을 자기보다 먼저 깨달은 사람이 있다는 것을 알고 있었다. "나는 국가 우주 정책을 입안할 때 레이건 대통령의 첫 번째 우주 정책을 책상 위에 올려놓고 일했죠. 그 정책은 민간 기업이 할 수 있는 일의 중요성을 역설했습니다. 이후에 우리는 미국 정신의 확고부동한 규칙으로 여겨지던 것들에서 멀어졌습니다. 기업을 신뢰하고 자본주의를 신뢰하고 기술을 신뢰한다는 그런 마음가짐 말입니다. 2010년에 내가 무슨 혁신적인 일을 하고 있다고 생각하지 않았습니다. 그저 1980년대로 돌아갔던 것이지요."

오늘날은 국제 협력이 매우 중요한 시대다. 스콧 페이스는 이렇게 말한다. "아폴로 계획 시절에는 '내가 얼마나 멋진지 봐. 나는 아무도 할 수 없는 일을 할 수 있어.'라는 식이었다면, 지금은 '내가 얼마나 멋진지 봐. 모두 나하고 놀고 싶어 하잖아?'라는 식이에요."

"미국은 안보 딜레마를 안고 있습니다. 군사적으로나 경제적으로 우주에 의존하고 있죠. 영국이 17세기에서 19세기까지 바다에 의존하고 있던 상황보다 더하면 더했지 덜하지는 않습니다. 우리는 우주에 의존하고 있지만 우주가 우리 것은 아닙니다. 우주에 대한 주권이 없죠. 통제할 수도 없고, 울타리를 칠 수도 없습니다. 그러므로 우리의 이익을 지키기 위해서는 다른 주권국에 우리와 공조하는 것이 자국에 가장 큰 이익이 된다고 설득해야 합니다. 그러려면 그들을 대규모 프로젝트에 끌어들여 의미 있는 기여를 할 수 있게 해야 하죠."

"나는 화성을 좋아하지만, 화성 탐사 프로그램은 여러 국가가 참여할 수 있는 다양한 예산 규모의 프로젝트를 제공할 수 없습니다. 달 탐사 프로그램에는 우주 역량 수준이 제각각인 여러 나라가 의미 있게 참여할 수 있죠. 일본으로부터는 수십억 달러짜리 월면 로버를 공급받을 수 있습니다. 애스트로보틱의 달 착륙선에 멕시코에서 만든 로버를 실어 보낼 수도 있습니다. 그러면 멕시코는 라틴아메리카 최초의 달 탐사국이 될 것입니다. 이 일에는 우리의 개입이 필요하게 되고, 그러면 우주 환경을 우리한테 유리하게 조성할 수 있습니다. 나는 민간 우주를 주창하는 이데올로그가 아닙니다. 달 탐사 프로그램은 민간 파트너십과 국제 협력을 통해 국가 안보와 경제적 이익을 증진할 수 있죠."

"이런 모든 일이 제대로 돌아갈지는 알 수 없습니다. 누군가 안다고 말하는 사람이 있으면 그 사람이 틀린 것입니다. 해 보기 전까지는 알 수 없습니다. 우리는 인간이 어디에 갈 수 있을지, 무엇을 할 수 있을지, 어떤 어려움을 견디고 살아남을 수 있을지, 무엇이 경제적으로 합리적일지 알 수 없습니다. 이것이 바로 탐사입니다. 지금은 모르지만, 알아낼 겁니다. 중요한 것은, 인류의 미래가 우주에 있다면 미국과 미국의 우방이 거기에 있으면 좋겠다는 것입니다. 거기에 법의 지배, 민주주의, 인권 같은 계몽주의의 가치가 있으면 좋겠습니다."

"이런 가치를 공유하지 않는 사람들도 우주에 나가겠지요. 상관없습니다. 그들도 주권국으로서 또 인간으로서 우주에 갈 권리가 있으니까요. 하지만 나는 우주를 그들 손에 맡기고 싶지 않습니다. 그들 식으로 우주 환경의 규칙을 만들게 두고 싶지 않습니다. 나는 우리가 소중하게 여기는 가치를 보존하기 위해 우방국과 함께 우주 환경을 만들고 싶습니다. 바다나 대기, 사이버 공간, 국제 무역 등 그 무엇에 대해서도 같은 생각입니다. 규칙은 뒤에 숨은 사람이 아니라 앞에 나서는 사람이 만드는 것입니다."

우주군이 만들어지다

피터 마케즈는 이렇게 말한다. "1950년대 초에 벌써 국방부, 해군, 공군, 육군 중에서 누가 우주를 담당할 것인가에 대한 논쟁이 있었습니다. '우주군(Space Force)'에 대한 논의까지 있었지만, 사람들은 '에이, 그런 역량이나 있어?'하고 피식 웃고 말았어요. 이렇게 우주군이라는 생각은 새로운 것이 아니지만, 우주군이 힘을 받기 시작한 것은 10년쯤 전부터였습니다."

2019년에 미 우주군이 창설되며 많은 회의론이 제기되었지만, 마케즈는 그것이 현명한 조치였다고 생각한다.(우주군 창설로 「스페이스 포스」라는 코미디 드라마까지 탄생했다. 마케즈는 스티브 커렐이 주연한 이 드라마의 컨설턴트로 활동했다.) "이제 우리 국가 안보를 위한 우주 시스템이 제대로 작동하는지 확인하는 일에만 전념하는 우주 작전 사령관이 생겼습니다. 존 레이먼드 장군이 지금까지 우주 안보 연합을 결성하기 위해 해온 모든 일은 미국 안보에 대단히 도움이 되었죠. 우주가 아직도 공군 소관이었다면 이런 진전은 보지 못했을 겁니다."

"우주에 미국과 미국의 동맹국에 대한 위협은 앞으로도 상존할 것입니다. 사실 나는 여러 영역으로 위협이 확산하고 있음에도 불구하고 지금의 우리 상황이 냉전 시대보다 좋다고 생각합니다. 안전한 우주 개발이라는 대의에 동참하는 동맹국과 지지국이 늘었기 때문입니다. 이들은 이런 질문을 합니다. 우주의 지속가능성을 위해서는 어떻게 해야 할까? 우주에서의 좋은 행동은 무엇이고 나쁜 행동은 무엇일까? 우리가 함께 키울 수 있는 복원 역량은 어떤 것이 있을까? 모든 것이 완벽하다고 말하려는 것이 아닙니다. 하지만 새로운 위협에 대응하는 우리의 능력에 대해서는 매우 긍정적으로 평가합니다."

"우주군은 어느 날 갑자기 만들어진 것이 아닙니다. 30년 동안 준비해 온 것이죠. 2007년 중국의 대위성 무기 실험 이후 위협이 점점 증가했습니다. 오바마 정부는 복원 역량을 확보하기 위해 상당한 예산을 투입했습니다. 계약금까지 지급한 상태였습니다. 그때 우리가 들어서서 이렇게 말했죠. '이건 잘못된 겁니다. 우리는 지금 위기 상황입니다. 우주가 중심이니 우주에 집중해야 합니다. 의회도 압박하고 있습니다. 우주군이 필요합니다.' 옵션을 제시했고 대통령이 그중 하나를 선택했죠. 그리고 우리는 물러났습니다."

공공 부문과 민간 부문이 충돌할 때

스페이스X가 촉진한 민간 산업은 더 이상 정부 지원에 전적으로 의존하지 않고 민간 부문이 가장 잘하는 일을 하고 있다. 바로 발전을 이끌어 가는 일이다. 정부는 민간 부문이 발전을 이끌어 갈 때 항상 해 왔던 대로 움직이고 있다. 민간 부문을 따라잡으려 애쓰는 일이다.

피터 마케즈는 이렇게 말한다. "우리는 분쟁 해결과 규정 집행을 위해 만들어진 현재의 국제 포럼이 민간 활동의 발전 속도를 따라갈 수 있는지 진지하게 검토해 봐야 합니다. 이런 국제 포럼이나 국내의 규제 기구에 의사 결정을 맡겨야 한다면 정말 큰 문제가 될 것입니다. 민간은 정부보다 훨씬 빠른 속도로 움직이죠. 만약 정부나 국제기구가 규정을 만들거나 집행할 때까지 기업이 기다려야 한다면 가까운 장래에 기회보다는 문제가 더 많이 발생할 것입니다."

"예컨대 외기권조약(Outer Space Treaty) 6조는, 각국은 자국 기업과 국민의 우주 활동을 허가하고 감독해야 한다고 규정하고 있습니다. 현재 미국은 원격 감지에 대한 프로세스가 확립되어 있습니다. 통신도 마찬가지고요. 하지만 그 범위를 벗어나면 어떤 규제 지침도 없습니다. 투자자들은 법적, 규제적 불확실성을 좋아하지 않죠. 새로운 법이 만들어져 자신의 투자금 전액을 날리는 상황을 상상하고 싶어 하는 사람은 아무도 없을 것입니다."

모든 기업 활동에서 그렇듯이 우주 활동의 규제적 불확실성은 발전을 저해하는 것을 넘어서서 기업을 다른 곳으로 쫓아낸다. 규정이 마련되지 않은 분야의 우주 활동을 하는 기업은 해외로 눈을 돌린다. "룩셈부르크가 재빨리 나섰죠. '유연하면서도 대응이 빠른 규제 환경을 원하세요? 룩셈부르크가 도와드리겠습니다.' 우리는 투자에 걸맞은 규제 환경을 확보하지 못해 기업을 해외에 빼앗김으로써 민간 우주 역량을 키우기 위해 쏟은 모든 노력을 낭비할 위기에 처했습니다. 정말로 우려스러운 일이죠."

"국제적으로 봤을 때 위성통신 시스템에 수십억 달러를 쏟아붓는 기업들은 유엔 산하의 국제전기통신연합(ITU)에 의존하고 있습니다. ITU는 결정을 내리는 데 몇 년이 걸립니다. 민간 시장과 완전히 동떨어져 있죠. 민간 기업이 국가와 같은 자격으로 국제기구와 직접 협상하는 베네치아식 거래 모델이 다시 등장할 수 있을까요? 이것은 아직 우리가 깊이 있게 검토해 보지 않은 문제입니다."

"미국은 실제로 이 분야에서 동맹국 및 파트너국과 협력할 기회가 있습니다. NASA가 달에서 책임 있는 행동을 하도록 규정한 아르테미스 협정을 만든 것처럼 상무부도 민간 기업이 우주에서 어떻게 활동해야 하는지에 대한 기틀을 만들 수 있습니다. 이렇게 함으로써 오래된 해양 문제인 편의치적선[62] 같은 문제를 예방할 수 있죠. 크루즈선이 특정 국가의 깃발을 다는 이유는, 그 나라의 규제가 덜 엄격하기 때문이지요. 만약 민간 우주 분야의 아르테미스 협정이 있다면 이런 문제를 피할 수 있을 것입니다." 하지만 마케즈는 이 가능성에 대해 그다지 낙관적이지 않다. "어느 시점이 되면 우리는 정부만 바라봐서는 안 되고 어떤 기업이 주도권을 쥐는지 주시해야 합니다. 이제 기업에는 국가와 대등한 역량이 있습니다. 일부 기업의 역량은 웬만한 국가를 훨씬 능가하는 수준입니다."

미국에서는 초점 없는 규제로 인해 민간 우주 활동이 더 어려워지

---

62   선적(船籍)이 선주의 국가에 있지 않고 여러 제도 면에서 편리한 나라에 등록되어 있는 선박. 법인세·소득세 등의 비용 절감, 낮은 선박구조 기준, 어획 규제 회피 등의 편의를 보기 위한 목적이다.

고 있다. 레오랩스의 댄 세펄리는 정부가 지금보다 더 도움이 되는 역할을 할 수 있다고 생각한다.

세펄리는 이렇게 말한다. "민간 우주 활동을 조율할 기관이 필요합니다. 우주군은 규제 기관이 아니기 때문에 우주 활동을 통제할 수 없다고 하죠. 이것은 상무부가 이 분야에서 주도적인 역할을 해야 하는 강력한 논거입니다." 비슷한 식의 개입을 한 예는 여기저기에서 찾아볼 수 있다. "정부는 교통, 통신, 금융 서비스와 같은 다른 여러 분야에서 인프라를 제공하는 역할에서 벗어나 정책이나 지침, 규정을 만들고 집행하는 역할로 전환했습니다. 이렇게 하면 운동장이 평평해져 기업 활동에 활기를 불어넣을 수 있습니다. 우주에도 이 접근 방식을 적용하면 미국 우주 산업의 발전을 촉진하고 우주 산업을 건실하게 만드는 데 큰 도움이 될 것입니다."

혁신의 빠른 속도를 감안할 때 정부는 그 발전 속도에 맞춰 규제 체계를 조정해야 할 책임이 있다. 규제는 혁신을 억누르거나 명백한 이점이 있는 유망한 새 애플리케이션의 성장을 방해하지 않으면서도 안전하고 지속 가능한 우주 활동이 보장될 수 있게 이루어져야 한다.

기업이 정말로 혁신적인 무언가를 하고 있다면, 제품이나 서비스가 출시되기 전에 그와 관련된 규제가 마련될 수 있도록 일찍부터 규제 기관과 소통해야 한다. 랜더드닷에이아이의 CEO 네이션 쿤츠는 이렇게 말한다. "내가 카이메타 CEO로 있을 때 미국 연방통신위원회(FCC) 규정을 둘러싼 문제에 직면한 적이 있습니다. 안테나와 관련된 규정 중 일부가 우리가 개발한 혁신 기술을 수용하지 못하고 있었죠. 우리는 사용하고자 하는 안테나의 엔지니어링 분석을 한 뒤 FCC 공무원들과 긴밀히 협력했습니다. 우리가 분석한 자료를 바탕으로 새로운 규정을 제안하자 FCC가 기존 규정을 수정했죠."

"규정이 기술 발전을 따라잡지 못했으면 규정을 바꾸기 위해 노력할 필요가 있습니다. 극복할 수 없는 문제는 아닙니다. 기업인들은 '젠장, 규정이니 어쩔 수 없지.'라는 말을 잘합니다. 하지만 규제 당국자와 이야기를 나눠 보면 그들이 더 많은 것을 알고 싶어 한다는 사실을 알 수 있죠. 그들은 최신 기술에 대해 알고 싶어 합니다. 규제를 통해 생태계에서 일어나는 일을 확실하게 지원하는 것이 그들의 일이거든요."

그렇다고 해서 FCC가 항상 수용적인 태도를 보인다는 뜻은 아니다. "FCC는 최신 기술뿐만 아니라 생태계 내에 있는 모든 것을 고려해야 하죠. 때로는 충돌이 일어나기도 합니다. 하지만 당신이 무슨 일을 하고 있는지 듣고 싶어 하고, 거기에 맞춰 반응도 합니다. 그들은 정부의 속도로 움직이지만, 그래도 새 법안을 통과시키는 것보다는 FCC와 협력하는 편이 훨씬 빠릅니다."

✳ ✳ ✳

피터 마케즈가 지적한 것처럼 투자자들은 불확실성을 좋아하지 않는다. 본 장에서 반복해서 볼 수 있듯이, 정부가 시장 원리를 조금씩 받아들일 때마다 민간 우주 활동은 한 걸음씩 발전해 왔다.

오늘날 우주 경제는 스페이스캐피털 같은 벤처캐피털 회사에서부터 대형 은행이나 개인 투자자에 이르기까지 다양한 유형의 투자자로부터 엄청난 규모의 자본을 끌어들이고 있다. 우리의 투자 논리는 언제나 성공하려면 지형을 잘 알아야 한다는 것이다.

다음 장에서는 우주 경제 투자에 수반되는 특유의 어려움에 대해 자세히 살펴볼 예정이다.

제7장

싸게 사서
매우 비싸게 팔라

우주 경제 투자의 현실적 지침

당신이 위성 제작이나 소프트웨어 개발 분야에서 일하든, 아니면 발사체 설계나 부동산 분야에서 일하든, 우주에서 일어나는 일은 갈 수록 당신이 속한 산업과 하는 일에 영향을 끼칠 것이다. 우주 경제 는 세계 경제 전반에 걸쳐 성장의 주요 원천이 되는 길로 나아가고 있다.

누구라도 이런 현상을 무시하거나 과소평가해서는 안 된다. 금융 분석가, 벤처캐피털리스트, 투자 은행가만이 시장이 어떻게 작동하 고 산업이 어디로 향할지 이해해야 하는 것은 아니다. 우주 전문가 들도 앞에 가로 놓인 거친 바다를 헤쳐 나가려면 투자 측면을 알아 야 한다. 그리고 우주 기술은 여러 거대 산업을 견인하는 '보이지 않 는 중추'인 차세대 디지털 인프라이므로, 이제 우리는 모두 우주 직업인이라 할 수 있다.

공상 과학 소설과 사실을 구분하기

우리가 시장을 선도하는 투자자가 된 것은 단지 이 업계에서의 경험이 많기 때문만은 아니다. 투자금을 운용하는 방식, 즉 투자 논리와 엄격한 투자 전략의 결과다. 빠르게 진화하는 시장에서 새로 생겨나는 신기술과 검증되지 않은 창업가를 평가하는 데는 기술이 필요하다. 그러려면 양질의 데이터, 냉철한 분석, 그리고 잡음을 거르고 실제적 유용성이 있는 신호를 찾아내기 위한 효과적인 의사 결정 프로세스가 있어야 한다.

오늘날의 우주 경제처럼 뜨거운 시장에서는 이런 일이 몇 배나 힘들다. 쉽게 돈을 벌 수 있다는 생각은 피 냄새가 상어를 끌어모으듯 사기꾼들을 끌어모은다. 눈에 잘 띄어 외부인이 이해하기 쉬운 암호화폐 시장(부작용이 우주 경제보다 훨씬 앞선 분야다.)을 보면, 이러한 환경에서 순진한 접근 방법을 취하면 어떤 결과를 초래하는지 알 수 있다. 주의해야 한다.

2018년에 그저 그런 실적의 괴짜 억만장자가 회장으로 있는 한 기업이 2년 안에 사람을 달에 보내겠다는 계획을 발표했다. 1인당 비용은 1만 달러라고 했다. 로스앤젤레스에서 두바이까지 가는 일등석 항공권 가격이 그 세 배나 된다는 것을 감안하면 너무 좋아 보여서 사실이라고는 믿기지 않는 계획이었다. 이 기업은 CEO가 그 분야의 경험이 전혀 없었음에도 불구하고 베이에어리어의 유명한 여러 벤처캐피털리스트로부터 수천만 달러의 투자금을 모집했다.

거액의 자본금을 모집한 데다 발사까지는 2년밖에 남지 않은 상황이라 아마 당신은 발사체 제작 준비가 거의 끝났을 것이라고 생각할지도 모르겠다. 하지만 실상은 그렇지 않았다. 이 회사는 워싱턴에 끌고 돌아다닐 값비싼 실물 크기의 모형을 만드는 데 돈을 쏟아부었다. 여러 정부 기관에 보여 줘서 더 많은 투자를 유치할 목적이었다. 달 착륙이라는 목표를 향한 가시적인 진전이 전혀 없었음에도 사람들은 계속해서 이 회사의 비전에 휩쓸려 들어갔다.

일반인을 화성에 보내겠다고 말한 창업가도 있었다. 신청서를 작성하고 비용을 지불하면 당신도 크라우드소싱을 통해 화성에 가는 세계 최초의 우주 비행사 중 한 사람이 될 것이라는 식이었다. 이 사람 역시 이 분야의 경험이 전혀 없었다. 그가 찾아와 이 개념으로 나를 설득하려고 했을 때 그에게 어떻게 화성에 갈 계획이냐고 물었다. 그의 대답은 이랬다. "존 F. 케네디도 달에 간다고 했을 때 아무런 계획이 없었잖아요?"

톰 잉거솔의 말을 다시 한번 인용하자면 "실행이 없는 비전은 환상일 뿐이다."

우주에 투자하려면 침착하고 냉정해야 한다. 지금은 아직 때가 이르지 않은 소행성 채굴 같은 야심 찬 생각을 할 때가 아니다. 우주 경제의 신흥 산업은 많은 사람이 생각하는 것보다 더 빠른 속도로 현실화되고 있다. 하지만 이런 첨단 기술의 가능성이 상업적 실재가 되려면 말이나 사람의 눈길을 끄는 웹사이트가 아니라 반복을 통한 개선과 성취의 북소리가 끊임없이 들려야 한다. (신흥 산업에 관해서는 10장에서 자세히 살펴볼 것이다.) 그 사이 위성항법시스템(GPS), 지리공간정보(GEOINT), 위성통신(SatCom) 등 세 가지 위성 기술 스택의 실제 기회는 매일 결실을 맺고 있다. 우주 광신도들은 이런 결실을 대부분 무시하지만, 우주 경제를 꼼꼼히 들여다보고 모든 가정에 의문을 제기하는 투자자들은 여기에서 큰 가치를 얻고 있다.

이 장에서는 쓸데없는 우주 비즈니스를 피해 가며 가치 있는 우주 비즈니스에 집중하는 법을 살펴볼 것이다.

좋은 말(馬) 고르기: 우주 경제의 기회 평가

만약 당신이 소수의 '잘나가는' 우주 기업이 숨 가쁘게 쏟아 내는 최근의 보도 자료만 본다면 현재 가능한 것이 무엇이고 아직 실현되지 않은 것이 무엇인지 알 수 없는 왜곡된 시각을 갖게 될 것이다. 과대광고는 조금만 해도 큰 효과를 본다. 그러므로 뜨거운 시장에서는 시야를 넓혀 과대광고를 잘 살피고 가려 들어야 한다.

지금은 그 어느 때보다도 우주 경제에 관한 신뢰할 만한 양질의 정보원이 많다. 갈수록 재능 있는 비즈니스 저널리스트가 많은 정보를 가지고 엄격하게, 비교적 편견 없는 시각으로 이 분야를 다루고 있다. 여기 소개하는 사람이 전부는 아니지만, 우주 경제에 관한 믿을 만한 정보원으로는 다음과 같은 사람들이 있다. 마이클 싯츠, 제프 파우스트, 모건 브레넌, 로런 그러시, 미리엄 크레이머, 조이 룰렛, 애슐리 밴스, 에릭 버거, 마리너 코런, 아리아 앨러멀호디아이, 크리스천 대븐포트, 케네스 창, 재키 와틀즈, 마이커 메이든버그, 팀 펀홀즈 등이 그들이다. 우주 경제를 이해하고 싶다면 최근에 등장한 우주 '선지자들'보다 이들의 깊이 있는 목소리에 귀를 기울이는 편이 더 나을 것이다.

하지만 궁극적으로는, 어디에서 성장이 일어나고 있으며 왜 거기서 성장이 일어나고 있는지, 그리고 이러한 성장이 어떤 파급 효과를 가져올지를 이해하기 위한 자신만의 그림이 있어야 한다. 그러려면 오늘 실제로 발사대를 떠난 것이 무엇인지에서부터 시작해 앞날이 어떻게 될지를 예측해 봐야 한다. 투자학 제1강은 중고차 판매가 늘면 방향제 수요가 증가한다는 것이다. 스페이스X가 발사 비용을 낮춤으로써 첫 번째 도미노를 쓰러뜨렸지만, 진짜 성장은 이 변화가 가져올 2차, 3차의 결과로 인해 일어날 것이다. 그렇다면 2차, 3차의 결과는 어떤 모습일까?

전 NASA 부국장 로리 가버는 2019년 5월 나에게 이런 말을 했다. "발사 비용을 낮추는 것은 지금까지 내가 풀려고 했던 고르디우스의 매듭이었죠. 아직도 할 수 있는 일이 많이 남았습니다. 발사체 재사용과 경쟁을 통해 지금은 상상할 수 없는 시장이 우리 앞에 열릴 것입니다." 투자자에게 중요한 것은 오늘 소비자에게 무엇이 팔렸느냐

가 아니라 내일 이 새로운 시장에서 무엇이 팔릴 것이냐다. 웨인 그
레츠키의 유명한 말처럼 퍽이 갈 곳을 예측해 움직여야 한다.[63]

가버는 이렇게 말한다. "내가 보는 현명한 투자는 우주에서 얻을
수 있는 가치가 독특하리라고 생각되는 시장에 투자하는 것입니다.
예컨대 궤도를 도는 위성이 저렇게 많은데, 혹시 저 위성이 정기적
으로 연료를 재보급받아야 하지 않을까, 혹은 지속적인 서비스와 유
지보수가 필요하지는 않을까와 같은 질문을 해 보는 겁니다." 주간
고속도로 시스템 건설이 모텔에서 맥도날드에 이르는 다양한 제품
과 서비스의 탄생으로 이어졌듯이 궤도 인프라 구축도 다양한 보완
제품과 서비스에 대한 수요를 촉진할 것이다. 약간의 상상력을 발휘
해 보라. 가능성이 보이기 시작할 것이다.

"우주를 중심으로 한 다양한 영역의 활동에 투자해 보세요. 통신
은 늘 수익성이 매우 높고 중요한 분야입니다. 원격 감지와 GPS도
마찬가지죠. 지금까지 우주에서 이런 기회는 없었습니다. 발사 비용
을 낮춤으로써 많은 것이 가능해졌죠. 이것은 시작에 불과합니다."

2017년 투자자 유스투스 킬리언은 '엄청난 규모'의 잠재력이 있
는 기술 분야를 찾기 시작했다. 그러다 '우주가 투자 가능한 분야'라
는 사실을 깨달았다.

킬리언은 이렇게 말한다. "나는 통신과 인터넷 인프라 부족이 초
래한 디지털 격차로 인해 전 세대가 시대에 뒤떨어진 시장에서 살았

---

63 캐나다의 유명한 하키 선수 웨인 그레츠키는 "훌륭한 하키 선수는 퍽을 따라 움직이지만,
위대한 하키 선수는 퍽이 갈 곳을 예측해 움직인다."라는 말을 남겼다.

습니다. 마침내 이동통신사가 기본적인 접속 서비스를 제공하자 케냐 사람들은 재빨리 모바일 결제 솔루션, 분산형 전력망을 통한 에너지 생산 등 획기적인 솔루션을 만들어 냈죠. 통신 요금이 떨어지자 사람들은 GPS를 이용해 세렝게티의 야생동물을 추적했고, 우버와 유사한 소프트웨어를 개발해 오토 릭샤 운행을 조정했습니다."

킬리언은 모바일 서비스가 아프리카 전역에 확산되었을 때 일어났던 일과 군집위성이 하늘을 뒤덮을 때 일어날 일이 매우 유사할 것이라고 생각했다. "나는 진정한 글로벌 기술 스택의 잠재력을 깨닫자 바로 여기에 뛰어들어야겠다고 생각했습니다." 이 결정으로 킬리언은 프린시펄[64]로 스페이스캐피털에 합류하게 되었다. 이제 그는 파트너로서 계속해서 회사에서 중추적인 역할을 하고 있다.

운영 파트너 톰 웨인은 우리 회사의 비법 소스에 들어가는 또 다른 중요한 재료다. 2021년 맥사는 웨인을 최고 전략 책임자로 임명했다. 맥사로서는 당연한 결정이었다. 그는 디지털글로브가 2013년 GEOINT 회사 지오아이(GeoEye)를 인수할 때 디지털글로브의 수석 전략 고문이었다.(디지털글로브는 나중에 맥사에 인수되었다.) 웨인은 군집위성을 띄우기 위한 자금 조달을 주도한 적도 있다. 2018년에서 2021년까지 원웹의 CFO로 있을 때는 30억 달러가 넘는 자본금 모집을 주도해 성사시키기도 했다. 2020년에는 원웹의 매각 과정을 관리하기도 했는데, 결국 원웹은 바티글로벌(Bharti Global)과

---

64 Principal. 벤처캐피털 회사나 사모펀드 회사의 직함 중 하나. 중간 간부급이다.

영국 정부가 주도하는 컨소시엄에 인수되었다.

웨인이 우주 경제에 투신한 것은 크레디트 스위스 퍼스트 보스턴 (CSFB)과 모건스탠리 같은 투자은행에서 성공적인 경력을 쌓은 다음이었다. 웨인은 투자은행 근무의 장점을 알고 있었지만, 실제로 무언가가 일어나고 있는 곳에서 일하고 싶었다. 물론 그의 업계에서 이런 사실을 깨달은 사람은 거의 없었다.

웨인은 이렇게 말한다. "당시만 해도 우주는 틈새시장에 가까웠죠. 게다가 투자은행에서는 벤처 업무를 거의 다루지 않았습니다." 우주 분야의 자금 조달 거래가 이루어지더라도 통신, 항공, 방위산업 분야를 전문적으로 담당하는 은행가들이 부수 업무로 처리했다. "이제 대부분의 은행은 우주 산업과 관련한 자금 조달과 전략적 활동을 전담하는 인력을 두고 있습니다. 지난 10년간에 걸친 기술과 규제의 변화 덕분에 우주 시장의 생태계가 크게 확장되었죠."

요즈음 뱅크오브아메리카나 모건스탠리를 비롯한 대형 금융 기관은 적극적으로 우주 투자 상품을 개발해 고객들에게 교육하고 있다. 딜로이트, 매킨지 등 컨설팅 회사들도 싸움에 뛰어들었다. 이제 제대로 된 플레이어라면 더 이상 이 기회를 무시할 수 없게 되었다. 안타까운 것은 이런 대형 기관을 상대로 우주 경제에 관해 조언하는 상당수의 '전문가'가 네트워크나 운영 경험, 실적 등의 면에서 신뢰할 만한 조언을 할 수 있는 수준이 되지 않는다는 점이다.

웨인이 보기에 스타트업의 투자금 모집은 그전보다 훨씬 쉬워졌다. "스페이스X라는 요인만으로도 우주에 대한 열기가 엄청 끓어올랐죠. 정말 대단했습니다. 발사 비용이 떨어지면서 우주 비즈니스가 많이 늘었습니다. 지정학적 관점에서 보자면 중국은 머스크를 보고 긴장했죠. 그래서 '국가 안보를 위해서라도 우주에 투자해야 한다. 이 사람은 산업을 다른 차원으로 끌어올리고 있다.'라고 생각하게 되었죠. 스페이스X의 영향은 중국에만 미친 것이 아니라 우리와 가장 가까운 전략적 경쟁국에도 미쳤습니다."

웨인은 최초로 발사체의 지상 착륙 성공, 첫 유인 우주선 발사 등 스페이스X가 기술적 난관을 하나씩 돌파할 때마다 그로 인해 나타나는 파급 효과를 목격했다. 스페이스X가 새로운 소식을 전하면 회사가 설립되었고, 우주 분야에 벤처캐피털 투자가 이루어졌으며, 전반적인 우주 활동이 급증했다. 파급 효과는 정부에도 미쳤다. 미국과 중국 정부뿐만 아니라 전 세계가 마찬가지였다. "머스크는 경쟁사를 긴장시킬 뿐만 아니라 정부도 긴장시키죠."

그는 자신의 경력을 우주로 전환하기로 결심한 뒤 제일 먼저 공부부터 했다. "훌륭한 은행가는 해당 비즈니스를 자기보다 더 잘 아는 사람들한테 배웁니다. 자신의 사업 계획을 뒷받침하는 중요한 기술과 상업적 고려 사항에 대해 진지하게 고민해 온 사람들의 말을 듣고, 그들로부터 배우고, 그들을 활용하죠. 그들과 대화하며 스트레스 테스트를 하고 민감도 분석도 해 봅니다."

웨인은 해당 분야를 자기보다 더 잘 아는 사람들과 이야기를 나누는 데 상당한 시간을 할애한다는 사실 때문에 동료들 사이에서 별종 비슷한 취급을 받았다. "대부분의 은행가는 사업 계획을 받아 숫자 계산을 하면 그걸로 끝이죠. 훌륭한 은행가는 현장 업무에 가까이 있는 사람들로부터 배웁니다. 예를 들어 국가 안보와 관련이 있는 위성 회사의 경우 이사회와 고위 경영진에 대단한 경력을 가진 사람이 포진해 있는 경우가 많고, 그중에는 정보기관에서 일한 경력이 있는 사람도 있습니다. 이런 사람들을 상대하는 겁니다. 그들은 무엇이든 드러내놓고 말하지 않지만 그들이 자주 언급하는 내용을 듣다 보면 힌트를 얻을 수 있죠. 주의를 기울이면 정말로 중요한 게 무엇인지 파악하는 데 도움이 됩니다."

웨인은, 우주 경제는 앞으로도 경기 순환 방향을 역행할 것이라고 본다. 우주 기업 투자는 다른 첨단 기술 투자만큼 고위험 투자가 아니다. 우주 경제를 주도하는 많은 기업은 시장 상황이 바뀌어도 큰 영향을 받지 않는다. 시장 상황이 불안정해지면 데이터 구매를 늘리는 정부와 기업에 중요한 데이터를 제공하는 가치 사슬의 일부이기 때문이다.

"우주 경제는 전략적 백본 네트워크가 되어 가고 있습니다. 위성통신(SatCom)과 지구 관측(EO)의 활용 사례는 이들 데이터의 전통적 소비자인 정부 쪽에서만 증가하고 있습니다. 어느 국가를 막론하고 전체 국방비 예산에서 이들 예산이 차지하는 비중은 계속해서 늘어나고 있습니다. 따라서 어느 정도라도 정부 돈을 받는 기업이라면 불경기가 와도 헤쳐 나갈 수 있죠."

하지만 장기적 관점에서 보면 민간 부문이 기업에 제공하는 기회가 훨씬 많다. "비용이 떨어지면서 상업적 활용 사례가 계속해서 증가하고 있습니다. 우주 기술의 새로운 애플리케이션이 속속 등장하고 있죠. 그중 하나가 환경 분야입니다. 규제 기관의 감시가 강화되면서 거기에 대처할 효율적인 모니터링 기술의 필요성 때문에 환경 분야로 돈이 몰리고 있습니다."

웨인은 "일부는 정부를, 일부는 기업을 상대하는 양쪽 고객 접근 방식"을 택하는 기업이 좋다고 생각한다. 일거양득 전략이다. "시장 접근 방식을 다각화하는 기업은 쉽게 어려움에 빠지지 않습니다. 기업 고객에게만 집중하면 경기 변동에 큰 영향을 받을 수 있습니다. 먼저 정부를 고객으로 확보한 상태에서 사업을 확장하면 상황이 어떻게 변해도 큰 곤란을 겪지 않을 것입니다."

그는 우주 경제에서 최고의 고객은 "접근 가능한 시장이라는 측면에서나 기술 혁신의 측면에서나" 여전히 미국 국방부라고 생각한다. "세계에서 가장 중요한 고객"에게 가치 있는 무언가를 만든 다음, 장기적인 성장을 위해 기업 시장으로 사업을 확장하는 것이 좋다.

이것이 웨인이 CFO로 있을 때 원웹의 전략이었고, 지금 맥사의 전략이기도 하다. "기업 고객에게만 집중하는 스타트업을 보면 걱정이 됩니다. 정부 고객부터 시작해 위험을 회피한 뒤 기업 고객으로 넘어가면 더 좋을 텐데 말입니다." 정부를 고객으로 확보하면 생기는 또 다른 이점은 고위 공무원이 "대화의 상대방이 될 수 있다."는 것이다.

"그렇지 않으면 고립무원의 신세가 될 수 있습니다. 금전적인 면에서뿐만 아니라 기술 이전의 면에서도 마찬가지죠."

초기 시장의 기업을 성공적으로 운영하려면 해당 영역을 잘 알아야 한다. "실사를 꼼꼼히 해 봐야죠. 현장에서 실제로 무슨 일이 일어나고 있는지 알기 위해 노력해야 합니다. 당신이 나 같은 사람이라면 재무적 시각이 있겠죠. 하지만 재무 전문가 못지않게 중요한 것은 신뢰할 만한 기술 전문가입니다. 나는 기술 전문가에게 가장 많이 의존합니다. 기술 전문가가 시장 지식까지 어느 정도 갖추고 있다면 그거야말로 이상적이죠." 키슬러 에어로스페이스와 빌 에어로스페이스의 실패 사례에서 보았듯이 "곤경에 빠지는 사람은 주위와 고립되어 있고 양쪽 면을 모두 이해하지 못하는 사람"이다.

웨인이 보기에 경영진에게는 다음과 같은 세 가지 자질이 필요하다. 첫째, 기술을 깊이 이해하면서 사업과 관련된 기술 이슈를 잘 알아야 한다. 둘째, 매력적인 위험 조정 수익[65]을 창출할 수 있는 분명하고 현실적인 사업 전략이 있어야 한다. 셋째, 소통 능력이 있어야한다.

"많은 창업가가 흥미로운 아이디어를 제시하지만, 상업적으로나 재무적으로 맹점이 있는 경우가 많습니다. 반면에 재무팀은 대개 전략 백그라운드가 없는 회계사 같은 유형의 사람들로 이루어져 있지요. 그러다 보니 백미러만 보고 판단하기 때문에 곤경에 빠지기 쉽습니다. 숫자 다루는 사람들은 '노'라고 말할 줄은 알지만, 전략적 활동에 대해 책임감 있게 '예스'라고 말할 줄은 모릅니다. 방위산업체

---

65 Risk-adjusted returns. 위험도를 반영한 투자 수익을 말한다.

는 이런 사고방식으로 악명 높지요."

웨인은 사업 감각과 기술력뿐만 아니라 소통 및 협업 능력까지 갖춘 창업팀이 가장 좋다고 생각한다. "가장 중요한 것은 모두를 하나로 묶는 것입니다. 팀을 구성하고 팀 간에 원활한 의사소통이 이루어지도록 만드는 것은 쉬운 일이 아니죠. 잘못하면 창업가의 독재로 끝날 수도 있습니다. 어떤 백그라운드를 가지고 있든 창업가는 회사에 자기 색깔을 입히죠. 혜안을 가진 설립자라 해도 상업적 측면과 재무적 측면을 무시하거나 그 쪽에 전문성을 가진 사람들을 논의에서 배제하면 문제가 생깁니다."

그는 향후 몇 년 안에 우주 경제의 모든 영역에서 지배적인 세력이 등장할 것으로 예상했다. "하나의 플레이어가 남을 것이고 나머지 대여섯 개 기업은 합병되든지 파산할 것입니다. 각 분야에 기업 하나만 남는 거죠. 돌이켜 보면 지난 인터넷 열풍에서 구글과 아마존이 살아남았습니다. 도중에 많은 로드킬이 있었지만 구글과 아마존 사람들은 상당히 잘 해냈습니다."

요컨대, 엄청난 가치가 창출되겠지만 이런 가치 창출은 각 영역 내의 한두 개 기업에 집중될 것이다. 시장이 이런 신흥 기술 중 성장 가능성이 있는 기술을 가려냄에 따라 통합 작업은 가속화될 것이다. "기존 플레이어들은 신규 진입자를 막기 위해 덩치를 키우려고 노력합니다. 다른 한편으로 우주 분야의 국가 안보적 중요성은 점점 커지고 있죠. 지정학적 문제 때문에 돈이 그쪽으로 흘러 들어가고 있습니다. 이러한 투자(예컨대, LEO 군집위성 투자)가 이끄는 혁신은 국가 안보적 관점에서 매우 중요합니다."

물론 국방은 투자를 이끄는 여러 우선 분야 중 하나에 지나지 않는다.

"기후 변화를 예로 들어, 지상에서 실제로 어떤 일이 일어나고 있는지 모니터링할 수 있는 다른 방법이 있을까요? 어떤 형태가 되었든 지상 모니터링의 경우에는 모니터링 수행 당사자가 믿을 만한가라는 문제가 제기되죠. 예컨대 러시아에서 누군가가 지상 기술로 가스 배출을 모니터링하고 있다면 그 데이터를 믿을 수 있을까요? 아마 못 믿는 사람도 많을 것입니다. 하지만 세계가 인정하는 표준화된 방법으로 우주에서 가스 배출을 모니터링한다면 누구라도 믿을 수 있겠죠."

웨인은 세 가지 위성 기술 스택이 글로벌 인프라의 필수적인 부분이 되어 가고 있다고 본다. "통신 측면에서뿐만 아니라 처리와 저장 측면에서도 그렇습니다. 기업과 개인은 갈수록 우주 인프라에 의존하게 될 것입니다. 이런 변화는 계속해서 가속화될 것입니다."

✳ ✳ ✳

다시 말하지만 아직도 초기 단계다. 우주 경제 기업 중 증시에 상장한 기업은 거의 없고, 개인이 이 분야에 투자할 방법도 제한적이다. 우리 같은 벤처캐피털리스트라도 시드 라운드 투자에 참여하려면, 전문가 인맥을 세심하게 관리하고 모니터링하는 등 많은 노력을 기울여야 한다. 누군가가 '무언가 새로운 일을 하기 위해' 중요한 직책에서 사임한다면 우리가 주시하고 있다고 봐도 좋다. 유스투스 킬리언이 지적했듯이 시드 단계의 스타트업에 시제품만큼 중요한 것은 팀이다. 아이디어에 문제가 있어도 적합한 사람들로 구성된 팀이, 좋은 아이디어를 가졌어도 문제 있는 사람들로 구성된 팀보다훨씬 빨리 다음 단계로 나아갈 수 있다.

우리는 예비 창업가가 창업할지 말지 결정을 내리기도 전에 그들을 지원하는 것이 우리 역할이라고 생각한다. 지원은 일대일 대화, 업계 전문가나 공동창업을 희망하는 사람과의 연결, 우리가 운영하는 우주 경력자 채용 게시판 스페이스탤런트를 통한 채용 인력 소개 등의 형태로 이루어질 수 있다. 우리는 우리에게 어떤 기회가 오기 훨씬 전부터 창업가와의 관계를 발전시키고 가치를 부가하기 위해 노력한다.

우주 경제 투자는 엄청난 투자수익률(ROI)을 약속한다. 하지만 만약 당신의 기질과 기술이 우주 경제에 맞는다면, 우주 경제에서 경력을 쌓아 자신의 지분을 확보하는 것은 어떨까? 다음 장에서는 우주 경제 전문가와 리더의 프로필을 소개하고, 우주 경제에 진입해 계단을 밟아 올라가는 방법에 대한 그들의 생생한 조언을 들려줄 예정이다.

제8장

어떻게 우주 경제에서 커리어를 쌓을까

진로에 필요한 자질과 일자리 찾기

나는 옥스퍼드 사이드경영대학에서 시장이 어떻게 형성되는지 배우면서 우주 경제의 잠재력을 알게 되었다. 흥미진진한 신세계에 합류하고 싶다는 생각에 사로잡히기까지는 그리 오랜 시간이 걸리지 않았다. 나는 뉴스를 통해 업계의 발전 소식을 계속 지켜보고 있었지만 그래도 한동안은 관심 있는 방관자에 지나지 않았다. 바깥에서 안을 들여다보는 외부인으로서 나처럼 기술적 백그라운드가 없는 사람도 들어갈 자리가 있을까하는 의문을 품었다.

우주 경제에 필요한 경력이 무엇인지도 명확하지 않았고 롤 모델도 없었기 때문에 우주 경제에 발을 들여놓으려면 창의력이 있어야겠다는 생각이 들었다. 어디에서부터 시작해야 할까? 당시 우주 경제에는 사실상 기술적인 기회만 있었다. 2012년만 해도 창업과 금융 업무에 전문성이 있는 재무, 경제, 비즈니스 관련 인력이 이 업계에 들어갈 길은 없어 보였다.

학생 신분의 좋은 점 중 하나는(성인 MBA 학생도 마찬가지다.) 전문가가 시간을 할애해 질문에 답해 줄 가능성이 높다는 것이다. 나는 내부자의 말을 들어 보고자 학생증을 기자증처럼 휘두르며 이제 막 시작된 우주 경제의 종사자들로부터 정보를 얻기 위해 인터뷰를 요청했다. 놀랍게도 그들로부터 열렬한 환영을 받았다. 전문가들이 이구동성으로 하는 이야기는 우주 산업에 기술 인력은 넘쳐나지만 효율적이고 효과적이며 책임감 있게 업계의 성장을 관리할 비즈니스 인력이 부족하다는 것이었다. 결과적으로 나는 비즈니스 경험 덕분에 유니콘이 될 수 있었다. 당시 우주 경제는 혁신의 S 곡선의 초입부에 있었기 때문에 대부분의 비즈니스 관련 전문가들은 아직 내재된 잠재력을 보지 못했다. 하지만 우주 경제 안에서 일하고 있던 사람들은 내가 거기서 나의 길을 개척할 여지가 충분히 있다고 생각했다.

머리말에서도 이야기했듯이 내가 우주 경제와 관련된 경험을 쌓기 위해 처음으로 한 일은 달 탐사 로봇 회사 애스트로보틱에서 무상으로 업무를 도와주는 것이었다. 지금은 우주 경제의 기반이 전보다 훨씬 탄탄해져서 초심자가 할 수 있는 유급 일자리가 많이 생겼다. 게다가 필요로 하는 역할도 훨씬 다양해졌다. 이제 더는 무급으로 일할 필요가 없다.

갈수록 우주가 비즈니스의 모든 영역에 영향을 미치듯 우주 경제도 거의 모든 유형의 직업을 필요로 한다. 하지만 우주 직업이 어떤 모습인지, 또 어떻게 해야 자리를 꿰찰 수 있는지 잘 모르는 사람이 많다. 경쟁은 치열하다. 그 어느 때보다도 많은 사람이 우주 경제 기업에서 일하고 싶어 한다. 어떻게 하면 눈길을 끌 수 있을까? 관리자가 진정으로 찾는 사람은 어떤 사람일까?

당신이 대학을 막 졸업하고 첫 직장을 찾는 사람이든, 내가 그랬던 것처럼 몸담고 있던 업계를 떠나 가슴 두근거리는 새 진로를 찾고 있는 사람이든, 우주 경제에는 당신을 위한 자리가 있다. 어쩌면 당신은 외부인이 아니라 우주 경제 내에서 변화를 모색하는 사람일수도 있을 것이다. 예컨대 따분한 방위산업체 일을 뒤로 하고 치열한 스타트업에서 흥분되는 일을 하고 싶거나, 창업가의 치열함을 실컷 맛본 뒤 대형 위성 제작 업체에서 일자리를 찾고 싶은 사람일 수도 있을 것이다. 당신이 어디에서 온 사람인지, 또 어디로 가고 싶어 하는 사람인지는 중요하지 않다. 이 장에서는 성공한 우주 전문가의 이야기와 조언을 통해 당신이 나아갈 길을 안내할 것이다. 이들의 조언을 통해 역동적이며 빠르게 발전하는 이 환경에서 자신의 경력을 개발하는 방법을 알아보기 바란다.

우주 경제로 진출하기 위한 다양한 교육 알아보기

스페이스캐피털의 파트너인 유스투스 킬리언은 이렇게 말한다. "우주 경제에 진출하는 방법은 자신의 현재 경력이 어느 단계인가에 따라 다릅니다. 아직 대학생이라면 NASA에 도전해 보는 등 우주 쪽으로 진출할 기회가 엄청나게 많습니다. 개발 중인 하드웨어나 소프트웨어 쪽에서 일할 기회를 찾아보세요. 그러면 당신이 호기심이 많고 우주 분야에 관심이 있다는 사실뿐만 아니라 무언가를 할 수 있다는 것을 보여 줄 수 있는 포트폴리오를 만드는 데 도움이 될 것입니다."

버락 오바마 정부 시절 NASA 부국장으로 근무하며 우주 경제의 발전에 중요한 역할을 했던 로리 가버는 이렇게 말한다. "나는 기술자도 아니고 과학자도 아닙니다. 내 교육 백그라운드는 정치학과 경제학입니다. 그래서 우주 분야에 근무할 수 있었죠." 현재 가버는 하버드 케네디스쿨의 '벨퍼 과학 및 국제문제 센터'의 선임 연구원이자 하이드로샛(Hydrosat) 이사회의 일원으로 활동하고 있다. 또, 지구 관측(EO) 데이터를 활용해 기후 변화에 대응하는 비영리기구 어스라이즈 얼라이언스(Earthrise Alliance)의 설립자이며, 항공우주에 관심이 있는 여성에게 유급 인턴 자리나 고위직 멘토링을 알선해 주는 브룩 오웬스 펠로십(Brooke Owens Fellowship)의 공동 설립자이기도 하다.

가버는 STEM[66] 백그라운드가 없음에도 우주 경제에서 영향력 있는 경력을 쌓아 왔다. 그녀는 빌 클린턴 대통령 시절 NASA의 정책 책임자로 일하다가 존 케리 선거 캠프와 힐러리 클린턴 선거 캠프

---

66 과학(science), 기술(technology), 공학(engineering), 수학(mathematics)의 앞 글자를 따 만든 말.

에서 우주 정책 보좌관으로 활동했다. 2008년 민주당 예비선거에서 버락 오바마의 우주 정책 전문가로 토론에 참여한 뒤 오바마 대통령직 인수위원회의 NASA팀을 이끌어 달라는 제안을 받았다.

"내가 제안을 수락하자 만약 NASA에서 일하게 된다면 무슨 일을 하고 싶으냐고 묻더군요. 아버지는 늘 내가 얻을 수 있다고 생각하는 것보다 한 단계 높은 것을 요구하라는 말씀을 하셨어요. 내 꿈은 NASA 총괄본부장이었기에 그보다 한 단계 높은 '부국장'이라고 대답했죠." 놀랍게도 가버는 그 직책을 맡게 되었다.

가버가 공동 설립한 브룩 오웬스 펠로십은 우주에 관심 있는 재능 있는 젊은이들이 참여할 수 있는 다양한 프로그램과 기회의 한 예다.

"우리 목표는 펠로십을 통해 우주 커뮤니티에 더 다양한, 그래서 더 혁신적인 인력이 들어올 수 있도록 지원하는 것입니다. 이 프로그램은 여성 학부생에게 민간 우주 회사에서 인턴으로 근무할 기회를 제공하죠. 또, 학생들에게 업계 고위직에 있는 멘토도 배정합니다. 나는 지금처럼 우리 프로그램을 지원해 주는 우주 커뮤니티가 매우 자랑스럽습니다."

브룩 오웬스 펠로십에서 파생된 조직이 패티 그레이스 스미스 펠로십(Patti Grace Smith Fellowship)이다. 브룩 오웬스 펠로십과 설립 취지가 비슷하지만, "인종과 민족 문제로 제도적 편견의 대상이 된 사람들이 성공적인 항공우주 경력을 쌓고 미래 항공우주 산업의 리더가 될 수 있도록 의미 있고 효과적인 진로"를 만들어 주는 일을 주로 한다. 십 대 시절 패티 그레이스 스미스는 앨라배마주의 학교 통합을 끌어낸 유명한 소송의 원고였다. 그 뒤 그녀는 우주 분야에서 걸출한 경력을 쌓았다. 그중 하나를 들자면, 10년 이상 상업용우주 수송국 국장으로 근무하며 "최초의 내륙 우주항 허가, 최초의 민간 유인 우주 비행, 일론 머스크가 개발한 상업 로켓인 스페이스X 팰컨 1의 첫 발사 등을 감독"[a]했다.

고등 교육은 기술 붐으로 인해 생긴 갑작스러운 기술 수요에 필연적으로 뒤처질 수밖에 없다. 하지만 지난 몇 년 동안 우주 경제 전반에 걸쳐 성장이 계속 이어지면서 고등 교육 기관들도 이를 따라잡기 위한 시동을 걸었다. 예를 들어 하버드 경영대학원은 최근에 '우주: 공공 및 민간 경제학'이라는 강좌를 개설했는데, "엘리트 교육 기관에서 우주 부문의 경제학을 가르치는 최초의 강좌"[b]라고 한다. 담당 교수 매슈 와인지얼은 "이 강좌가 다른 곳에서도 우주에 대한 자체 강좌를 개설하는 계기가 되었으면 좋겠다. 더 많은 경영대학원에서 이런 논의가 이루어지기를 바란다."라고 했다.

이상의 내용은 빙산의 일각에 지나지 않는다. 온라인 검색을 하면 갈수록 다양해지는 교육 프로그램뿐만 아니라 공공 부문이나 민간 부문이 내건 상금, 장학금, 인턴 프로그램은 물론 우주에 관심 있는 재능 있는 사람들의 역량을 키우고 이들을 고무하기 위해 학계 및 업계에서 제공하는 각종 기회도 찾을 수 있을 것이다. 당신이 아직 우주 경제에 의미 있게 기여할 만한 기술을 갖추지 못했다면 다채로운 기회에 도전해 보기 바란다.

어떤 자질이 필요한가

우주 경제의 리더들과 이야기를 나누다 보면 현재 성장의 가장 큰 걸림돌은 인재 부족이라는 사실을 알게 될 것이다. 10년 전만 해도 우주 경제 스타트업은 애플이나 구글 같은 기업에서 기술 인재를 빼내 왔다. 하지만 오늘날의 우주 기업은 서로 간에 인재 쟁탈전을 벌이고 있다.

무선 엔지니어링과 같이 아직도 기술자의 공급이 수요에 크게 못 미치는 전문 기술의 경우에는 경쟁이 매우 치열할 수 있다. 하지만 인재 부족 현상은 줄어들 것이다. 학문적 재능이 있는 밀레니얼 세대와 젊은 근로자들은 활기를 잃은 인터넷 대기업의 일보다 더 의미 있는 일을 찾아 우주로 눈을 돌리고 있다. 이와 동시에 기존 대기업의 관료주의와 정체된 업무에 신물이 난 나이 든 전문 인력도 보다 역동적인 기회를 찾아 뒤늦게 이직하고 있다.

우리는 인재를 찾는 이런 수요와 숨겨진 인재 풀을 서로 이어 주기 위해 채용 플랫폼 스페이스탤런트를 만들게 되었다. 스페이스탤런트는 우주 경제 기업과 세계 최고의 직원을 연결해 주는 장터다. 이 글을 쓰는 현재 700개 기업의 3만 개 일자리가 올라와 있는 스페이스탤런트는 믿을 만한 기업과 최고의 인재를 이어 주는 동시에 끊임없이 늘어나는 기회에 대한 인사이트도 제공한다. 당신이 아직 본격적으로 구직 활동을 할 준비가 되어 있지 않더라도 한 번쯤 살펴볼 만한 가치가 있을 것이다. 일자리의 폭과 채용 기관의 다양성을 보면 아마 놀랄 것이다. 기회를 활용하려면 어떤 특정 기술 외에도 그 이상의 자질이 있어야 한다. 학벌도 어느 정도 중요하기는 하지만 기업은 우주에 관한 관심과 실제로 이룬 성과를 훨씬 중요하게 여긴다.

랜더드닷에이아이의 설립자 겸 CEO 쿤츠는 이렇게 말한다. "능력과 일을 해내려는 의지를 보고 직원을 채용합니다. 성과를 낼 수 있다는 증거를 보여 줄 수 있으면 도움이 되죠." 이력서에 기재할 성과를 내기 위해 첫 직장을 구할 때까지 기다릴 필요는 없다. "학생이라 해도 수업에서 요구하는 것 이상의 학술 프로젝트를 수행할 방법이 있습니다. 의미 있는 성과물에 기여할 수 있는 인턴 제도도 있죠. 인턴 활동을 하며 뭔가를 만드는 것은 내부 고객을 대상으로 영업하는 것과 비슷한 일입니다. 나중에 만들 제품이나 서비스를 이용할 사람들에 대해 미리 알 수 있는 기회도 되죠."

기술적인 문제를 넘어서는 것이 핵심이다. "'누가 이 제품을 사용할까? 사용자가 필요로 하는 것은 무엇일까?'와 같은 문제를 깊이 고민해 보았다는 사실을 보여 주면 업계에 들어오는 차별화 요소로 작용할 수 있습니다. 제품의 장점뿐만 아니라 고객의 니즈도 세심하게 헤아려야 합니다. 고객은 이 제품을 어떻게 사용할까, 어떻게 하면 고객에게 도움이 될 수 있을까와 같은 질문을 되뇌어야죠. 고객은 제품을 구매하는 것이 아니라 솔루션을 구매하는 것입니다. 그래서 내가 채용하고 싶은 사람은 '솔루셔너'[67]입니다. 이런 사고방식을

67　솔루션 제공자

가진 사람인지 아닌지는 보통 경력 초기에 쉽게 알 수 있죠."

당신이 이미 기술적 역량을 갖췄다면 리더십이나 경영, 의사소통 훈련을 통해 당신의 역량을 늘리는 것을 고려해 보라. 스페이스캐피털의 매니징파트너 톰 잉거솔은 MBA의 핵심 강의 여러 개를 수강하고 나서야 엔지니어링 관리 석사 학위를 취득할 수 있었다. 잉거솔은 경영 분야의 지식 없이 맥도널더글러스에서 일했더라면 '분석 업무나 코딩 작업만 했을 것'이라고 생각한다. 하지만 그는 그보다 더 큰 그림을 그리는 업무에 투입되었다.

잉거솔은 이렇게 말한다. "나는 사업 관리 업무를 맡았죠. 예산, 일정 관리, 경영 기법, 마케팅, 고객과 협력하는 방법 등을 알았기 때문입니다." 엔지니어링을 비롯한 기술 역량은 매우 중요하다. 하지만 당신이 내놓을 것이 기술 역량밖에 없다면 당신의 리더십 잠재력은 한계가 있을 것이다. '어떻게'를 다루는 분야에서만이 아니라 '왜'를 다루는 분야에서도 일하려면 커리큘럼의 폭을 넓힐 생각을 해야 한다.

우주 경제는 변화가 매우 빠르기 때문에 당신이 선택한 일자리와 전공이 완벽하게 일치하지 않아도 괜찮다. 부족한 부분은 다른 것으로 보충하면 된다. 유스투스 킬리언은 이렇게 말한다. "인턴이나 기타 프로그램을 통해 프로젝트에 참여한 경험이 있으면 누구나 탐내는 일자리를 잡기 위해 스페이스X 같은 기업에 지원하는 데 큰 도움이 됩니다. 학업 성적을 넘어선 역량을 보여 줘야 합니다."

"당신의 현재 경력이 어느 단계이건 관계없이, 지리공간이 되었든 사물인터넷(IoT)이 되었든, 우주를 기반으로 하든 지상을 기반으로 하든, 먼저 관심을 두고 있는 분야에 대해 배우는 것이 중요합니다. 커뮤니티가 형성된 곳에 가서 전문가 인맥을 구축하세요. 당신의 호기심을 따라가세요. 기회는 어디에나 있습니다. 우주 경제는 아직 초기 단계입니다."

적합한 일자리 찾기

우주 경제에는 다양한 일자리가 있다. 하지만 우주에 관심이 있다고 밝힌 많은 사람에게 물어보면 꿈의 시작은 비슷하다. 바이올렛랩스의 공동창업자 루시 호그는 이렇게 말한다. "고등학교 시절에 나는 우주 비행사가 되고 싶었죠. 항상 미지의 영역이나 새로운 개척지에 관심이 많았어요. 당연히 우주는 궁극의 영역이었지요."

우주 비행사가 되고 싶다는 열망은 스릴을 즐기는 아이들에게서 거의 공통으로 발견할 수 있는 특성이다. 하지만 우주 비행사 외에도 다양한 기회가 있다는 사실을 알게 되면 자신의 적성에 맞는 진로가 보이기 시작한다. 무중력 상태에서 커피를 마시는 우주 비행사의 동영상처럼 많은 유튜브 조회 수를 올리지는 못하지만, 다른 직업들도 매력적이고 보람이 있다. 어린 시절의 꿈을 위해 전력투구하기 전에 모든 가능성을 조사하고 탐구해 보기 바란다. 호그가 우주선 조종보다는 우주선 설계에 더 관심이 많다는 사실을 깨달은 것은 서던캘리포니아대학교(USC)에 다닐 때였다. 이후 그녀는 우주 공학 학사, 석사, 박사 학위를 차례대로 취득했다.

호그는 USC 비터비 공과대학원에서 박사 과정을 밟던 중 AI 기반으로 우주선을 설계하는 최첨단 연구에 참여해 스파이더라 불리는 위성 설계 자동화 및 최적화 툴을 개발했다. 이 경험을 계기로 미국 국방고등연구계획국(DARPA)에 들어간 그녀는 피닉스(Phoenix), 시미(SeeMe) 같은 프로그램에 참여했다. 피닉스는 운영이 종료된 정지 위성에서 부품을 수거하는 프로그램이었고, 시미는 전장의 병사들에게 EO 이미지를 전송하는 소모성 지구 저궤도(LEO) 군집위성을 연구하는 프로그램이었다. DARPA를 떠난 뒤 호그는 소비자 기술 쪽으로 방향을 틀어 구글, 웨이모, 리프트 등에 근무하며 자율주행차 관련 업무를 담당했다. 그녀는 이렇게 말한다. "자율주행차는 기본적으로 땅 위의 위성과 같아요. 센서의 작동 방식이나 설계 원리가 많이 겹치지요. 그 세계에 들어가는 것이 정말 즐거웠습니다." 호그는 이처럼 서로 다른 여러 경험을 통해 회사를 설립하는 데 필요한 지식과 경험, 전문가 인맥을 쌓을 수 있었다.

어떤 회사를 선택하고 어떤 자리에 가야 할지를 결정하려면 여러 요인을 고려해야 하지만, 사람이 훌륭한 나침반이 될 수 있다. 우주 경제는 아직도 운동장이 좁다. 인간관계가 무엇보다도 중요하다. 가고 싶은 회사가 보이면 앞으로 동료가 될 사람들을 잘 살펴보라. 그들의 자격과 업적을 자세히 들여다보라. 급여와 복리후생도 중요하지만 경력 개발을 놓치면 안 된다. 가능하면 최일선으로 가라. 지금 와서 봤을 때 당신이라면 스페이스X의 말단 자리를 버리고 빌 에어로스페이스의 관리직을 맡았겠는가? 일자리가 나타나면 그 자리가 당신에게 얼마나 도전과 배움의 기회를 제공할지 생각해 보라. 그 자리에 가면 다른 곳에서는 쌓을 수 없는 어떤 경험을 할 수 있을까? 인맥을 넓히는 데는 얼마나 도움이 될까? 지금은 모든 면이 다 마음에 드는 것은 아니지만 향후 더 나은 기회로 이어지는 자리는 아닐까?

톰 잉거솔은 맥도널더글러스에서 델타 클리퍼(Delta Clipper) 프로젝트를 수행한 경험이 자신의 경력에서 하이라이트였다고 생각한다. 프로젝트 과정에서 배운 것이 많았기 때문이다. "같이 일한 사람 중에 뛰어난 사람들이 많았어요. 지금 생각해 보면 내 경영 철학 중 많은 부분이 그 프로젝트에서 나온 것입니다. 나는 하드웨어를 실제로 쏘아 올린다는 것이 무슨 의미인지, 성공을 보증하는 징표가 무엇인지를 배웠습니다. 뛰어난 사람들과 함께 일하고, 뛰어난 사람들이 조직에 어떤 가치를 가져다줄 수 있는지 이해하고, 개인들이 모여 놀라운 일을 성취하는 프로젝트를 함께 수행하는 모습을 보면서 배운 것이죠. 그 경험은 나한테 큰 발걸음이었습니다."

처음에 잉거솔이 보기에 일자리 자체는 그다지 탐탁하지 않았다. "그냥 똑똑한 사람들과 같이 일하고 싶었습니다. 항공우주에 엄청난 관심이 있었던 것도 아니고, 남부 캘리포니아가 미칠 듯이 마음에 든 것도 아니었어요. 하지만 같이 일한 사람들은 정말 똑똑했고, 그들과 비교해 내가 어느 정도 위치인지 알아보고 싶었습니다."

밖에서 보면 흥미로운 일자리이거나 흥분되는 일자리인지 아닌지

판단하기 쉽지 않다. 인재가 넘쳐나는 기업에 자리가 나면, 비록 그 자리가 겉에서는 만족스럽지 않아 보여도 깊이 생각해 볼 만한 가치가 있다. 거기서 일하고 있는 직원들은 아마 당신이 모르는 무언가를 알고 있을 것이다.

방위산업체를 옹호하며

우주 경제에 진출할 방법을 찾고 있다면 생태계 전체를 염두에 두고 접근해야 한다. 스타트업 일자리가 더 참신할 수는 있겠지만, 기존의 대기업 근무를 고려해 봐야 할 이유도 상당히 많다. 심지어 방위산업체에 가더라도 가치 있는 교훈을 얻을 수 있다.

톰 잉거솔은 이렇게 말한다. "맥도널더글러스를 떠날 기회가 여러 번 있었지요. 하지만 규모를 확장하는 경험을 한 것만으로도 계속 붙어 있길 잘했습니다. 나는 수십억 달러의 예산을 편성해 보았고, 전체 인원이 500~600명이나 되는 여러 팀도 관리해 보았습니다. 그러다 보니 규모 확장에 수반되는 문제를 알게 되었고, 관리 역량도 키울 수 있었죠. 규모 확장은, 특히 창업가가 되려는 사람에게는 매우 중요합니다. 회사를 떠나지 않은 것이 참 잘한 일이었어요. 덕분에 경력이 크게 달라졌습니다."

창업가가 되려는 야망이 있는 사람이라면, 관료주의와 업무 지연 등의 문제가 있기는 하지만 정부 기관 근무를 고려해 보는 것도 좋다. 플래닛랩스의 공동창업자 로비 싱글러는 이렇게 말한다. "어떤 일을 하더라도 창업가가 될 수 있습니다. NASA는 창업가가 될 사람에게 좋은 일자리죠. 거기 근무할 때 정말 재미있는 프로젝트를 많이 수행해 봤어요." 싱글러는 에임스연구센터(Ames Research Center) 소장 특별 보좌관을 거쳐 수석 기술자의 비서실장을 지내며 NASA의 기술 이전 프로그램 개발을 지원했다.

"지금 와서 생각해 보면, 나는 NASA에서 벤처 기업 창업가가 되는 훈련을 받은 것 같습니다. 수석기술자실의 프로그램 관리 지침인 7120.5D 덕분이지요. NASA는 이 지침에 따라 프로젝트 단계별로 설계 검토를 합니다. 이때 기술 개발, 관리, 투입 비용 등을 대상으로 계획 대비 실적을 평가합니다. 동시에 과학적 지표가 목표를 충족하고 있는지도 확인하죠."

"설계 검토를 한 번씩 할 때마다 큰돈을 버는 셈입니다. 기술도 축적하고, 과학적 가설도 검증하고, 팀의 능력도 끌어올릴 수 있습니다. 동시에 정해진 비용과 예산 범위를 벗어나지 않는지도 확인하죠. 우리가 NASA를 그만두고 벤처캐피털 투자를 받아 플래닛랩스를 시작하려고 하니까 벤처캐피털 회사에서 물어보는 것들이 NASA에서 하던 일과 똑같았습니다. 창업팀을 꾸릴 수 있습니까? 시장 가설을 검증할 수 있습니까? 기술을 구현할 수 있습니까? 진입 장벽이 있습니까? 차별화 요소는 있습니까? 내가 하던 일과 똑같았지요. NASA는 창업을 가르친 셈입니다."

리더십의 사다리 오르기

성장이 빠른 시기에는 이직에 따르는 보상이 거부하기 어려운 유혹이 될 수도 있다. 인재 확보 경쟁이 치열해지면 보상 패키지가 매우 공격적으로 바뀐다. 이런 시기에 회사를 옮기면 의심할 여지 없이 금전적 이익을 볼 수 있다. 그렇다 하더라도 장기적인 관점에서 전문성 개발에 우선순위를 두는 것이 좋다. 다른 곳에 가서 같은 일을 하면서 더 많은 돈을 벌 수 있으니 마음이 끌릴 수밖에 없다. 하지만 확실한 성과를 쌓아 더 큰 책임을 지는 자리에 올라갈 수 있을 만큼 한곳에 오래 있는 것이 더 합리적일 수도 있다.

반면에 외부 여건이 바뀌면 현재 몸담고 있는 곳이 아무리 편해도 이직을 고려해 봐야 한다. 변화의 바람은 무시할 수 없다. 톰 잉거솔은 맥도널더글러스가 보잉과 합병하자 변화의 바람이 부는 것을 느꼈다. 잉거솔은 이렇게 말한다. "아이가 넷이었어요. 주택 대출금도 갚아야 했고, 저축한 돈도 많지 않았고, 회사에서는 고속 승진 가도를 달리고 있었죠. 그렇지만 회사를 그만두고 스타트업을 시작했습니다." 잉거솔은 맥도널더글러스에서 많은 것을 배웠지만, 우주 경제가 변곡점에 와 있다는 사실을 깨달았다. 떠날 때가 된 것이었다. "공부를 하면서 준비해야 합니다. 하지만 기회가 찾아왔을 때 계산된 위험을 받아들일 줄도 알아야 합니다."

더크 로빈슨은 스카이박스이미징에 있을 때 혁신적인 지리공간정보(GEOINT) 군집위성 개발에 핵심 역할을 담당했다. 이 일은 많은 기술적 문제를 극복해야 하는 도전적 위업이었다. 이후 로빈슨은 구글에서 구글맵스 플랫폼을 확장하는 팀을 이끌었다. 그는 리더로서 성공한 비결의 일정 부분은 교육 덕분이라고 말한다. 그중에서도 정규 수업보다는 과외 활동이 더 도움이 되었다고 한다. "학교 다닐 때 운 좋게도 여러 협회나 동아리에서 리더 역할을 맡을 수 있었습니다. 당시에는 몰랐지만, 그때 여러 그룹과 소통하면서 조율하는 법을 배운 것 같습니다. 계획을 수립하고, 사람들을 하나로 묶고, 일이 되도록 하는 방법을 배웠죠."

로빈슨은 대학원에서 또 다른 중요한 리더십 기술인 유연성을 배웠다. 다양한 구성원으로 이루어진 팀을 이끌려면 유연성이 필요하다. "전 세계의 기술자 및 교수들과 긴밀히 협력할 기회가 있었습니다. 그들과 함께 일하며 다양한 경험과 문화와 가치를 엿볼 수 있었죠. 오늘날 우리 대부분은 전 세계인과 함께 일하고, 그들을 상대로 물건을 사고 팝니다. 나는 경력 초기의 이런 경험을 통해 다양한 사람들로 이루어진 세계에서 어떻게 하면 파트너십을 구축할 수 있고, 어떻게 하면 일을 만들어 갈 수 있는지 배웠습니다."

수요가 많은 기술에는 무엇이 있을까?

유스투스 킬리언은 이렇게 말한다. "사람들은 대부분 우주라고 하면 로켓을 떠올립니다. 지금까지 우주는 엄청난 기회의 영역이었습니다. 우주 발사체 분야는 지난 5년 사이에 아마 100배는 성장했을 겁니다. 로켓 추진 기술자 수요는 엄청났죠. 사실 최고의 로켓 추진 전문가는 10에서 20년 동안 거대 생산업체에서 엔진을 만들어 왔습니다." 하지만 우주 경제가 진화함에 따라 수요 기술도 달라질 것이다.

"우리 생태계에서 수요가 가장 많은 자리는 소프트웨어 기술자입니다. 소프트웨어는 하드웨어를 최적화하므로 소프트웨어 기술자의 역할이 매우 중요하죠. 이들은 더 효율적인 생산 공정을 개발하기도 하고, 강력한 비즈니스 인텔리전스 툴도 만들죠. 예컨대 스페이스X 내부에서 사용하는 시스템 상당수는 스페이스X 소프트웨어 기술자가 개발한 자체 솔루션입니다."

"지금은 데이터 과학의 역할도 매우 중요합니다. 데이터는 성공을 좌우합니다. 예컨대 로켓은 원격 계측기로 추적하며 예측 경로를 따라 발사하죠. 예측이 실패하면 발사도 실패합니다. 따라서 소프트웨어 기술자 자리를 맡으려면 상당한 역량이 있어야 합니다."

톰 잉거솔은 이렇게 말한다. "소프트웨어와 사람들에게 서비스를 제공하는 기계장치 사이의 인터페이스에 기회가 있다고 생각합니다. 소프트웨어를 타고 우주에 갈 수는 없습니다. 인터페이스가 있어야죠. 소프트웨어만으로 무인 자동차를 만들 수도 없습니다. 하드웨어가 있어야죠." 이런 맥락에서 잉거솔은 융합 학문 분야인 메커트로닉스(Mechatronics)의 잠재력이 크다고 본다. 메커트로닉스는 컴퓨팅, 전자기계 시스템, 로봇공학, 자동화 등을 통합한 전문 분야다. 사물인터넷 기기에서부터 항공우주전자공학이나 바이오메커트로닉스(예, 동력형 외골격)에 이르기까지 모든 것이 메커트로닉스의 범주에 속한다. 짐작하겠지만, 우주 경제 전반에 걸쳐 메커트로닉스 백그라운드를 가진 인력에 대한 수요가 점점 늘어나고 있다.

수요가 있는 또 다른 분야로는 AI 및 머신 러닝을 다루는 소프트웨어 개발과 거의 모든 공학 분야를 들 수 있다. 하지만 당신이 가진 기술이 그래픽 디자인이나 홍보 등 다른 분야라면, 기술 분야의 학위를 따려고 하기 전에 먼저 당신을 기다리고 있을지도 모를 기회를 탐색해 보는 것이 좋을 것이다.

킬리언은 이렇게 말한다. "경력자의 경우, 통신이나 전통적인 기술, 물류, 이미지 처리, 클라우드 역량뿐만 아니라 기타 기술이나 비즈니스, 법률 등 다른 분야의 백그라운드라도 있다면 우주 경제에 들어올 자리가 있습니다."

학습으로 방향을 전환하기

스페이스캐피털의 운영 파트너이자 테크스타즈(Techstars)의 멘토로 활동하고 있는 에런 집은 남부 캘리포니아에 있는, 신흥 성장 기업 전문 이그제큐티브 서치 펌[68]인 새파이어 파트너스(Safire Partners)의 리더다. 에런은 기술 분야에서 일하고 싶었지만 스스로

---

68   고급 인재 중심의 헤드헌팅 업체

생각해도 자신이 기술자와는 거리가 멀었다. 그래서 대형 통신사를 상대로 리크루팅해 주는 일을 첫 직업으로 삼았다. 그는 이 일을 하며 중요 기술 업계와 관련된 경험을 쌓을 수 있었을 뿐 아니라 '인터넷의 백본이 되는 핵심 인프라 프로젝트'가 내부적으로 어떻게 운영되는지도 엿볼 수 있었다.

닷컴 버블이 꺼지며 대규모로 이루어지던 인터넷 관련 직원 채용이 중단되자 에런은 항공우주로 방향을 틀어 록히드마틴과 벨헬리콥터(Bell Helicopter) 같은 방산업체를 상대로 리크루팅 일을 했다. 다른 경력이나 산업으로 경로를 바꾸는 것의 장점 중 하나는 자신이 몸담지 않았던 새로운 곳을 알게 되는 것이다. 에런은 당시의 상황에 대해 이렇게 말한다. "몇몇 기업의 복도를 걸어가던 기억이 납니다. 그중 일부는 극비 프로젝트였죠. 창문 없는 건물이 많았습니다. 칸막이 높이가 3m나 되어서 다른 사람의 컴퓨터 화면을 볼 수 없었죠. 가장자리에는 임원 사무실이 있었고요. 아주 이상해 보였고, 생기가 없으며 칙칙하다는 느낌이 들었습니다."

에런은 레거시 기업과 함께 일하면서 많은 좌절을 겪기도 했지만, 이들 항공우주 고객사를 통해 나중에 스페이스X에 근무할 때와 그 이후에도 큰 도움이 된 리크루팅 경험을 쌓을 수 있었다. 게다가 아직도 기초 기술의 상당수를 개발하고 있는 대기업의 철학과 사고방식을 엿볼 수 있었다.

선택의 여지가 있다면 학습 기회가 더 많은 일자리 쪽으로 방향을 잡아라. 예기치 않은 해고와 같은 장애물에 부딪히면 불편함을 감수하면서 성장할 기회로 삼아라. 이종교배를 해야 발전한다. 다양하고 독특한 경험으로 채워진 이력서보다 더 나은 이력서는 없다. 한 자리에서 배울 수 있는 것에는 한계가 있다.

스카이박스이미징의 더크 로빈슨은 호기심을 자신의 직업상 강점으로 꼽는다. 로빈슨은 이렇게 말한다. "나는 호기심이 많아 업무 영역 밖에 있는 시스템이나 비즈니스, 조직 등에 대해서도 알고 싶어 합니다. 그래서 고객이나 법무팀, 재무팀, 인사팀 직원 등 일상적으로 접하지 않는 사람들을 만나 시간을 보낼 때가 많았고, 그 결과 우리가 몸담고 있는 전체 시스템이 어떻게 돌아가는지 잘 알게 되었죠. 이런 지식이 기회를 파악하거나 앞날을 예측하는 데 도움이 되었습니다." 직업에서 호기심의 중요성은 아무리 강조해도 지나치지 않다.

"나는 선천적으로 호기심이 많은 편입니다. 배우는 것을 좋아하죠. 지금 생각해 보면 호기심이 두 가지 면에서 도움이 되었습니다. 첫째로, 난 진로를 선택할 때 배울 것이 있는 사람들하고 같이 일하는 것을 우선시하죠. 그러다 보니 피터 하트나 데이비드 스토크 같은 세계적인 머신 러닝 연구자와 함께 일할 수 있었습니다. 두 사람은 전 세계의 대학원에서 교재로 쓰고 있는 머신 러닝 관련 책을 집필했죠. 스카이박스이미징에서는 뛰어난 기술자들로 이루어진 창업팀에서 일할 수 있었습니다. 또, 고성과를 내는 대규모 엔지니어링 조직을 만들고 운영할 줄 아는 조 로텐버그, 톰 잉거솔, 캐미 핵슨 같은 임원진과도 일할 수 있었죠. 내가 존경하는 사람들과 함께 일하면서 유용한 기술을 배웠고 최선을 다해야 한다는 마음가짐을 갖게 되었습니다."

스페이스캐피털의 유스투스 킬리언은 재무 분야에서 자신의 호기심을 좇은 사람이다. 킬리언은 메릴린치(Merrill Lynch)에서 선임 재무 분석가로 근무하던 중 한 가지 트렌드를 발견했다. 킬리언은 이렇게 말한다. "파트타임 재무 담당자가 자본을 모집해 운용하는 일반적인 형태의 벤처캐피털이 아니었어요. 운영자 중심의 모델이었습니다. 예컨대 이런 식이었어요. '나, 이거 어떻게 하는지 알아. 창업자인 당신 입장 충분히 공감해. 나도 해 봤거든.' 그러다 보니 운영자 중심의 벤처캐피털이 돈을 다 끌어갔죠." 호기심이 발동한 킬리언은 운영 경험을 쌓기 위해 5년을 투자했다. 그는 남아시아와 동아프리카에서 투자 업무를 했고, 포트폴리오 기업의 영업 조직 구축, 재무구조 개선, 경영 교육 프로그램 개발 등을 도왔다. 우간다 북부에서는 1년 동안 임시 CFO 겸 운영 관리자로 일하며 중요한 투자 회사의 고속 성장을 지원했다.

"이 경험을 통해 투자자가 원하는 것이 무엇인지, 시장에서 기회를 찾을 수 있는 곳이 어디인지에 대한 통찰력이 생겼습니다. 그뿐만 아니라 실질적인 주주 가치를 창출하고 투자자에게 원금을 되돌려줄 수 있는 다양한 종류의 기업을 설립하고 운영하는 전술적 지식도 많이 생겼지요."

아볼의 설립자 시다르타 자는 이렇게 말한다. "하버드에서 응용수학과 통계학의 학사와 석사 학위를 취득하고 2005년에 졸업했습니다. 졸업 후 처음으로 한 일은 퀀트 분석[69]이었습니다. 매우 기본적인 수준에서 시장이 어떻게 작동하는지 파악하는 일이죠. 사실 첫 5년간은 금리와 씨름하면서 보냈습니다. 금리는 모든 금융 시장의 작동 방식을 이해하는 데 아주 좋은 기반이 되죠. 본질적으로 대부분의 시장은 금리를 반영합니다. 어떤 시기의 금리를 이해하면 주식시장, 상품 시장, 벤처캐피털을 비롯해 경제의 광범위한 추세를 이해하는 데 도움이 됩니다."

우주 경제에 관심이 있는 젊은이에게 금리를 공부하라고 말하는 진로 상담사는 없을 것이다. 하지만 금리에 대한 시다르타 자의 호기심은 GEOINT 데이터 애플리케이션 중 단기적으로 가장 유망한 지수형 보험으로 그를 이끌었다. 다시 말해 그가 자신의 관심 분야를 좇지 않았다면 아볼을 설립할 수 없었을 것이다.

"처음으로 좋아했던 것은 상품이에요. 선박이나 송유관, 우리의 일상생활을 영위하는 데 필요한 생활필수품 같은 것에 관심이 많았죠. 음식은 어떻게 우리 식탁에 오를까, 기름은 어떻게 우리 차까지 들어올까 같은 것이 궁금했습니다. 그래서 JP모건을 그만두고 스타트업 헤지펀드에 합류하게 되었죠. 나는 시장을 알려고 정말 많이 노력했습니다. 석유와 가스, 옥수수와 대두, 구리와 납, 소, 돼지 등 모든 상품에 관심이 있었죠. 어느 정도 유동성만 있다면 분석하고 거래해 보지 않은 상품이 없을 정도였습니다. 이런 경험을 통해 생

---

69 Quantitative Analysis. 금융 시장의 동향을 수학적 모델과 통계 기법을 사용해 분석하는 것

산, 소비, 물류의 관점에서 각각의 시장이 어떻게 작동하는지, 또 시장 사이의 상호작용은 어떻게 이루어지는지 잘 알 수 있게 되었죠."

그는 퀀트 분식에 이용되는 상업용 EO 위성의 잠재력을 알게 되었다. "새로운 애플리케이션에 위성이 점점 많이 등장하더라고요. 그중 하나가 적외선 센서가 탑재된 위성을 이용해 농작물의 건강 상태를 평가하는 것이었죠. 나는 밀과 옥수수를 많이 거래했습니다. 정부의 공식 데이터를 신뢰할 수 없는 나라가 많은데, 그렇다고 사람을 현지에 파견하는 것도 실용적인 방법이 아니었어요. 농작물의 상대적인 상태, 예컨대 아르헨티나의 밀 작황과 우크라이나의 밀 작황 중 어느 쪽이 나은지 평가할 실용적이고 효율적인 방법이 필요했습니다. 위성을 이용하면 객관적인 평가가 가능했죠. 나는 그런 관점에서 위성의 잠재력을 알게 되었습니다. 거기에다 상업용 레이더 위성을 발사하려는 사람들에게 자문을 제공한 적도 있습니다. 이 두 가지 경험을 통해 위성 산업에 대해 많이 알게 되었지요. 덕분에 아볼의 인프라를 구축하기 시작했을 때, 우리는 위성 기반의 날씨 데이터와 작황 데이터가 핵심이 되리라는 사실을 알고 있었습니다."

여기서 얻을 수 있는 교훈은 첨단 기술이 동원되는 사업을 운영할 때는 기존의 성공에 안주해서는 안 된다는 것이다. 한쪽 눈은 업무를 바라보고, 다른 쪽 눈은 지평선을 바라봐야 한다.

에런 짐은 이렇게 말한다. "나는 5~6년마다 한 번씩 한 걸음 뒤로 물러나 전체 판세가 어떻게 돌아가는지 보고 재평가하려고 노력했습니다." 에런은 실리콘밸리가 다시 살아나려는 모습을 보이자 서부로 가서 첫 번째 대규모 채용이 있을 때 구글에 합류했다. 사람들은 타이밍이 좋았다고 말한다. 하지만 그가 적시에 구글에 합류할 수 있었던 것은 운이 아니라 전략 덕분이었다.

"산업이 어느 방향으로 나아가는지 보고 자신의 직업을 거기에 연계시켜야 합니다." 인터넷의 인프라 계층이 구축될 때 에런은 통신사를 상대하는 일을 했다. 그러다 인터넷의 애플리케이션 계층이 중요해지자 구글에 자리를 잡았다. 스페이스X의 첫 발사 전에 스페이스X에 합류한 것을 보면 선견지명이 있어 보인다. 하지만 에런에 따르면 잘나가는 기술업체를 찾아다니는 것은 얼마나 관심을 기울이느냐의 문제일 뿐이고 '산업이 나아갈 길 앞에 먼저 가 있는 것'에 지나지 않는다. 그렇다면 이런 질문이 떠오른다. 에런이 보기에 산업은 다음에 어느 방향으로 나아갈까?

"로켓 발사는 매력적입니다. 하지만 발사체는 결국 우주 경제라는 산업에서 UPS나 페덱스 같은 수송 업체의 트럭이 될 것입니다." 실제 가치는 궤도 기술을 통해 수집한 데이터를 활용하는 데서 나온다. "데이터의 애플리케이션 계층, 위성 시스템의 정보, 센서 기술 같은 것을 말합니다. 나라면 이런 곳에 경력을 집중할 것입니다. 처음부터 다시 시작한다면 내가 끌릴 유형의 기업은 이런 분야의 기업입니다."

더크 로빈슨은 이렇게 말한다. "엔지니어링은 언제나 유망한 취업 기회를 제공할 것입니다. 엔지니어링은 지구상에서 가장 가치 있는 자원인 인간의 생산성을 끌어내는 중요한 원동력이죠. 그렇다고 엔지니어링 직업이 언제나 안정적일 것이라는 뜻은 아닙니다. 소프트웨어와 자동화의 추세는 다른 분야와 마찬가지로 엔지니어링 직업에도 영향을 미칠 것입니다. 하지만 기초 과학에 관한 지식이 탄탄한 사람이나 설계, 분석, 실험 등 엔지니어링 원리에 관한 기본 지식이 탄탄한 사람에 대한 수요는 항상 있을 것입니다. 내가 생각하기에 향후 몇 년에서 몇십 년 동안 가장 유망한 엔지니어링 취업 기회는 기초 과학에서 엔지니어링으로 전환하는 분야가 될 것 같습니다. 생명공학, 신경 인터페이스, 환경공학, 사회공학, 양자 컴퓨터 같은 것들이죠."

관계의 중요성

어떤 직업을 선택하든 거기서 찾아야 할 가장 중요한 사람은 올바른 멘토다. 더크 로빈슨은 이렇게 말한다. "당신의 멘토가 될 사람을 찾고, 당신도 다른 사람의 멘토가 되어 주어야 합니다. 찾으려는 마음만 먹으면 해당 분야에서 기꺼이 당신에게 도움을 주려는 멘토를 찾을 수 있을 것입니다. 멘토는 당신이 자신의 목표를 이해하고 추구하는 데 도움을 줄 수 있는 매우 귀중한 자원이죠. 멘토는 당신이 해결하고자 하는 문제의 본질을 파악할 수 있게 도와주기도 하고, 당신이 앞으로 나아갈 수 있게 격려하고 동기를 부여하기도 합니다. 내가 아는 성공한 사람들은 모두 멘토가 있습니다."

톰 잉거솔은 이렇게 말한다. "성공한 사람을 자세히 보면 누군가가 중간에 끼어들어 그 사람이 지금의 위치에 오를 수 있도록 도와줬다는 사실을 알 수 있습니다. 이들은 검증한 뒤 신뢰할 만하다는 판단이 서면 접근을 허용하죠." 잉거솔의 경우 맥도널더글러스에서 근무할 때 아폴로 12호 우주선을 지휘했던 피트 콘래드가 바로 그런 멘토 역할을 해 주었다. "피트는 내 경력에 엄청난 도움을 주었습니다."

마찬가지로 당신이 멘토가 될 수 있는 위치에 있다면 멘토로 나서야 한다. 로빈슨은 이렇게 말한다. "다른 사람을 멘토링하면, 다른 사람을 도울 때처럼 자신에게도 도움이 됩니다. 멘토링은 배울 수 있는 기술로, 자꾸 하다 보면 실력이 늘지요. 멘토링은 보람 있는 일입니다. 자기 삶과 경력에도 적용되는 성공과 실패의 패턴에 대해 배울 수 있는 기회가 됩니다. 게다가 상대방에게는 정말로 큰 영향을 끼치지요."

결국 가장 좋은 직업은 인간관계를 통해 얻어진다는 것이다. 평판은 책임자가 되었을 때뿐만 아니라 경력을 처음 시작할 때부터 중요하다. 잉거솔은 이렇게 말한다. "우리는 대학을 졸업하면 자기가 많이 안다고 생각하지만, 실은 아무것도 모르고 있습니다. 자신이 몸담은 업계를 배우려면 수업료를 내야 합니다. 자신이 존중하는, 거꾸로 상대방도 나를 존중하는, 그런 사람들로 이루어진 네트워크를 구축해야 합니다. 사람들은 경청할 줄 아는 사람, 재능이 있는 사람, 추진력이 있는 사람, 열심히 일하려는 사람, 정직한 사람, 진실한 사람을 원합니다. 자신의 업계를 배우기 위해 시간을 투자해야 합니다. 그리고 사람들이 같이 일하고 싶어 하는 사람이 되어야 합니다." 이 말은 모든 산업에 해당하지만, 특히 초기 단계에 있으며 급속히 성장하는 고위험 고수익의 우주 경제에서는 더욱 그러하다.

"가진 지식 때문에 사람을 채용하고, 됨됨이 때문에 사람을 해고 하죠. 당신은 정말로 뛰어난 사람들이 같이 일하고 싶어 할 유형의 사람입니까? 당신은 친절한 사람입니까? 공손한가요? 긍정적인 에너지가 있습니까? 성실합니까? 이런 요소들은 학교에서 잘 가르치지 않지만 어떤 업무 환경에서든 성공에 큰 영향을 끼치지요."

＊ ＊ ＊

우주 경제에서 실력을 쌓는 것은 시작에 불과하다. 승진 사다리를 올라갈수록 회사의 비전을 달성하는 데 도움이 될 인재를 찾고 채용하고 유지하는 것으로 과제가 바뀐다.

지금까지 살펴본 바와 같이 우주 경제에서는 인재 확보 전쟁이 벌어지고 있다. 다음 장에서는 여러 업계의 리더들이 보여 주는, 이 전쟁에서 이기기 위해 조직이 사용할 수 있는 전술과 기법을 소개할 것이다. 제대로 된 팀을 갖추지 못하면 회사의 비전을 달성할 수 없다.

제9장

인재 확보 전쟁에서
승리하기

우주 기업에서는 어떻게 '적합한 인재'를
채용하고 유지하는가

우주 경제에서는 격렬한 인재 확보 전쟁이 벌어지고 있다. 10년 전만 해도 스페이스X 같은 회사는 소프트웨어 기술자를 구글이나 페이스북에서 끌어와야 했고, 항공우주전자공학 기술자는 NASA나 대형 방위산업체에서 끌어와야 했다. 하지만 요즘의 인재 확보 전쟁은 훨씬 가까운 곳에서 벌어지고 있다. 우주 경제 내의 첨단 스타트업들이 야심 찬 비전을 실현하는 데 필요한 세계적 수준의 직원을 차지하기 위해 서로 싸우고 있기 때문이다.

플래닛랩스 CEO 로비 싱글러는 이렇게 말한다. "인재를 유치하는 일이 처음처럼 그렇게 쉽지 않습니다. 경쟁이 더 심해졌죠. 자율주행차나 로봇 회사, 녹색 기술 같은 것에 관심을 기울이는 사람이 늘었습니다. 게다가 우주 분야의 많은 기업이 엄청난 자금을 모집했어요. 그로 인해 급여가 상당히 많이 올랐습니다. 동시에 사람들이 대도시에 살고 싶어 하지 않는 변화도 일어났고요. 그래도 하드웨어를 만들려면 직원들이 공장에 있어야 하지 않겠습니까?"

그렇다면 기업이 직원을 채용하고 유지하는 일은 얼마나 어려워졌을까? 이것을 알 수 있는 한 가지 지표는 인수 그 자체로는 의미가 없는 기업 인수가 늘었다는 것이다. 많은 경우가 '애퀴하이어'[70] 때문인데, 애퀴하이어는 기술 업계에서 흔히 볼 수 있는 관행이다. 이런 기업 인수의 경우 피인수 기업의 수입원이나 지식재산, 고객 기반 등으로는 인수 가격을 설명할 수 없다. 사실 진짜 목적은 피인수 기업의 다른 자산과 함께 넘어오는, 전문가들로 구성된 팀이기 때문이다. 애퀴하이어는 유망한 기술이나 비즈니스 모델을 버리는 것을 뜻할 때가 많다. 인수 기업(일반적으로 이미 자리를 탄탄하게 잡은 대기업)이 피인수 기업의 직원들로 자사 기존 사업의 시급한 인력 공백을 메우기 때문이다.

우주 경제의 인재 수요를 보여 주는 또 다른 지표는 다른 회사 직원을 빼내 가는 수가 늘었다는 것이다. 채용 담당자는 수단 방법을 가리지 않는다. 높은 이직률은 우주 경제의 심각한 문제다. 복잡한 장기 프로젝트의 참여자가 계속해서 바뀌기 때문이다. 프로젝트의 성공적인 마무리를 위해서는 결코 바람직하지 않은 일이다.

긍정적인 면은 수요가 공급을 유발한다는 것이다. 점점 더 많은

---

70 Acqui-hire. Acquisition(인수)과 Hire(채용)의 합성어. 인재 확보를 목적으로 한 기업 인수를 말하는 것으로, '인재 인수' 정도의 뜻이다.

학생이 메커트로닉스에서부터 머신 러닝에 이르기까지 우주 경제의 핵심 기술을 배우고 있다. 해마다 6월이 되면 전년보다 훨씬 많은 '필요한 자질'을 갖춘 졸업생이 노동 시장에 합류한다. 누가 이들을 먼저 채어 갈 것인가?

창업팀 구성하기

우리는 5장에서 적합한 공동창업자를 찾는 문제에 관해 살펴보았다. 창업팀은 회사가 앞으로 나아갈 방향을 정하는 데 엄청난 역할을 한다. 7장에서 톰 웨인이 말했듯이 "창업가는 어떤 백그라운드를 가지고 있든 회사에 자기 색깔을 입힌다." 이것은 그 백그라운드가 무엇인가에 따라 좋은 일일 수도 있고 나쁜 일일 수도 있다.

창업팀 구성은 경제적인 문제 때문에 선택의 폭이 그다지 넓지 않다. 랜더드닷에이아이의 CEO 네이선 쿤츠는 이렇게 말한다. "회사를 창업할 수 있는 훈련을 받았거나 그런 역량이 있는 사람은 한정되어 있습니다. 그중에서 기간이 얼마나 걸릴지 보상은 얼마나 받을지도 모르면서 별다른 수입 없이 일할 수 있는 사람은 더 적습니다. 그래서 창업이 힘든 겁니다." 그렇다고 하더라도 초기에 함께 일할 사람을 고를 때는 매우 신중해야 한다.

"인상적인 이력을 가진 사람을 영입하면 자신이 어떤 유형의 인재를 원하는지 알릴 수 있습니다." 하지만 창업팀에 적합한 인재의 조건에는 학벌보다 중요한 것이 있다. "정말로 필요한 사람은 일을 할 의지가 있는 사람입니다. 컴퓨터 앞에 앉아 코딩 작업을 할 사람이 필요하죠. 전화기를 들고 여기저기 전화를 걸 사람, 사람들을 회의실에 불러 모을 사람, 일을 만들어 갈 사람이 필요합니다. 성공적인 창업에 가장 중요한 것은 추진력입니다. 특정 분야에 가장 뛰어난 사람을 찾는 것이 능사가 아닙니다. 뛰어나지만 일을 열심히 할 생각이 없는 사람일 수도 있죠. 아니면 다른 일에 정신이 팔린 사람일 수도 있고요. 재능이 있으면서 동시에 일을 끌어갈 사람이 필요합니다. 일단 올바른 방향으로 들어서기만 하면, 언제든지 필요에 따라 전문성 있는 인재를 영입할 수 있죠."

우주 경제 분야의 창업자들은 기술 백그라운드를 가진 사람이 많다. 그중 많은 수가 적어도 관련 분야의 박사 학위 하나 정도는 가지고 있다. 쿤츠에 따르면 여기에는 이유가 있다. "다른 분야에서는 하버드 경영대학원을 갓 졸업한 MBA 소지자가 창업 준비를 하는 경우가 많죠. 우주 경제에서는 이렇게 하기가 힘듭니다. 초기 영업을 하려면 기술 백그라운드가 있어야 하죠. 고객의 언어를 구사할 줄 알아야 하거든요. 이 분야의 고객은 거의 언제나 기술 쪽 사람들입니다. 언어를 모르는 사람이 이들과의 대화에 참여하면 신뢰를 얻기 어렵습니다." 창업팀 구성원 모두 항공우주공학 박사 학위 소지자일 필요는 없다. 하지만 적어도 한 사람은 고객이 누가 되었든 고객의 언어를 구사할 수 있어야 한다.

"그렇지 않으면 고객이 당신을 상대하지 않을 것입니다."

그렇다고 해서 우주 경제 분야에서 창업하려면 네이선 쿤츠처럼 탄탄한 학문적 백그라운드가 있어야 한다는 뜻은 아니다. 우리가 투자한 창업가들이 걸어온 길은 매우 다양하다. 그보다 중요한 것은 당신이 내놓을 수 있는 기술과 경험을 헤아려 본 뒤 당신의 부족한 점을 보완해 줄 공동창업자를 찾는 것이다.

창업팀에서부터 첫 번째 직원 채용까지

스타트업에 탄력이 붙었으면 첫 번째 직원을 채용할 때가 되었다. 쿤츠에 따르면 이들은 "회사의 인프라와 모범 사례, 문화를 만들어 나갈" 사람들이다. 초기의 직원들은 회사가 나아가는 방향에 오랫동안 지속될 영향을 끼칠 사람들이므로 신중하게 채용해야 한다.

"만약 신기술에 초점을 맞춘 회사라면 해당 분야의 전문 지식이 풍부한, 뛰어난 제품 책임자가 첫 번째 채용 대상이 되겠지요. 비즈니스 모델의 혁신에 더 중점을 둔 회사라면, 인맥이 풍부해 고객 기반을 쉽게 넓힐 수 있는 비즈니스 개발 책임자를 먼저 영입해야 할 것입니다."

이 단계에서는 조직 경험이 중요한 역할을 한다. 초기에 채용된 사람들이 내리는 결정에 따라 회사의 구조, 문화, 철학, 업무 접근 방법 등의 방향이 정해진다. 따라서 창업팀 구성원이 가진 기술과 어느 정도 중복되는 부분이 있더라도 실적을 보고 사람을 골라야 한다. "창업팀에 이미 기술 전문성이 풍부한 사람이 있다고 해도 '엔지니어링팀은 이렇게 구성되어야 합니다.'라고 말해 주는 노련하고 경험 많은 엔지니어링 부사장이 필요할 수 있습니다."

아볼의 설립자 시다르타 자는 이렇게 말한다. "나는 첫날부터 복잡한 우리 업무에 적합한 사람을 채용하는 데 집중했습니다. 아볼은 데이터와 기술을 다루지만, 또 한편으로는 규제나 법률, 보험, 재무 등의 문제도 다룹니다. 그래서 다양한 유형의 전문 지식이 필요하지요. 이런 전문 지식을 모두 갖춘 사람은 없습니다. 내가 하는 일은 이 두 세계를 잘 연결하는 것, 그리고 새로운 방식과 예전 방식을 통합하는 것이죠. 아볼은 순수 기술 회사가 아닙니다. 기술이 녹아들어 있지만 규제, 보험, 파생상품, 증권 등의 세계에도 맞춰 가야 하죠. 우리는 모든 규칙을 알고 한 몸처럼 움직여야 합니다. 아볼이 성공할 수 있었던 것은 다양한 전문 지식을 가진 사람들이 한 팀이 되어 협력했기 때문입니다."

바이올렛랩스 공동창업자 루시 호그는 이렇게 말한다. "우리는 인재 채용에 초집중하고 있습니다. 우리 제품에 대한 수요는 계속 늘어나고 있죠. 그래서 우리는 고객이 더 나은 경험을 할 수 있도록 제품을 빨리 시장에 내놓고 싶습니다."

이제 바이올렛랩스는 첫 번째 라운드의 자본금을 모집했으므로 빠른 속도로 팀을 구성해 나가고 있다. 먼저 제품 개발의 속도를 높이기 위해 소프트웨어 엔지니어링 분야의 직원을 채용하고 뒤이어 제품 관리, 품질 관리, 비즈니스 개발 등과 같은 필수 분야의 직원을 채용할 예정이다. 공동창업자들은 초기에 채용된 이 직원들의 사고 방식이 회사의 문화를 형성할 것이라는 사실을 잘 알고 있다. "우리는 우리가 하는 일에 우리만큼 열정을 보이면서도, 미래지향적이며 정말로 재미있는(희망 사항이지만) 사람을 팀원으로 채용하려고 합니다."

바이올렛랩스는 오늘날 여러 산업의 많은 스타트업과 마찬가지로 원격 근무를 우선시한다. 호그는 이렇게 말한다. "우리에게는 중요한 결정입니다. 코비드 19 기간에 전국 각지에 흩어져 우주선을 만들던 경험의 영향을 받았지요." 호그와 공동창업자 케이틀린 커티스는 팬데믹 기간의 원격 근무를 통해 이런 접근법이 현실적으로 가능할 뿐만 아니라 더 나은 결과를 가져올 수 있다는 사실을 깨달았다. "우리는 원격으로 업무를 수행하면 대면 근무에 수반되는 잡음(서무 업무, 역학 관계 등)이 줄어든다는 사실을 알게 되었습니다."

"코비드 19가 발생했을 때 리프트에서는 본인이 원하면 얼마든지 원격 근무를 할 수 있었죠. 나는 원격 근무가 업무의 질뿐만 아니라 개인의 전반적인 행복과 웰빙에 어떤 영향을 미치는지 보았습니다. 우리는 우리 회사에도 이것을 도입하고 싶었습니다." 하지만 처음부터 원격 근무를 우선시하는 회사를 설립하려면 그 나름의 어려움이 있다. 리프트와 달리 바이올렛랩스는 주로 인터넷을 통해 기업 문화를 구축해야 한다. "동료애와 신뢰를 바탕으로 한 강력한 기업 문화를 원합니다. 우리 회사는 슬랙(Slack)과 노션(Notion) 같은 툴을 이용해 의사소통합니다. 또, 주기적으로 얼굴을 마주 보는 수련회 같은 것을 개최해 IRL[71] 부분을 다루죠."

바이올렛랩스의 인력 채용에서 흥미로운 점 중 하나는 동떨어진 두 산업의 간격이다. "우주선이나 자율주행차, 드론 같은 것을 만든 사람들과 멋진 웹 앱을 만든 사람들을 벤 다이어그램으로 나타내 보면 기본적으로 두 개의 원이 분리되어 있습니다. 겹치는 부분이 거의 없죠." 바이올렛랩스는 우주 경제 기업이면서도 소프트웨어 분야의 인력을 채용한다. "소프트웨어 개발자들은 이 업계에서 일한다는 사실에 매우 흥분합니다. 로켓과 같은 것들의 개발에 영향을 미칠 무언가를 만든다는 생각에 신이 나는 거지요. 이런 일은 이 업계의 정체된 부분을 혁신할 기회입니다. 그래서 사람들이 매우 중요하게 생각하죠."

지금까지 보았듯이 우주 경제에서 뛰어난 인재를 채용할 때의 장점 중 하나는 서로 사명감을 공유하고 있다는 것이다. 네이선 쿤츠는 이렇게 말한다. "사람들은 그냥 우주 경제에 종사하고 싶어서 우주 경제에서 일하려고 하죠. 만약 우리가 미사일을 만든다면 지금과는 아주 다른 인재 풀에서 사람을 뽑아야 할 겁니다. 우리가 하고 있는 일 자체가 인력 채용에 절대적으로 도움이 됩니다. 우리가 자본 형성이 폭발적으로 이루어질 것처럼 보이는 최첨단 분야에 있다는 사실이 중요합니다. 여기서 사람을 낚는 것은 정말 좋은 생각입니다."

---

71 'in real life'의 약어. '가상 세계에서 일어나는 일'에 대응해 '실생활에서 일어나는 일'을 뜻한다.

인재는 어디에서 찾을 수 있을까

최고의 기업들은 인턴십 프로그램에 투자한다. 흥미로운 일을 하는 많은 기업이 실제로 무슨 일을 하고 있는지 외부에서는 알 도리가 없다. 이럴 때는 연구실이나 사무실, 격납고 등에 대학생을 받는 것이 현재 하고 있는 일이 얼마나 매력적인지 알려 줄 수 있는 가장 빠른 방법이다.

금융이나 빅테크처럼 경쟁이 치열한 분야와 달리 우주 경제는 급여를 넘어서는, 의미 있는 사명을 제시할 수 있다. 밀레니얼 세대나 Z세대 같은 젊은 직원들은 기성세대보다 목적과 회사의 사명을 더 중요하게 본다. 기후나 지속 가능성, 디지털 접근성, 안전한 식량 공급 같은 글로벌 이슈에 영향을 미칠 수 있는 대담한 목표는 설득력이 있다. 젊은 사람들은 고객의 주의를 끌거나 눈길을 사로잡는 것 이상의 일을 하고 싶어 한다. 하지만 그들을 합류시키려면 일관성 있는 회사의 비전을 명확히 제시해야 한다. 당신이 소중히 여기는 가치와 장기 계획을 진정성 있게 전달할 수 있어야 한다. 새로 만들 제품의 깜짝 놀랄 만한 기능을 강조하는 것으로는 충분하지 않다. 인재 확보 전쟁에서 승리하려면 회사의 사명이 왜 중요한지에 대하여 사람들을 납득시킬 수 있어야 한다.

스페이스캐피털의 파트너인 유스투스 킬리언은 이렇게 말한다. "회사 이름에 '우주'를 넣는다고 직원 채용이 쉽게 이루어지는 것이 아닙니다. 우주 기업은 모두 이름을 '스페이스 어쩌고'라고 짓는 것 같은 느낌마저 드는데, 그것만으로는 절대 충분하지 않습니다. 달성하려고 하는 목표가 무엇인지, 그리고 그 목표를 어떻게 달성할 것인지에 대한 명확한 비전을 제시해야 합니다."

올바른 비전이 무엇보다도 중요하다. "우리가 직면한, 크고 매우 복잡하며 대단히 어려운 문제 중에는 그 규모가 전 세계적인 것이 많습니다. 예컨대 기후 변화, 디지털 접근성과 디지털 격차, 식량 생산 같은 것들이죠. 뛰어난 직원들은 기술적으로는 어렵지만 의미 있는 문제와 씨름하고 싶어 합니다. 소셜 미디어 앱은 기후 변화 문제를 다루는 일 같은 중요한 일을 못 합니다. 우주 기업은 이 부분에서 그들과 차별화할 수 있죠. 우주 기업은 글로벌 사명이 있습니다. 크고 중요한 문제를 해결하려고 합니다. 사람들은 우주 기업의 일상적인 업무가 만들어 내는 실질적인 효과를 눈으로 볼 수 있죠. 우주 기업은 기술적 혁신을 기반으로, 또 실질적인 중요성이 있는 일을 함으로써 구글이나 페이스북과 경쟁합니다."

이런 사실을 잠재적 직원에게 전달하는 것이 기술이다. "당신의 브랜드가 무엇인지, 그리고 사람들이 왜 당신의 미친 여정에 동참해야 하는지 명확하게 설명하는 것부터 시작해야 합니다. 스페이스X는 이것을 훌륭하게 해내고 있습니다. 스페이스X의 목표는 인류를 여러 행성에 사는 종으로 만드는 것이고, 그 시작은 사람을 화성에 보내는 것이죠. 궁극적으로 그들이 하는 모든 일은 그 사명을 위한 것입니다."

젊은 직원들에게 기대할 것은 에너지와 열정, 최첨단 기술이다.

실제 경험 같은 다른 자산은 업계의 베테랑에게 기대하라. 항공우주 전자공학, 로켓 공학, 구식 프로그래밍 언어 같은 분야의 귀중한 지식은 고참 직원들이 가지고 있다.

긍정적인 면은 관련 기술 분야에서 수십 년 동안 경력을 쌓은 사람들이 많다는 것이다. 하지만 기술 업계에 만연한 고령자 차별 문제 때문에 이들은 유휴 자원으로 남아 있다. 아직도 현직에서 일하고 있는 사람들은 관료적인 방위산업체나 그와 유사한 직장을 뒤로하고 짜릿한 스타트업에서 일할 기회를 노리는 경우가 많다. 그렇지 않은 사람들은 조기 퇴직을 강요당하고 있다. 업계가 되살아나기 전에 밀려나는 것이다. 핵심 기술을 가진 인력을 채용하려고 할 때는, 당신이 가장 필요로 하는 기술을 가지고 있다면 이력서에 공백이 있는 사람이라도 고려해 볼 필요가 있다.

최고의 인재 채용하기

리그로의 설립자 아나스타샤 볼코바는 이렇게 말한다. "우리는 박사 학위 소지자도 채용하고 있습니다. 그런 경우 박사 학위를 취득한 이유가 무엇인지 물어보죠. 호주에 오고 싶어서 그 방편으로 박사 학위를 딴 사람도 있습니다. 반면에 호주 사람의 경우에는 학위 취득 동기가 다르죠. 나는 박사 학위 소지자를 채용하기 전에 그 사람 마인드가 학문적인지, 산업적인지, 아니면 상업적인지 알고 싶습니다."

열정이 중요한 역할을 하는 분야에서는 입사 지원자의 동기를 이
해하는 것이 중요하다. "성공의 비결 중 하나는 목적입니다. 당신은
인류의 지식을 발전시키고 싶어서 이 일을 하려는 건가요? 아니면
해결하고 싶은 문제가 있어서인가요? 세상에 영향을 끼치고 싶어서
인가요? 당신을 움직이는 동기는 무엇입니까?"

"개인적으로 나는 언제나 시장을 실제로 움직이고 흔드는 것, 세
상에 영향을 끼치는 것에 마음이 끌렸습니다. 학문도 아니었고, 도
달할 수 있는 혁신의 끝을 탐구하는 것도 아니었죠. 실생활에 적용
할 수 있는 것이 중요했습니다. 나는 혁신을 그런 관점에서 바라보
죠. 최종 사용자가 있는가? 오늘이나 내일 실제로 사용할 사람을 위
해서 이 일을 하고 있는가? 사람들은 밀레니얼 세대가 세상에 영향
을 끼칠 일에 꽂혀 있다고 말하죠. 밀레니얼 세대는 자신이 더 큰 무
언가의 일부가 되었다는 것을 확인하고 싶어 합니다. 더 많은 박사
학위 소지자가 이런 생각에 마음을 열어야 한다고 봅니다."

앞장에서 소개했던 새파이어 파트너즈의 에런 집은 채용 분야에
서 20년 이상의 경력을 쌓았다. 그는 자신의 재직 기간에 직원 수가
8000명에서 1만 6000명으로 늘어난 구글에서 근무했을 뿐만 아니
라 스페이스X에서도 6년간 근무하며 직원 수가 300명에서 4000명
이상으로 성장하는 기간 동안 채용 업무를 담당했다. 엄청난 성장이
이루어지는 시기에 경쟁이 치열한 분야에서 최고의 인재를 영입하
는 방법을 알고 싶다면 에런의 말에 귀를 기울여 보라.

에런은 닷컴 버블이 꺼진 뒤 기술 기업이 재도약하기 시작했을 때 고리타분한 방위산업체의 세계를 뒤로하고 구글로 갔다. 상장된 지 2년 된 구글이 《포춘》이 선정하는 '일하기 좋은 100대 기업'의 1위로 등극하기 1년 전이었다.

그는 이렇게 말한다. "구글이 최고의 기술자를 영입한다는 명분으로 기술 기업의 직원 복리후생을 재정립한 때였습니다." 하지만 복리후생은 구글의 매력 중 일부에 지나지 않았다. "구글은 기업 문화를 바탕으로 스스로를 재정의했습니다. 근무 환경이 너무 좋았는데, 내부에서 보면 기가 막혔죠. 프로그램에서도 강점이 있었고, 브랜드에서도 강점이 있었습니다. 당시에는 1.2초마다 이력서가 하나씩 들어왔어요. 말도 안 되는 일이었죠."

래리 페이지와 세르게이 브린처럼 에런도 세계적 수준의 인재가 성장의 비결이라고 믿는다. 에런이 생각하는 세계적 수준의 인재를 영입하는 비밀은 의욕이 넘치고 야심만만한 사람들이 공감할 수 있는, 가슴 설레는 비전이다. 고성과자들은 도전에 응한다. 그리고 자신과 같이 의욕이 충만한 고성과자들과 함께 일하고 싶어 한다.

"복리후생에 대한 경쟁력도 필요하지요. 하지만 복리후생은 직원들이 성공할 수 있는 환경을 조성하는 쪽에 가깝습니다. 최고의 인재를 영입하려면 가슴 설레는 비전이 있어야 합니다. 공짜 음식을 먹으러 오는 사람은 필요 없습니다. 눈을 부릅뜨고, 엄청나게 어려우면서도 중요한 무언가를 성취하겠다는 의욕이 넘치는 사람이 필요합니다. 생각과 관점의 다양성도 중요하지요. 하지만 그것보다 더 중요한 것은 사람들은 같은 비전을 달성하려고 하는 사람들, 그리고 그 과정에 맞닥뜨리는 도전에 짜릿한 흥분을 느끼는 사람들과 함께 일하고 싶어 한다는 것입니다."

규모를 크게 확장할 계획이 있는 창업자가 사업의 일관성을 유지하려면 체계화된 채용 절차가 필요하다. 작은 규모의 조직에 잘 맞는 비공식적인 평가 절차는 조직의 규모가 커지기 시작하면 무너지고 만다. 에런에 따르면 구글이 규모를 확장하면서도 기준을 유지할 수 있었던 것은 '채용 시스템'을 구축하고 '채용 시스템의 모든 부분을 최적화했기' 때문이었다.

"내가 입사하기 6개월 전에는 지원자 한 사람당 14번의 면접을 봤습니다. 그런데 모든 면접 데이터를 수집·분석한 뒤 그 데이터를 업무 성과와 연결해 본 결과, 체계화된 포맷을 이용해 올바른 기준으로 평가하면 면접을 4번만 봐도 제대로 된 결정을 내리기에 충분한 데이터를 얻을 수 있다는 사실을 알게 되었죠. 100퍼센트 완벽한 정보는 있을 수 없습니다. 하지만 4번의 면접을 거치면 90퍼센트의 정확도를 가진 정보를 얻을 수 있죠. 14번의 면접을 해 봤자 정확도는 92퍼센트 정도입니다."

에런은 구글에서 채용 절차를 개발하면서 실험과 최적화가 중요하다는 것을 배웠다. 구글의 엄격한 채용 절차가 모든 조직에 맞는 것은 아니다. 하지만 그는 모든 채용 절차는 결과에 기초해 계속 수정되어야 한다고 생각한다. 구글이나 다른 기업을 모방하지 말고 자기 회사의 데이터를 이용해 자기 회사의 필요성에 맞을 때까지 절차를 다듬어 나가야 한다. "기업의 환경은 모두 제각각입니다. 따라서 채용 절차도 각 사의 고유한 환경에 맞춰야 하죠. 중요한 것은 채용 절차를 측정할 수 있게, 그리고 규모가 커져도 거기에 맞춰 쓸 수 있게 만드는 것입니다. 그뿐만 아니라 당신이 만들고자 하는 기업 문화와 유치하고자 하는 인재상도 반영되어야 합니다."

나중에 에런이 스페이스X에 근무할 때 일론 머스크는 그에게 이렇게 말했다. "절차는 생각을 대신할 수 있습니다." 스타트업은 성장 속도 때문에 매우 엄격하고 체계화된 채용 방법이 필요할 수도 있다. 그렇다고 해도 유연하고 열린 마음을 유지해야 한다. 특히 중요한 보직을 채울 때는 더욱 그러하다. 에런이 스스로 다른 기회를 찾아 나선 것은 구글의 엄격한 채용 절차에 싫증이 났기 때문이었다. 스페이스X가 그에게 채용 분야의 자리를 제안했을 때는 아직 첫 번째 발사도 하지 않았을 때였다. 하지만 에런은 스페이스X의 운영 방식을 보고 바로 마음이 끌렸다.

"소규모 인력으로 구성된 여러 팀이 눈에 불을 켜고 끝없이 반복을 통한 개선을 추구하고 있었습니다. 공장은 엔지니어링 사무실 바로 옆에 붙어 있었어요. 모든 것이 완전히 통합되어 있었죠. 당시 항공우주산업에 대한 내 인식은 록히드마틴과 벨헬리콥터였습니다. 3m 높이의 칸막이, 느린 속도, 칙칙한 사무실, 창문 없는 건물 같은 것들이죠. 나는 짧은 경력에도 불구하고 스페이스X가 다른 기업과 왜 다른지 바로 알 수 있었습니다."

애초 머스크가 로스앤젤레스에서 스페이스X를 설립한 이유는 항공우주 분야의 인재가 그곳에 가장 많이 모여 있었기 때문이다. 그런데 이제 머스크는 에런에게 더 멀리 떨어진 곳에서 인재를 영입하라고 한다. 머스크는 스페이스X에 새로운 아이디어와 사고방식을 주입하고 싶다고 했는데, 전통적인 우주 산업의 외부에서 인력을 채용하라는 뜻이었다. 머스크는 에런에게 이렇게 말했다. "항공우주 분야의 인재는 지금 있는 정도면 충분합니다. 내 목표는 대형 항공우주 방위산업체가 아닙니다. 우리 회사에는 다양한 인재가 필요합니다. 현재 우주 산업을 염두에 두고 있지 않은 사람들이 우주 산업에 대해 생각할 수 있게 만들어야 합니다." 당시 뛰어난 기술 인재들은 구글이나 아마존 같은 회사에 가 있었다. 머스크는 에런에게 그런 사람들을 영입하라고 했다. "최종 목표는 구글과 같은 회사의 직원들을 우리 회사로 영입하는 것입니다. 그러려면 그들이 우주 분야를 직업으로 삼을 생각이 들게 만들어야겠죠."

에런이 구글과 스페이스X를 경험하며 얻은 교훈은 대조적이다. 두 회사 모두 최고의 인재를 영입하고 있었지만 그 방식이 달랐다. 에런은 이렇게 말한다. "구글은 놀라운 채용 절차를 갖추고 있었어요. 구글에는 채용 위원회가 있죠. 직원을 채용할 때는 채용 담당자와 뛰어난 기술자로 구성된 이 위원회의 최종 검토를 거쳐야 합니다. 검토의 중점은 주로 학력이었죠."

이와 대조적으로 "머스크는 구글보다는 학벌을 덜 따졌어요. 머스크의 주요 지표는 '탁월한 능력을 갖추고 있다는 증거'였습니다. 여러 가지를 보고 판단했죠. 어느 학교를 나왔고 학교 성적은 어땠는

지도 그중 하나였지만, 큰 비중은 차지하지 않았습니다. 그것보다는 어디에서 실무 경험을 쌓았는지, 그 경험을 어떻게 적용했는지, 적용 과정이 자기 주도적이었는지가 더 중요했죠."

빠르게 성장하는 시기에 두 군데의 대기업에서 근무한 에런은 그 뒤 초기 단계의 기업이 '인재 기반'을 구축할 수 있도록 돕는 일을 하기로 했다. 에런은 새파이어 파트너즈의 파트너인 토드 기틀린과 함께 벤처캐피털 투자를 받은 스타트업의 임원 영입을 돕고 있다. "그 단계의 스타트업에는 조금 어려운 일입니다. 대개는 창업이 처음인 사람들이죠. 그들을 교육해야 합니다. 우리는 어떻게 하면 적합한 창업팀을 구성할 수 있을지 깊이 생각해 볼 수 있게 하는 데 많은 시간을 할애합니다. 처음 영입하는 10여 명의 기술자가 회사의 초석을 다지거든요."

뛰어난 기업이 성공하는 방식은 제각각이지만, 세계 최고의 인재를 끌어모으는 기업에는 언제나 공통적인 요소가 있다. "재능 있는 사람들은 도전적인 일을 하고 싶어 하기도 하지만, 도전적인 일을 해야만 하기도 합니다. 이런 사람들은 제자리걸음에 익숙하지 않아요. 이들을 밀어붙일 사람이 필요합니다." 그 속도는 윗사람이 정해야 한다.

"일론 머스크처럼 강하게 밀어붙일 창업가는 지구상에 거의 없을 것입니다. 누구나 할 수 있는 일이 아닙니다."

올바른 기업 문화가 올바른 직원을 지킨다

유스투스 킬리언은 이렇게 말한다. "스페이스X가 지금처럼 많은 직원을 오랫동안 지킬 수 있었던 데에는 두 가지 이유가 있습니다. 첫째, 직원들에게 스톡옵션을 부여해 회사 일에 전력을 다하게 하죠. 둘째, 직원들에게 유동성을 제공합니다. 덕분에 직원들은 회사에 남아 있는 것의 가치를 알 수 있죠. 많은 회사가 주식의 가치를 제대로 전달하지 못하고 있습니다. 밸류에이션의 변화가 심해 기업 가치가 제자리걸음을 하거나 떨어지는 거시 경제 상황에서는 주가가 스톡옵션 행사가격 밑으로 떨어질 수 있죠. 이렇게 되면 스톡옵션은 아무런 가치가 없습니다. 이런 상황을 고려하지 않는 기업은 인재를 잃을 수 있습니다."

금전적 보상은 중요하다. 하지만 돈만으로는 최고의 인재는커녕 조직에 적합한 사람인지 아닌지조차 관계없이 모든 직원을 지키는 효과를 낼 뿐이다. 올바른 기업 문화는 어떤 보상 패키지보다 올바른 조직을 만드는 데 강한 영향을 미칠 수 있다. 에런 집은 이렇게 말한다. "스페이스X 초기에는 전통적인 항공우주 기업에서 온 사람들이 많았습니다. 이들은 격주 금요일마다 쉬던 사람들이었죠. 일주일에 60~80시간씩 일하는 것에는 전혀 익숙하지 않은 사람들이었습니다. 당시 우리는 시간이 지나면 상황이 안정될 것으로 생각했어요. 그래서 우리는 이런 식으로 그들을 달랬죠. '18개월만 참아 봅시다. 팰컨 1 발사체만 궤도에 올리면 나아질 겁니다. 팰컨 9 발사체만 궤도에 올리면 나아질 겁니다. 드래건만 쏘아 올리면 나아질 겁니다. 다음 목표만 달성하면 모든 것이 정상으로 돌아올 것입니다.'"

하지만 이런 식으로 계속되는, 직원들의 불만을 달래기 위한 노력은 피할 수 없는 일을 뒤로 미루는 것에 지나지 않았다. "사실 우리는 믿을 수 없을 만큼 힘들지만 동시에 믿을 수 없을 만큼 보람 있는 일을 하고 싶었습니다. 그래서 일론은 메시지를 이렇게 바꿨습니다. '스페이스X는 특수부대입니다. 우리는 남들이 불가능하다고 생각하는 일을 합니다. 우리는 소규모 팀으로 활동합니다. 우리는 여러분에게 많은 책임을 맡깁니다. 우리는 반복을 통해 개선하고 빠르게 움직입니다. 우리는 여러분에게 끊임없이 도전적인 일을 시킬 것입니다. 하지만 우리는 세상에 엄청난 영향을 끼칠 일을 할 것입니다.'"

일론 머스크의 메시지는 효과가 있었다. "메시지가 바뀌자 기업 문화가 바뀌었습니다. 예전의 근무 방식에 익숙한 직원들은 스스로 퇴사했죠. 남은 직원들은 회사의 사명에 100퍼센트 전념했습니다. 스페이스X와 테슬라 등에서 오랫동안 일론과 함께 일했던 직원들은 금전적인 것뿐만 아니라 경력과 자신이 성취한 것으로 보상을 받았죠." 잘 정립된 기업 문화는 어떤 뛰어난 복리후생보다도 효과적으로 올바른 인재를 골라낸다. 회사가 미래의 비전과 가고자 하는 길의 성격을 분명하고 일관되게 전달하면, 거기에 맞지 않는 직원은 자발적으로 조직을 떠날 것이다. 남은 직원은 회사가 가고자 하는 길이 가파름에도 불구하고가 아니라 가파르기 때문에 그 길에 도전하고자 하는 사람일 것이다.

우리는 앞 장에서 구글의 엔지니어링팀 리더이자 스페이스캐피털의 운영 파트너인 더크 로빈슨을 만났다. 로빈슨은 구글에 입사하기 전에 스카이박스이미징에서 혁신적인 지리공간정보(GEOINT) 군집 위성을 개발했다.

로빈슨은 이렇게 말한다. "나는 스카이박스이미징이 아직 초기 단계일 때 입사했죠. 그 덕분에 우주 시스템 엔지니어링, 하드웨어 설계 및 제작, 대규모 컴퓨팅 등으로 경력을 넓힐 수 있는 기회를 얻었습니다." 이런 것들은 어떤 기술자라도 소중하게 여길 기술이다. 하지만 로빈슨은 자신이 배운 어떤 기술보다도 '엔지니어링팀을 만들고 이끌며 기업 문화를 발전시키는 방법'을 배운 것을 더 소중하게 생각한다.

기술은 항상 변하지만 사람들이 힘을 합쳐 일하는(혹은 그렇게 하지 못하는) 방식은 기본적으로 유사하다. 우주 경제에서 기업이 번창하려면 인간의 여러 양상을 제대로 이해하는 것이 무엇보다도 중요하다. 다른 기술 분야와 달리 이 분야에서는 내분과 비효율이 발생하면 웹사이트가 안 돌아가거나 고객이 불편을 겪는 것을 넘어서는 결과를 초래한다.

"우주는 힘듭니다. 잘못될 수 있는 일이 백만 가지나 되죠. 관련 기술 분야만 해도 10개가 넘습니다. 자본 비용이나 리드 타임을 고려하면 실패했을 때 치러야 할 대가가 어마어마하죠." 스카이박스이미징에서는 모든 기술 스타트업이 직면하는 현실 때문에 이런 어려움이 더 심했다. "아주 적은 예산으로 회사를 만들어 가면서 이런 문제와도 씨름하려니 훨씬 더 힘들었습니다."

로빈슨이 스카이박스이미징에서 배운 것은 그저 특정 목표를 향해 사람들을 몰아붙이는 방법이 아니라 여러 사람이 한 팀이 되어 꾸준히 차례대로 목표를 달성할 수 있는 시스템을 구축하는 방법이었다. "나는 첫 번째 위성이 전송한 '동이 틀 무렵'의 영상을 보고 엄청난 성취감을 느꼈습니다. 하지만 첫 번째에 이어 두 번째 위성을 쏘아 올리고, 첫 번째 군집위성도 쏘아 올리고, 스카이박스이미징의 위성 운용 시스템까지 구축하고 난 뒤 깨달은 것은 그보다 훨씬 더 큰 것을 성취했다는 것이었죠. 야심 찬 목표를 설정하고 달성할 수 있는 놀라운 팀을 만든 것이었습니다."

로빈슨은 스카이박스이미징에서의 경험 덕분에 구글에서 리더 역할을 맡을 준비가 되어 있었다. "몇몇 엔지니어링 리더와 힘을 합해 구글맵스 플랫폼을 확장할 엔지니어링 조직 구축에 나섰습니다. 우리는 다양성을 존중하는 조직으로서, 여러 대륙에서 활동하는 뛰어난 재능을 가진 기술자들로 이루어져 있습니다. 현재 매월 10억 명의 사용자에게 지도와 영상 정보를 제공하고 있죠. 우리는 한 팀으로서 좋은 성과를 내라고 서로 독려하면서도 동시에 서로를 배려합니다. 이런 지원 문화는 팬데믹 기간에도 생산성을 계속 유지하는 데 중요한 역할을 했죠."

뮤온스페이스는 역사상 경쟁이 가장 치열한 인재 시장에서 계속해서 고성과자 유치에 성공하고 있다. 최고의 인재를 유치하는 뮤온스페이스의 비결은 무엇일까?

뮤온스페이스의 CEO 조니 다이어는 이렇게 말한다. "운이 좋기도 했지만, 뮤온스페이스의 사명이 사람들 마음을 사로잡은 것 같습니다. 직원들의 가장 강한 입사 동기는 기후 분야에서 세상에 영향을 끼칠 일을 하고 싶다는 열망이죠. 기후 변화는 정말 큰 문제입니다." 사명은 중요하다. 하지만 그것 못지않게 중요한 것이 지적 도전에 대한 인식의 공유다. 이것은 다이어가 스카이박스이미징에 근무하면서 깨달은 사실이다. "'누가 옳고 그르냐가 중요한 것이 아니다. 모두가 최고의 솔루션을 찾기 위해 이 일을 하고 있다.'라는 생각입니다. 이런 문화는 스스로 성장해 확산하기 때문에 사람들이 느낄 수 있습니다. 직원들에게 활력을 불어넣죠."

스카이박스이미징의 기업 문화가 자생적으로 성장하는 모습을 본 다이어는 어떤 일이 가능한지 알게 되었다. "그런 환경을 조성하기 위한 방법을 찾으려고 노력했습니다. 우리가 직원을 채용할 때의 목표는 같이 일하고 싶은 사람들로 팀을 구성하는 것입니다. 대의를 위해 함께 회사의 사명에 전념할 똑똑한 사람들을 모아 놓으면 추진력이 생깁니다. 똑똑하고 의욕적인 사람들은 똑똑하고 의욕적인 사람들과 일하고 싶어 하죠. 이런 기업 문화는 빠른 속도로 확산합니다."

"면접 보러 오는 사람들조차 우리 회사의 에너지를 언급하기도 하고, 우리 회사의 사명에 공감한다거나 우리가 하는 일을 신뢰한다는 말을 합니다." 확연히 다른 환경을 조성하는 것은 뮤온스페이스나 뮤온스페이스의 경쟁사들이 가능성을 최대한 실현하려면 꼭 있어야 하는 엔지니어링, 소프트웨어, 과학 인재를 유치하는 데 매우 중요하다.

당신은 우주 경제의 리더로서 현재의 난관에만 모든 관심을 기울여서는 안 된다. 상황은 매우 빠르게 변하고 있다. CEO의 중요한 역할 중 하나는 미래의 비전을 제시하는 것이다. 그런데 우주 경제의 미래는 너무나 빠른 속도로 현재가 되어 가고 있다.

* * *

오늘날 우주 경제의 실제 활동은 대부분 위성 산업의 세 가지 기술 스택과 그 기술 스택 덕분에 세계 경제 전반에 걸쳐 가능해진 일들에서 이루어지고 있다. 위성 발사 자체는 이 세 가지 기술 스택과 비교하면 파이의 작은 조각에 지나지 않는다. 하지만 위성항법시스템(GPS), GEOINT, 위성통신(SatCom)이 시장을 확고하게 장악하고 있는 가운데 네 가지 신흥 산업이 멀리서 서서히 다가오고 있다. 아직은 이들의 시대가 아니다. 하지만 이들을 무시하면 위험을 각오해야 할 것이다.

마찬가지로 기후 변화 문제에서부터 우주의 군사화에 이르기까지, 모든 우주 경제 전문가가 깊이 생각해 봐야 할 더 큰 위협과 기회도 있다. 다음 장에서는 우주 경제에 대한 과대광고를 벗겨 내고, 명확하면서도 사실에 기반한 균형 잡힌 시각을 소개할 것이다. 앞으로 우주 경제는 어디로 갈 것인가?

제10장

우주 경제의 미래

우주 접근이 저렴하고 쉽고 안전해지면
어떤 일이 일어날까?

예측은 결코 완벽할 수 없다. 그럼에도 나는 마지막 장을 통해 스페이스캐피털이 예측하는 앞날을 소개할 것이다. 수정 구슬을 가진 사람은 아무도 없다. 하지만 논거를 기반으로 한 투자자로서 우리의 가장 중요한 역할은 전문 지식과 상상력을 결합해 예상되는 결과를 찾아내는 것이다. 당신이 직업인으로서나 투자자로서 스페이스캐피털과 직접적인 관련이 있든 없든, 우리는 모두 점점 필연적으로 우주 기술에 의존하게 될 것이라는 점은 믿어도 좋다.

분명한 사실은 현재 우주 경제의 중요한 일은 거의 모두 위성과 발사 분야에서 일어나고 있다는 것이다. 하지만 앞을 내다보면, 장기적 잠재력이 제각각인 네 가지 신흥 산업의 전조가 보일 것이다. 아직은 본격적으로 뛰어들 때가 아니다. 그저 관심을 기울이기만 하면 된다. 하지만 조만간 이 중 하나 이상의 분야에서 흥미로운 일이 일어날 수도 있다.

우주 기술로 인한(또, 우주 기술로 해결할 수도 있는) 위협 요인과 네 가지 신흥 산업을 자세히 살펴보기 전에 먼저 모든 차세대 우주 활동의 핵심인 스타십을 이해할 필요가 있다.

차세대의 혁신을 견인할 스타십

지난 몇 년 동안 벤처캐피털 투자를 받은 많은 우주 기업이 멋진 솔루션을 약속했다. 하지만 이것은 모두 스타십이 출현하기 전의 이야기다. 이들의 과대광고에도 불구하고, 스페이스X의 새로운 발사체가 본격 가동되면 이 중 많은 기업이 쓸모없어질 것이다. 스페이스캐피털은 지난 몇 년 동안 스타십의 등장으로 불필요해질 기업은 배제하고 혜택을 볼 기업에만 관심을 기울여 왔다.

그렇다면 스타십을 게임 체인저로 보는 이유는 무엇일까?

위성 발사는 처음 40년 동안 비용(탑재물 무게당 가격), 중량(궤도로 운반되는 탑재물의 무게), 부피(탑재물을 실을 수 있는 물리적 공간)의 제약을 받았다. 이런 제약 때문에 주요 국가의 정부나 방위산업체 외에는 아무도 궤도에 진입할 수 없었다. 게다가 주요 국가의 정부나 방위산업체마저도 우주에 접근하는 데 큰 제약을 받았다.

그러다 1990년대에 아리안 5 시리즈 같은 강력한 신형 발사체가 등장하면서 민간 기업의 우주 접근성이 향상되었다. 그 덕분에 오늘날의 중요한 레거시 우주 기업이 탄생할 수 있었다. 그 뒤 스페이스X의 팰컨 9이 등장해 2009년 상용 서비스를 시작했고, 2015년에는 재사용으로 가는 길을 열었다. 팰컨 9은 궤도 투입 비용을 획기적으로 낮춰 혁신의 물결을 불러일으켰을 뿐만 아니라 기술 스타트업마저도 지구의 중력에서 벗어날 수 있게 했다.

팰컨 9은 경쟁을 촉발했다. 다른 발사업체들이 시장에 진입해 공급이 늘면서 고객의 선택 가능 범위가 넓어졌다. 이 시기에 많은 선구적 기업이 저렴한 비용으로 궤도에 진입하는 이점을 이용해 전례 없는 수량과 성능의 군집위성을 쏘아 올리기 시작했다. 이로 인해 위성항법시스템(GPS), 지리공간정보(GEOINT), 위성통신(SatCom) 등 세 가지 위성 기술 스택 전반에 걸쳐 새로운 차원의 기술 능력이 개발되었다.

우주 경제 2단계는 우주에 대한 모든 기존 관념을 무너뜨릴 혁신적인 발사체 스타십의 등장과 함께 본격적으로 시작될 것이다. 지금까지는 우주에 진입하는 것은 돈이 많이 들고 어려우며 위험하다는 생각, 따라서 우주에 쏘아 올리는 것은 목적에 맞게 과학적으로 제작되어야 하고 수년간의 시험을 거쳐야 한다는 생각, 탑재물의 무게를 최대한 줄여야 한다는 생각이 지배적이었다.

만약 성공한다면 스타십은 "사람과 화물을 지구 궤도와 달, 화성, 그리고 그 너머까지 운반할 수 있게 설계된 세계 최초의 완전 재사용이 가능한 수송 시스템"[a]이 될 것이다. 스타십은 스테인리스 스틸을 사용해서 제작 비용이 낮고 발사가 저렴할 것이다. 따라서 제1세계 국가의 정부만이 아니라 중견 기업이나 스타트업까지도 그 비용을 감당할 수 있을 것이다.

스타십은 지금까지 제작된 것 중 가장 길고 가장 강력한 발사체다.[b] 텍사스에 있는 스페이스X의 발사기지 스타베이스(Starbase)나 플로리다의 케네디우주센터, 또는 두 개의 해상 플랫폼[c] 중 한 군데에서 발사할 슈퍼 헤비(Super Heavy) 부스터는 화물이나 사람, 달 착륙선, 연료 탱크 등을 실은 스타십 우주선을 지구 저궤도(LEO)로 쏘아 올릴 것이다. 그런 다음 2단계로 스타십이 더 높은 궤도 또는 그 이상으로 가려면 궤도를 도는 탱커[72]를 통해 액체 메탄을 재공급받을 수 있다. 100톤이라는 어마어마한 적재 용량을 가진 스타십을 통해 실현 가능해질 새로운 애플리케이션을 나열하려면 상상력의 부족함을 느낄 것이다. 스타십은 어떤 임무가 되었든 임무를 마치면 수직으로 지상에 착륙할 것이고, 착륙하면 바로 다음 발사를 위해 1단과 2단의 발사 준비가 이루어질 수 있다.

세계 시장에 큰 영향을 미친 기술 혁신을 살펴보면, 패러다임을 바꾸는 파괴적 혁신을 일으킨 기술은 어느 시대에서든 소수에 지나지 않았다는 사실을 알 수 있다. 세계 무역의 틀을 바꾼 화물 컨테이너나 무어의 법칙을 가능하게 해 정보화 시대를 탄생시킨 트랜지스터 같은 것들이다. 우리는 스타십이 지구를 뒤흔드는 이 범주에 속

---

72 일종의 지구 저궤도용 급유선

한다고 생각한다. 새로운 기술이 등장해 비용이 낮아지고 사용 편의성이 증가하면 가능해질 일은 언제나 과소평가되기 쉽다.

스페이스X의 팰컨 9 덕분에 다양한 소규모 기업이 궤도에 진입할 수 있었지만, 145m³라는 팰컨 9의 화물 적재 용량은 스타십과 비교하면 새 발의 피에 지나지 않는다. 기본적으로 연료비만 들이고 1100m³의 공간에 100톤의 탑재물을 실어 올릴 수 있는 스타십은 우주에서 인간의 활동 방식을 완전히 바꿔 놓을 것이다.

제임스웹 우주 망원경을 생각해 보자. 이 놀라운 장비를 만드는데 들어간 비용과 복잡성의 상당 부분은 발사를 위해 접었다가 궤도에 안착하면 펼 수 있는 반사경을 설계하고 제작하는 것 때문에 발생했다. 하지만 스타십을 이용하면 같은 크기의 거울을, 접을 필요 없이 쏘아 올릴 수 있다. 전체 과정이 더 빠르고 쉬우며 비용이 덜 든다는 뜻이다. 그러면서도 결과는 더 낫다.

스타십을 이용하면, 비용을 고려하지 않고 성능과 무게와 신뢰성을 한계까지 밀어붙일 필요가 더는 없을 것이다. 크고 무거운 화물을 궤도와 그 너머까지 쉽게 쏘아 올릴 수 있게 되면, 1g이라도 무게를 줄이기 위해 공들여 불필요한 부분을 깎아 낼 필요도 없을 것이고, 복잡하고 까다로운 종이접기식 구조를 설계할 필요도 없을 것이며, 모든 부품을 4중화할 필요도 없을 것이다. 위험을 감수하고 반복을 통한 개선을 추구할 수 있다. 청결한 클린룸이 아닌 일반 공장에서 부품을 제작하고 조립할 수 있다. 군집위성 가운데 하나가 먼지한 톨 때문에 고장 난다고 해도 결국은 여러 위성 중 하나일 뿐이다.

필요하다면 전체 위성 제조 작업을 궤도에서 할 수도 있다. 원자재는 정기적으로 로켓 발사를 통해 공급받으면 된다. 이렇게 하면 위성이 부족해질 염려는 없을 것이다.

스타십은 우리 경제를 크게 바꿔 놓을 것이다. 스타십은 우주왕복선처럼 화물을 궤도에 운반하고 돌아오는 일만 하는 것이 아니라 그보다 더 큰 잠재력을 갖고 있다. 2장에서 우리는 폴라리스(현재의 북극성)가 어떻게 수천 년 동안 인간의 항해에 도움을 주었는지 살펴보았다. 그런 면에서 사람이 탑승하는 첫 번째 스타십 발사를 폴라리스로 부르기로 한 것은 일리가 있는 결정이다. 스페이스X는 NASA와 사람을 달에 실어 보내는 계약도 체결했다. 스타십의 착륙선은 언젠가 인류 최초의 달 영구 기지로 사용될 수도 있을 것이다. 스타십은 최초로 인류를 싣고 화성에 갈 수도 있다.

신흥 산업: 개관

지난 10년 동안 우주 경제에서 이루어진 지분 투자는 거의 전부가 위성과 발사체 분야에서 일어났다. 다음 그림을 참조하라. 하지만 2500억 달러의 1퍼센트라고 해도 20억 달러가 넘는 돈이다. 이 돈은 다 어디로 갔을까? 그리고 스타십이 발사의 제약을 없애고 새로운 아이디어의 진입 장벽과 실험 장벽을 제거하면 지금 이루어지고 있는 자본의 분배는 어떻게 바뀔까?

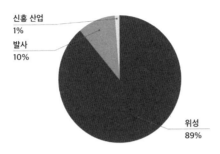

2013~2022년 산업 및 기술 계층별
우주 경제에 대한 누적 지분 투자 규모

신흥 산업
1%
발사
10%

위성
89%

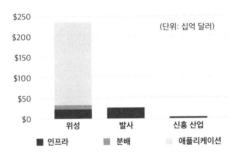

$250
$200
$150
$100
$50
$0

(단위: 십억 달러)

위성   발사   신흥 산업

■ 인프라   ■ 분배   ▦ 애플리케이션

우리는 창업자들이 자본금을 모집해 우주정거장, 달 산업, 우주 물류업, 우주 중공업 등 네 가지 신흥 산업에 초점을 맞춘 기업을 설립하는 모습을 목격하고 있다. 우리가 확보한 데이터에 따르면 지난 10년 사이에 27억 달러가 이들 신흥 산업에 투자되었고, 그중 41퍼센트의 투자는 2021년 한 해에 이루어졌다. 최근 들어 이런 투자는 주로 벤처캐피털 회사가 주도하고 있는데, 그중 상당수는 이 분야에 처음으로 투자하는 회사다. 게다가 투자의 대부분은 시드 라운드와 시리즈 A 라운드에 몰려 있다. 이런 사실로 미루어 보면 신흥 산업의 개발이 얼마나 초기 단계인지 알 수 있을 것이다.

신흥 산업의 지리적 분포도 주목할 만하다. 다른 영역과 마찬가지로 투자의 대부분이 미국에서 이루어지고 있지만, 일본도 전체 투자의 3분의 1을 차지한다. 사실 일본에서 이루어진 우주 기업 지분 투자의 거의 절반이 신흥 산업에서 발생한 것이다. 이로써 일본 창업자들이 우주 경제에서 영향력을 발휘하고자 하는 분야가 어디인지 명확하게 알 수 있을 것이다.

우주 경제 전반에 걸친 벤처캐피털 투자가 계속해서 사상 최고 기록을 경신하고 있지만, 투자 자금 대부분은 여전히 발사를 시작한 지 10년이 지난 팰컨 9 패러다임을 기반으로 하는 솔루션을 뒤쫓고 있다. 스타십이 곧 정상 운행될 것으로 예상되는 지금, 우리는 새로운 국면에 접어들고 있다. 창업가와 해당 분야의 전문가는 말할 것도 없고 투자자들도 이런 사실을 인식할 필요가 있다. 스타십은 궤도 진입 비용을 더 낮추고, 신흥 산업을 가능하게 하며, 기존 인프라를 쓸모없게 만듦으로써 우주의 경제성을 근본적으로 바꿀 것이다. 우리는 이 분야의 투자자로서 새로운 현실에 대비한 기업을 설립할 창업자를 찾고 있다.

우주정거장

투자자들은 '우주 관광'용의 짧은 준궤도 비행이라는 틈새시장의 가능성을 넘어, 지구 궤도에 영구적인 전초 기지를 건설하는 것의 가능성에 점점 더 많은 관심을 보이고 있다.

우주정거장의 가장 큰 문제는 비용이다. 국제우주정거장(ISS)은 건설에 대략 1500억 달러가 들어갔고,[d] 연간 유지 비용만도 30~40억 달러에 이른다.[e] 실제로 기네스북은 ISS를 '세계에서 가장 비싼 인공물'로 등재했다.[f] 시장 원리에 따라 민간 우주정거장이 건설된다면 비용이 더 적게 들겠지만, 과연 우주정거장이 건설에 수반되는 노력만큼의 가치가 있을까?

지금까지 상업용 우주 거주지 아이디어에 수억 달러가 투자되었다. 당신의 아이디어가 ISS를 대체하는 민간 우주정거장이든, 저중력 환경의 놀이공원이든, 스타십은 당신이 구상하는 거주지가 궤도에 오르기도 전에 쓸모없게 만들어 버릴 것이다. 만약 언젠가 메리어트가 우주에서 4성급 호텔을 운영하고 싶어 호텔 설비를 발사체에 실어 우주로 보낸다면 궤도에서 다시 조립해야 할 것이다. 하지만 그렇게 하는 대신, 지구에서 우주선 내부를 고급 숙박시설로 꾸며 영업 준비가 다 된 상태에서 발사하는 것은 어떨까? 이미 체크인이 끝난 첫 번째 손님들을 각 객실에 태우고 발사할 수도 있을 것이다. 다시 말해서 스타십이 우주정거장이 될 수 있다.

우주정거장의 자금 조달 방식이나 건설 방식이 어떻게 될지, 우주정거장이 궁극적으로 어떤 상업적 수요를 충족시킬지와는 관계없이, 앞으로 수십 년 동안 우주정거장을 건설하는 활동뿐만 아니라 우주정거장에 보급품 및 서비스를 제공하는 활동은 훨씬 늘어날 것이다.

달 산업

우리는 달 표면과 달 주위에서 이루어질 상업적 활동을 포괄하는 용어로 달 산업이라는 말을 쓴다. 달 궤도의 우주정거장, 달 착륙선, 월면 작업차, 달 기지 등을 예로 들 수 있다. 상업적 화성 탐사가 현실화된다면 시작은 달 관련 시장이 될 것이다.

아폴로 17호가 달 표면을 떠난 지 50년이 지난 지금, 이 신흥 산업이 다시 한번 기지개를 켜고 있다. 2020년 NASA는 달 탐사에 우선순위를 둔 예산을 요청하면서 NASA의 목표를 달성하는 데 민간 기업이 중요한 역할을 할 것이라는 점을 강조했다. NASA는 스페이스X를 탄생시킨 상업용 궤도 수송 서비스(COTS) 프로그램과 유사하게 '달 수송 상업 서비스(CLPS)' 계약을 통해 민간 기업과 달 탐사 협력을 강화할 예정이다. 아르테미스 프로그램에는 애스트로보틱의 로봇을 이용해 달 기지 건설에 적합한 장소를 물색하는 사전 임무와 스타십을 이용해 사람을 달에 착륙시키는 임무가 들어 있다.

민간 부문은 새로 바뀐 NASA의 달 정책에서 중요한 부분을 차지한다. 아르테미스 프로그램이 기술적 문제와 프로그램이 지연되는 문제를 겪기는 했지만, NASA가 달을 강조하면서 달과 관련한 상업적 활동과 자금 조달에 불을 일으켰다는 점에는 의문의 여지가 없다. 이것이 야심만만한 여러 스타트업과 전반적인 기술 발전에 큰 도움이 된 것은 물론이다.

저중력 환경을 고려했을 때 달은 심우주 탐사 활동에 필요한 발사장과 연료 공급소 역할을 할 수도 있다. 이렇게 되면 기업과 투자자에게 또 다른 다양한 기회가 생길 것이다. 민간 기업이 정부와 민간의 다양한 달 탐사 활동에 우주선, 발사체, 거주지, 지원 시스템, 인프라, 통신 등을 포함한 여러 가지를 제공함에 따라 NASA는 북적이는 시장의 많은 고객 중 하나가 될 수도 있을 것이다.

우주 물류업

우주 물류업(Logistics)은 복잡한 것을 관리하는 기술이다. 우주 경제에서 분명한 것이 하나 있다면 관리해야 할 복잡한 것이 많다는 것이다. 우주 물류업의 핵심 기능은 우주 교통 관리, 우주 쓰레기 제거, 궤도 서비스의 세 가지로 요약할 수 있다.

지구 상공이든 다른 행성 주변이든 간에 충돌을 회피하거나 여타의 방법으로 궤도 활동을 조정할 필요성이 점점 커지고 있다. 지구 궤도는 이미 복잡해지고 있다. 2010년에 발사된 위성은 74기다. 그로부터 10년 뒤 위성산업협회는 1200기(16배가 증가한 수치)에 가까운 위성이 발사되었다고 보고했고, 이후에도 위성 발사가 급속히 늘어날 것으로 예측했다.[g] 이 글을 쓰는 현재 궤도에서 활동 중인 위성은 4000기가 훨씬 넘고, 앞으로 10년 안에 무려 10만 기에 이르는 위성이 발사될 것으로 예상된다.[h] 쓰레기라는 관점에서 보자면 활동 중인 위성은 LEO를 복잡하게 만드는 전체 물체의 1퍼센트에 지나지 않는다. 수명이 다한 위성, 버려진 로켓, 충돌로 생긴 파편, 무기 실험 잔해 등이 위험할 정도로 LEO를 복잡하게 만들고 있다.

스페이스캐피털의 포트폴리오 기업인 레오랩스는 우주 교통과 쓰레기에 관한 최고의 데이터를 보유하고 있다. 스탠퍼드연구소에서 떨어져 나온 이 회사는 쓰레기 회피와 우주 교통 관리의 목적으로 궤도를 관측하는 지상 기반의 레이더망을 운용한다. 각국 정부와 민간 기업은 우주 영역 인식을 위해 이 데이터에 의존하고 있다.

쓰레기 제거의 경우 일부 스타트업은 수명이 다한 위성과 버려진 로켓 등을 수거해 처리하는, 복잡하고 엄청난 비용이 들어가는 접근법을 중심으로 투자금을 모집하고 있다. 하지만 이것 역시 스타십에 의해 근본적인 틀이 바뀔 분야다. 스타십이 지상으로 복귀하는 길에 쓰레기를 수거해 올 수 있다면, 누가 궤도에서 쓰레기를 제거할 기발하지만 복잡한 접근법을 원하겠는가? 스타십의 잔해 제거에는 추가 노력이나 한계 비용이 그다지 많이 들지 않을 것이다.

우주 물류의 마지막 부분은 궤도 서비스다. 우리 머리 위에서 빠르게 늘어나고 있는 위성이 계속해서 놀라운 신규 서비스를 꾸준히 안정적으로 제공하려면 지속적인 수리 작업과 연료 재보급이 필요할 것이다. 유지보수는 다중화가 아무리 잘 되어 있다고 해도 튼튼한 인프라를 유지하려면 피할 수 없는 일이다. 궤도 서비스 역시 스타십이 운행되는 미래에는 어떻게 될지 예측할 수 없다.

우주 중공업

공장을 궤도로 옮기면 고진공, 저중력 등 특정 제조 공정에 유리한 이점이 생긴다. 오늘날 ISS에서는 제약회사들이 연구·개발 프로젝트를 수행하기도 하고, 특수 용도의 초고품질 광케이블이 생산되기도 한다. 발사 비용이 더 떨어지면 실리콘 칩 같은 제품도 궤도에서 생산하는 것이 경제적으로 더 합리적일 수 있을 것이다. 중력이 없으면 형태를 유지하기 위한 지지대가 필요하지 않아 인체 장기의 3D 프린팅 같은 다른 흥미로운 가능성도 있다.

이런 것들을 달 표면이나 지나가는 소행성에서 자원을 채취할 가능성과 결합하면 할 수 있는 일은 훨씬 늘어난다. 우주에서 채굴한 원자재를 사용해 달에서 쓸 발전소나 통신 탑을 구축한다고 할 때, 모든 원자재를 지구 표면으로 가지고 와 제작 및 조립까지 마친 상태에서 궤도로 다시 쏘아 올리는 것은 합리성이 거의 없는 일이다. 지구 중력하에서는 발사 자체가 비현실적인 거대한 구조물의 경우에는 더욱 그러하다.

NASA는 '현지 자원 활용'을 미래의 탐사 활동에 필수적인 요소로 꼽는다. "인류가 심우주로 더 깊이 들어갈수록 현지의 재료로 물건을 만드는 것이 더 중요해질 것이다."[i]

지구 바깥에서의 채굴은 어떻게 이루어질까? 이론상 달에서의 채굴은 비교적 간단하다. 달 표면에 존재하는 현무암, 철, 석영, 실리콘 등을 채취해 영구 구조물을 건설하는 등의 용도로 쓸 수 있다.

소행성에 로봇을 착륙시켜 소량의 물질을 채취한 뒤 지구로 귀환시키는 위업은 이미 달성되었다. 일본의 우주항공연구개발기구 (JAXA)는 하야부사와 하야부사2를 통해 이런 유형의 프로젝트를 두 차례 성공적으로 완수했다. 2020년 NASA도 소행성 베누(Bennu)에 오시리스-렉스(OSIRIS-REx) 우주선을 착륙시켜 표면에서 1kg 미만의 물질을 채취하는 데 성공했다.

소행성에는 지구에 매장량이 많지 않은(혹은 적어도 쉽게 구할 수는 없는) 원소가 다량 존재할 수 있다. 전기 자동차나 녹색 기술 제품을 비롯한 많은 첨단 전자제품은 점점 희귀해지는 원소를 사용해 제작되고 있다. 적절한 외계 행성 탐사를 통해 일부 전기 자동차 모터에 사용되는 네오디뮴이나 테르븀 같은 희토류를 몇 년 또는 몇십 년 동안 공급받을 수 있다면, 야심 찬 녹색 기술 목표를 달성하는 데 도움이 될 것이다.

외계 행성에서의 채굴과 제조를 현실화하기 위해서는 아직도 해야 할 일이 많이 남아 있다. 지구 표면에서 희토류 같은 주요 자원이 고갈되어 갈수록 외계 채굴의 경제적 실행 가능성은 커질 것이다. 그 시점이 얼마나 빨리 도래할지는 시간이 말해 줄 것이다.

또 다른 장기적 분야는 에너지 생산과 저장이다. 우주 기반의 태양광 발전은 당신 집 지붕에 설치되었을 수도 있는 지상 기반의 패널에 비해 여러 가지 장점이 있다. 대기에 의한 빛의 흡수가 없고, 구름이 없고, 밤이 없다. 지금까지는 발사 비용 때문에 이 기술의 잠재력이 제한받았지만, 발사 비용이 떨어짐에 따라(그리고 녹색 에너지 수요가 늘어남에 따라) 경제성이 점점 좋아지고 있다. 우주 기반의 태양광 발전 프로젝트는 전 세계적으로 추진되고 있다.

우주와 지상에서의 평화로운 상업과 협력의 보장

1959년 유엔 총회는 '외기권의 평화적 이용에 관한 위원회(CO PUOS)'를 설립했다. COPUOS가 1967년에 만든 외기권조약에는 미국, 중국, 러시아를 포함한 100개 이상의 국가가 서명했다.

최근에 열린 국제 항공우주 서밋에서 프랑스 합동우주사령부 사령관 미셸 프리들링 소장은 이렇게 말했다. "1967년의 외기권조약은 평화로운 공존을 지지하며 수십 년 동안 동과 서를 잇는 다리 역할을 해 왔습니다. 하지만 우주는 우주를 지배하는 국가와 우주 서비스를 이용할 줄 아는 국가에는 경제 전략의 핵심 요소이자 군사적 우위의 핵심 요소이며, 앞으로도 그럴 것입니다. 따라서 지상에서의 갈등은 우주에도 반영될 것입니다."[j]

1967년의 조약은 우주가 실질적인 가치가 거의 없을 때 만들어진 것이다. 최초의 인공위성 스푸트니크 1호가 궤도에 진입한 지 10년도 채 지나지 않았을 때였다. 이제는 시대가 바뀌었다. 16세기부터 19세기까지 이어진 대항해 시대에 기술 발전이 대양을 무역과 정복의 발판으로 바꿔 놓은 것처럼, 진화하는 우주 경제는 새로운 기회를 제공함과 동시에 새로운 위협을 야기하고 있다. 정부와 민간 기업이 분쟁을 예방하기 위해 어떻게 협력하느냐에 따라 장기적 측면에서 우리의 미래는 크게 달라질 것이다.

오늘날의 우주 경제의 현실을 반영한 현명한 정책과 법률, 조약이 시급히 만들어져야 한다. 그 밖에는 모든 나라가 우주와 우주의 자원을 평화롭고 수익성 있게 이용할 수 있도록 보장할 방법이 없다. 다행히 아무것도 없이 제로에서 시작할 필요는 없다. 우리 사회는 글로벌 무역을 가능하게 하고 세계 평화를 지지하는 탄탄하고 방대한 국제 해상법의 혜택을 누리고 있다. 영역은 다르지만, 의원들과 정치인들은 일반적으로 인정되는 이러한 믿음과 선례의 도움을 받아 우주의 특수성에 맞는, 논리 정연한 집단적 대응책의 틀을 마련할 수 있을 것이다. 제대로 된 접근 방법은 기업과 국가가 가까운 미래에 지구 궤도와 그 너머에서 조화롭고 수익성 있게 활동할 수 있도록 보장해 줄 것이다.

앞서 말했듯이 우주는 세계 경제의 보이지 않는 근간이다. 세계 교역에서 차지하는 우주의 중요성은 이미 기본 전제가 되었다. 그러므로 우주를 보호하기 위해 함께 노력하는 것은 모든 국가의 이익에 부합한다.

'스타워즈'의 미래

3장에서 미국 국방부 장관을 두 번 역임한 도널드 럼즈펠드와 그의 악명 높은 발언 '알려진 미지'에 대해 언급했다. 언어적 왜곡은

논외로 하고, 럼즈펠드는 수십 년 동안 큰 영향을 미친 미국의 우주 정책을 만들었다. 럼즈펠드는 제럴드 포드 대통령 밑에서 국방부 장관을 할 때 NASA와 국방부의 협력을 강하게 밀어붙였다. 스카이랩과 우주왕복선 프로그램은 모두 이 노력의 산물이다. 몇 년 뒤, 럼즈펠드는 조지 W. 부시 정부의 국방부 장관으로 복귀하기 전에 '미국에 대한 탄도 미사일 위협 평가 위원회'와 '미국 국가 안보 우주 관리 및 기구 평가 위원회' 의장을 연이어 역임했다. 이 두 위원회의 평가 결과는 엄청난 영향력을 발휘했다.

두 위원회가 출범하기 전에 빌 클린턴 대통령은 미국의 대미사일 무기 연구의 방향을 전장에서 쓰이는 단거리 미사일 방어 쪽으로 돌려놓았다. 이 무렵이 되자 언젠가 일어날지도 모른다고 생각했던 소련의 장거리 미사일 공격 가능성은 아득한 과거의 일처럼 생각되었다. 미국이 냉전 종식을 기념하던 1993년, 의원들은 브릴리언트페블즈(Brilliant Pebbles) 같은 탄도 미사일 방어 시스템에 수백억 달러를 투자하는 것은 위험한 자원 낭비라고 생각했다. 참고로 브릴리언트페블즈는 러시아의 대륙간 탄도 미사일을 격추하기 위해 궤도에 수천 기의 열추적 미사일을 배치하는 계획이다.

하지만 2000년이 되었을 때도 장거리 미사일은 여전히 미국 본토를 위협했다. 중국과 러시아는(이미 새로운 골칫거리가 되어 가고 있다.) 각각 미국 영토에 생물학 탄두나 핵탄두를 쏠 수 있었다. 몇 년 안에 이란과 북한뿐만 아니라 어쩌면 이라크까지도 그럴 수 있을 터였다. 설상가상으로 미사일이 미국 땅에 도달하기 전에 미리 알 수 있는 경보 시스템이 거의 구축되어 있지 않았다. 위원회는 미국의 정보기관이 그런 공격 가능성을 과소평가하고 있다는 사실도 알아 냈다. 만약 미국이 전략방위정보기구(SDIO) 식의 우주 레이저가 되었든 아니면 다른 기술이 되었든, 자체 탄도 미사일 방어망을 구축하지 않는다면 '우주판 진주만'에 직면할 가능성이 있었다.[k]

많은 전문가가 위원회의 이런 평가 결과를 대수롭지 않게 여겼다. 하지만 얼마 지나지 않아 북한과 이란이 미사일 시험 발사를 하며 미국의 정보기관을 놀라게 했다. 그러자 진짜 가능성을 무시하고 있었을 가능성에 힘이 실렸다. 아직도 미국은 미사일 방어망을 구축하지 않았지만, 럼즈펠드의 노력은 우주군 창설의 도화선이 되었다.

미국을 향한 탄도 미사일 공격이 얼마나 선견지명이 있는 경고였는지는 시간이 지나면 알게 될 것이다. 언젠가 미국은 레이건 정부가 구상한 '스타워즈' 프로그램의 새 버전을 재개할지도 모른다. 하지만 미사일전 자체는 우주 기술의 발전이 전쟁의 성격을 어떻게 바꾸고 있는가라는 큰 이야기의 일부에 지나지 않는다.

국가 안보에서 차지하는 위성의 중요성은 이제 너무도 분명해졌다. 2021년 4월 미국 우주사령부 사령관 제임스 디킨슨 육군 대장은 상원에서 우주 영역 인식이 사령부의 최우선 과제라고 말했다.[l]

그해 11월 러시아는 우크라이나를 침공하기 전에 대위성 무기(ASAT) 시험 발사에 성공하면서 작전 수행에 필수적인 GPS 위성과 지구 관측(EO) 위성을 파괴할 수 있는 능력이 있다는 사실을 보여주었다. 나중에 밝혀진 것처럼 레오랩스는 미국 정부를 포함해 그 누구보다도 며칠 먼저 러시아의 ASAT 실험에 대한 정확한 데이터를 내놓았다. 현재 레오랩스는 지구 저궤도(LEO) 데이터와 서비스를 제공하는 유일한 대규모 민간 공급원이기 때문에 기존의 국방 우주 영역 인식 자산을 보강하고 보완하는 특별한 역할을 하고 있다.

레오랩스가 하늘에 대한 유례 없는 정보를 제공하듯이 맥사, 플래닛랩스, 블랙스카이도 상공에서 수집한 매우 중요한 EO 데이터를 제공한다. 우크라이나 침공이 시작된 이래 이 기업들은 지상에서 벌어지고 있는 일의 참모습을 보여 주고 있다. 아무도 예상하지 못한 일이지만, 정보기관이 직면한 과제는 EO 데이터를 충분히 확보하는 것이 아니라 민간 군집위성으로부터 받은 정보의 홍수 속에서 실행에 옮길 만한 인사이트를 적시에 찾아내는 것이 되었다. 스페이스캐피털의 몇몇 포트폴리오 기업이 해결하려고 하는 또 다른 문제다.

어떤 전쟁에서건 통신은 매우 중요한 역할을 한다. 스페이스X는 미국국제개발처(USAID)와의 민관 협력을 통해 우크라이나에 수천 대의 스타링크 단말기를 제공했다. 덕분에 우크라이나는 지상 통신망이 파괴되어도 쓸 수 있는 통신 파이프라인을 확보할 수 있었다.[m] 러시아가 선호하는, 전쟁 지역 안팎에서 메시지를 차단하는 전술은 쓸 수 없게 되었다. 우크라이나는 스타링크 인터넷에 의존해, 작전을 조정하면서 러시아의 선전전에 맞서는 동시에 정보전도 잘 수행할 수 있게 되었다.

《폴리티코》는 한 기사에서 우크라이나의 병사가 스타링크를 사용하는 장면을 이렇게 묘사했다. "그는 반격이나 포격을 할 때, 버려진 농가 앞뜰의 얕은 구덩이에 숨겨 놓은 직사각형의 회백색 스타링 크 위성 수신기를 이용해 상관에게 전화를 걸어 마지막 발사 명령 을 요청한다."[11] 스타링크 접속은 군 통신선 연결만 뜻하는 것이 아니 다. 스페이스X와 미국 정부 덕분에 병사들의 친구와 가족은 현지의 무선통신망이 다운되었을 때도 스타링크를 이용해 사랑하는 친구나 자식이 무사한지 확인할 수 있다. 서방으로부터 로켓포에서 탄약에 이르기까지 수십억 달러에 달하는 재래식 무기의 지원을 받은 것이 필수적이었듯이 스타링크 단말기도 사면초가에 빠진 우크라이나 군 대에 '생명줄' 역할을 한다.

우주 인프라의 복원력 확보하기

위성은 예측 가능한 모든 분쟁에서 결정적 역할을 할 것이 분명하 다. 하지만 장애에 매우 취약하기도 하다. 2022년 4월 미국 부통령 카멀라 해리스는, 미국은 궤도에서 ASAT 실험을 하지 않겠다고 천 명했다.[o] 현재 이 실험에 반대하는 국제 연합이 형성되고 있다. 러시 아는 십중팔구 이 연합에 가입하지 않을 것으로 보이지만, 미국의 약 속만으로도 큰 진전이라 할 것이다. ASAT 실험은 위험할 정도로 상 대국을 자극할 뿐만 아니라, 우주 인프라를 손상시키고 승무원까지 위험에 빠트릴 수 있는 무수한 잔해도 발생시킨다. 러시아의 ASAT 실험에서만 1500개 이상의 추적 가능한 쓰레기가 만들어졌다.

극적 연출의 목적이 아니라면 적이 데이터에 접근하지 못하게 하려고 군이 위성을 파괴할 필요까지는 없을 것이다. 예컨대 글로벌위성항법시스템(GNSS)의 신호는 전파 방해에 취약하다. 위성항법 기술이 일상적인 이동은 말할 것도 없고 전쟁에 얼마나 중요한 역할을 하게 되었는지를 고려하면, 군용 및 민간 항법 수단을 다양화하고 복원력을 높여야 할 필요성이 분명해 보일 것이다. GPS는 민간 우주 기업이 국가 안보 측면에서 해결할 주요 문제 영역 중 하나에 불과하다. 위협은 곳곳에 널렸다. 혁신적인 기업이 해결할 문제가 많다는 뜻이다.

미국 우주사령부 사령관 디킨슨 대장은 상·하원 합동 군사위원회에서 이렇게 말했다.[P] "중국은 감지 및 통신 시스템과 수많은 대위성 무기 등 우주에서의 군사 역량을 빠르게 확충하고 있습니다. 그러면서도 공개적으로는 우주의 무기화에 반대하는 입장을 견지하고 있습니다."

위협을 받는 인프라는 위성만이 아니다. 우크라이나 전쟁으로 서방의 경제 제재를 당하자, 러시아우주국 국장은 20년 동안 이어져 온 ISS 협력을 중단하겠다고 위협했다. 러시아 구역이 없어지면 ISS는 궤도를 이탈해 미국이나 유럽에 추락할 것이라고 했다.(다행히 스페이스X는 드래건 화물 우주선이 그런 사태를 막을 수 있을 것이라고 발표했다.)

군의 전통적인 사고방식은 도널드 럼즈펠드 시절부터 크게 바뀌었다. 미 우주군은 전통적인 시스템보다 더 빠르고 비용 효율적으로 전개할 수 있는 민간 역량에 의존해 미국 육해공군에 우주 역량을 제공할 수 있다는 대승적 관점을 취하고 있다. 러시아-우크라이나 분쟁은 이미 진행되고 있던 혁신을 가속화했을 뿐이다. 우주 경제의 전략적 가치와 중요성은 계속해서 커질 수밖에 없다.

우주 기술을 이용해 기후 변화에 적응하기

기후 변화가 인간의 활동 때문이라고 믿는 정도에 관계없이 변화 자체가 사실이라는 데는 더 이상 의심의 여지가 없다. 정부와 기업과 과학계가 직면한 중요한 질문은 '우리가 할 수 있는 일이 무엇인가?'이다. 좀 더 구체적으로 말하자면 다음과 같은 것들이다. 기후 변화는 어떻게 진행될 것인가? 기후 변화의 주요 원인은 무엇인가? 기후 변화가 우리 삶의 방식에 미치는 영향을 늦추거나 줄일 수 있는 활동은 무엇일까?

이러한 질문에 답하는 데 필요한 정보는 오직 우주 기술만이 제공할 수 있다. 6장에서 소개한 로리 가버가 위성 데이터를 활용해 기후 변화에 대응하는 비영리기구 어스라이즈 얼라이언스를 설립한 이유다.

가버는 이렇게 말한다. "나는 35년 동안 항공우주 분야에서 일했지만, 로켓과 관련된 일은 한 번도 해 본 적이 없습니다. 내가 한 일은 우주가 우리 사회에 제공할 수 있는 것이 무엇인지, 우주가 인류를 위해 할 수 있는 일이 무엇인지를 찾는 것이었죠. 인류가 우주에 가게 되어 얻은 첫 번째 혜택 중 하나는 우주 비행사가 돌아오면 항상 말하는 '우리는 매우 연약한 행성에 살고 있다.'라는 생각입니다. 우리는 우주에 오가고, 위성을 제작하고, 기후 데이터 모델을 만들고, 방대한 양의 데이터를 저장하는 데 드는 비용을 떨어뜨릴 수 있었기 때문에 지구를 훨씬 잘 이해할 수 있게 되었습니다. 나는 지구에서 무슨 일이 일어나고 있는지 더 잘 알 수 있게 되었고, 그 덕분에 미래 세대를 위해 실질적인 무언가를 할 수 있다는 사실에 짜릿함을 느낍니다."

갈수록 이상 기온, 가뭄, 산불, 파괴적인 기상 이변이 자주 일어나고 그 강도도 심해지고 있어, 우리 삶에 진정한 위협이 되고 있다. 한 연구에 따르면, 기후 변화를 완화하는 조치를 취하지 않으면 2050년경에는 세계 경제에서 국내총생산(GDP)이 18퍼센트 감소할 것이라고 한다.[9] 한편 주요 기업들은 고객, 경쟁사, 주주 등 이해관계자들이 환경 문제에 관심이 높아지면서 점점 그들의 눈치를 보게되었다. 그 결과 영업 자산, 회사 운영, 공급망 등과 관련된 기후 리스크를 더 잘 이해해야 한다는 강한 동기가 생기면서 대기업들은 야심 찬 목표를 설정하고 있다.

예를 들어 마이크로소프트는 2030년까지 카본 네거티브[73]를 달성하겠다고 약속했다. "이 말은 우리가 배출하는 온실가스(GHG)를

---

73   Carbon negative. 탄소중립에서 한 단계 더 나아가 탄소를 흡수해 실질적 배출량을 마이너스로 만드는 전략을 의미한다.

절반 이하로 줄인 다음, 나머지도 줄인 뒤 2050년까지는 과거에 배출한 양에 해당하는 만큼의 탄소까지 없애겠다는 뜻입니다."[r] 한편 2020년 피델리티인터내셔널(Fidelity International)과 UBS자산운용(UBS Asset Management)을 비롯한 30개 주요 자산운용사는 "2050년까지 투자 포트폴리오 기업을 통틀어 탄소 순 배출량을 제로로 만들겠다."라는 목표를 발표했다.[5] 이들 자산운용사가 운용하는 자산은 모두 합해 9조 달러에 달하므로 이 결정은 향후 수십 년에 걸쳐 큰 영향을 미칠 것으로 예상된다.

우리가 직면한 과제의 규모를 고려할 때 기후 변화에 적응하는 것은 정부, 기업, 개인 등 사회 전체가 함께 노력해야 할 일이다. 이 싸움에서 우주 경제는 언제나 중요한 역할을 해 왔다. 위성 데이터가 없었더라면 우리는 기후 변화가 세계적 추세라는 사실조차 알지 못했을 것이다. 기후 과학자들은 이구동성으로 위성이 정책 수립에 필요한 정보를 수집하는 최고의 수단이라고 말한다. 기후 대응에 필수적인 기후 변수의 절반 이상은 우주에서만 측정할 수 있다.[t]

위성은 우주 경쟁이 시작될 때부터 지구의 기후 변화를 이해하는데 핵심적인 역할을 해 왔다. 1958년 3월 미국은 상층 대기 밀도를 측정하는 최초의 인공위성 뱅가드 1호를 발사했다. 뒤이어 1972년 랜드샛 1호를 시작으로 차례차례 랜드샛 군집위성을 발사해 지금까지 우주에서 지상의 원격 감지 데이터를 수집하고 있다. 반세기가 지난 지금 랜드샛이 수집한 데이터는 농업, 임업, 지도 제작, 지질학, 수문학, 연안 자원, 환경 감시 등의 분야에서 다양하게 활용되고 있다.

랜드샛과 그보다 최근에 발사된 다른 위성들이 제공하는 데이터는 기후 변화와의 싸움에서 우주가 우리에게 도움을 줄 수 있는 것의 시작에 지나지 않는다. 발사 서비스나 위성 부품, 클라우드 컴퓨팅 등의 상품화로 창업가의 진입 장벽이 낮아지면서 이 분야에도 새로운 기업이 밀려 들어오고 있다. 앞에서 언급한 지에이치지샛(GHGSat), 뮤온스페이스, 메테인샛 같은 기업은 다른 기업이 온실가스 배출을 모니터링하고 관리할 수 있도록 돕는다. 샌프란시스코의 파차마(Pachama)는 머신 러닝과 위성 이미지를 이용해 숲이 포집하는 탄소를 계량화함으로써 산림 탄소 시장을 만들어 가고 있다. 리그로는 물과 비료 사용을 최소화하면서도 식량 공급의 회복 탄력성을 높이는 일을 돕고 있다. 이러한 것들은 현재 모색되고 있는 유망한 방향들의 일부분에 불과하다.

지금은 독립적으로 검증할 수 있는 직접적인 측정 방법이 없어 기후 시장이 커지지 못하고 있다. 하지만 믿을 만한 측정 방법이 개발되면 시장이 커질 것이다. 갈수록 정교해지는 수천 기의 새로운 EO 위성이 수집하는 데이터가 클라우드로 쏟아져 들어와, 농업에서부터 에너지, 운송, 폐기물 관리에 이르기까지 여러 가지 산업의 구체적 요구 사항을 만족시키기 위해 점점 더 똑똑해지는 AI에 의해 가공되고 해석될 것이다. 기업의 운영 효율화를 지원하거나 온실가스 배출과 환경 오염 같은 외부효과를 금액으로 환산할 수 있도록 도와주는 새로운 애플리케이션도 등장할 것이다.

이 모든 우주 활동은 '발사체는 환경을 얼마나 오염시키는가?'라는 또 다른 의문을 제기한다. 온실가스 배출량 측면에서 볼 때, 로켓 발사는 항공 산업이 대기 오염에서 차지하는 비율의 1퍼센트 포인트의 일부에도 미치지 못한다. 게다가 발사체 제작 업체는 더 효율적인 엔진뿐만 아니라 물이 주 배출물이 될 메탄 같은 더 깨끗한 에너지원을 실험하고 있다. 사실 발사 산업이 환경에 미치는 영향은 대부분 배기가스보다는 발사체의 제작과 폐기에서 온다. 스페이스 X는 팰컨 9을 부분 재사용하며 이 분야에서 크게 앞서갔다. 완전 재사용이 가능하고 메탄을 연료로 쓰는 스타십이 도입되면 우주여행에 수반되는 환경 오염은 획기적으로 줄어들 것이다.

우리는 지구를 구할 수 있는 우주 경제의 잠재력을 이제 막 탐구하기 시작했다. 위성 데이터 인프라가 증가함에 따라 창업가들은 자체 하드웨어를 구축할 필요 없이 이 복잡한 현상의 한 부분을 해결할 전문화된 애플리케이션 개발에 집중할 수 있게 되었다. 기후 기술에 대한 지분 투자가 2021년에 최고치를 경신한 이유다. 이런 추세는 앞으로도 이어질 것으로 보인다.[4] 사실 우리는 기후 변화 대응에 1조 달러에 이르는 투자 기회가 있을 것으로 예상한다.

시장은 아직 초기 단계지만 플라이휠은 돌기 시작했다. 정부와 기업과 비영리단체의 노력이 더해져 지구 시스템에 대한 우리 이해의 폭을 넓힐 뿐만 아니라 앞으로 일어날 변화의 예측 가능성도 지속해서 높일 것이다. 이들 프로그램의 공통된 목표는 투명하고 믿을 만한 글로벌 기후 시장을 만들기 위해 독립적으로 검증할 수 있고 일반적으로 인정되는 과학적 지표를 찾는 것이다. 기후 변화가 야기하는 문제는 전 지구적인 대처가 필요하다. 우주 기술은 이 새로운 기후 시장의 핵심 구성 요소가 될 것이다.

지구를 구할 것인가,
아니면 지구에서 도망칠 것인가?

우주 경제는 지구에 대한 디스토피아적 상상과 유토피아적 상상을 모두 하게 만든다. 많은 사람이 우주가 우리를 구원할 수 있다고 보지만 그 방법에 대해서는 의견이 일치하지 않는다. EO 위성으로 방출되는 메탄을 찾아내는 것이 기후를 지키는, 더 나아가 우리 자신을 구하는 방법일까? 아니면 일론 머스크가 하려는 것처럼 운이 다한 지구에서 탈출해 태양계 전역으로 퍼져나가는 장기 계획이 인류를 구하는 방법일까? 다행히 둘 중 하나를 선택할 필요는 없다. 두 가지 선택지를 모두 추구할 수 있기 때문이다.

우리가 직면한 위험은 기후 변화와의 전쟁만이 아니다. 공룡을 기억하는가? 머스크가 지적했듯이, 우리는 다른 행성을 식민지화하든지 아니면 모든 달걀을 한 바구니에 담든지 둘 중 하나를 선택해야 한다. 초화산 폭발에서부터 거대한 태양 플레어에 이르기까지 통계적으로 가까운 미래에 일어날 가능성은 낮지만 장기적 관점에서 보면 현실적으로 피할 수 없는, 그럴듯한 아마겟돈 시나리오는 많다.

지구 대기의 방어적 특성은 쉽게 알 수 있다. 지구 표면과 분화구 투성이인 달 표면만 봐도 차이점이 눈에 띈다. 그렇기는 해도 태양계에는 대기를 뚫고 지상에 떨어져 지구를 황폐화할 만한 크기의 소행성이 수없이 많다. 《뉴욕타임스》에 따르면 과학자들은 지구에 큰 위협이 될 만한 크기의 근지구 소행성을 2만 5000개 정도로 추정한다고 한다. 이 중 60퍼센트는 아직 발견되지 않은 상태다. 이들 소행성은 적어도 'TNT 수억 톤'의 힘으로 지구 표면에 충돌할 것이므로, 지구에 근접하는 소행성을 찾는 새로운 접근 방법은 NASA가 '행성 방어'라고 부르는 프로그램의 핵심이 될 것이다.

이런 위협에 대처하기 위해 전직 NASA 우주 비행사이자 레오랩스의 공동창업자인 물리학자 에드 루 박사는 비영리 법인 B612 재단을 공동 설립했다. 재단의 목표는 몇 년 앞선 사전 경고를 통해 지구와의 충돌을 막을 수 있도록, 데이터 분석을 이용해 지구로 향하는 큰 소행성을 찾는 것이다. 당초 B612 재단은 자금을 모집해 자체 우주 망원경을 설치할 계획이었다. 하지만 자금 모집이 어렵게 되자 20년 전만 해도 상상도 할 수 없었던 알고리즘을 이용한 접근 방식으로 방향을 틀었다. 최근 B612 재단은 국립광적외선천문학연구소(National Optical-Infrared Astronomy Research Laboratory)의 기록 보관소에 있던 기존의 이미지를 컴퓨터로 분석해 100여 개의 새로운 소행성을 찾아냈다고 발표했다.[v]

알고리즘을 이용해 기존의 망원경 이미지를 분석함으로써 소행성을 찾아낼 수 있었던 것은 중앙 기록 보관소의 방대한 데이터를 민간 및 학계에서 이용할 수 있도록 개방했기 때문에 가능해졌다. 루 박사와 B612 재단의 작업은 이미지 데이터의 도움만 받은 것이 아니었다. 구글은 재단의 대의에 공감해 데이터를 처리하는 데 필요한 컴퓨팅 능력을 제공했다. 100여 개의 새로운 소행성은 이용 가능한 이미지 데이터의 극히 일부만을 분석해 찾아낸 것이다. 따라서 재단은 이미지 추가 촬영 없이 지금 있는 데이터만으로도 수만 개의 소행성을 더 찾아낼 수 있을 것으로 추정한다. 이 소행성 중 지구로 향하는 것은 하나도 없겠지만, 만약 하나라도 있다면 우리는 사전 경고를 받은 사실에 무척 고마워할 것이다.

사전 경고를 받는다면 우리는 어떻게 할 것인가? NASA는 지구 방어를 위한 한 가지 접근법을 시험해 보기 위해 "운동 충격을 가해 소행성의 방향을 바꿀 수 있다는 가설을 입증하기 위한 최초의 우주 임무"인 쌍소행성 궤도 수정 실험(Double Asteroid Redirection Test, DART)을 수행했다.[w] 2021년 11월 스페이스X의 팰컨 9에 실려 발사된 DART 우주선은, 2022년 9월 26일 지구와 충돌할 가능성이 전혀 없는 멀리 떨어진 소행성에 엄청난 힘으로 충돌하는 데 성공했다. 그 결과 이 소행성의 궤도는 과학자들이 기대했던 것보다 세 배나 더 많이 바뀌었다.

빌 넬슨 NASA 국장은 《뉴욕타임스》와의 인터뷰에서 이렇게 말했다. "지구를 위협하는 소행성을, 충분한 시간을 두고 사전에 발견할 수 있다면 이 기술을 이용해 소행성의 방향을 바꿀 수 있습니다."[x]

끝으로, 달이나 화성에 인간이 영구적으로 거주한다는 비전은 실현될 수 있을까? 우주 경제 전반에 걸친 주요 활동의 발전 속도로 판단할 때, 그저 가능한 정도가 아니라 가능성이 매우 높다. 우리는 조만간 달과 그 너머를 향한 여정에 나설 것이다. 그리하여 종으로서의 인류는 어떤 재앙이 닥쳐도 한꺼번에 멸종되지 않을 만큼 널리 흩어져 살게 될 것이다. 그때까지 창업가와 투자자, 야망 있는 전문가에게는 지구에서의 삶의 질을 향상시키고, 나아가 종으로서의 인류의 생존을 확보할, 짜릿하면서도 돈을 벌 기회가 주어질 것이다.

맺음말

    2012년 나는 우주 경제에 투자하는 전문 기업을 설립하기로 했다. 그해 스페이스X는 처음으로 ISS에 우주선을 도킹시켰다. 첫 번째 고객사의 위성 발사에 성공한 지 얼마 지나지 않았을 때였다. 내 친구들이나 가족은 그렇게 생각하지 않았을지 몰라도 내 눈에는 그때가 스페이스캐피털을 설립할 타이밍으로 보였다.

    스페이스캐피털은 준비 기간을 거친 뒤 2015년에 첫 펀드를 출시했다. 우리는 몇 년에 걸쳐 우주 경제 분야의 스타트업과 투자 동향에 대한 정보를 모은 끝에 2017년부터 우리의 인사이트를 담은 '우주 투자 분기 보고서(Space Investment Quarterly)'를 발표하기 시작했다. 처음으로 우주 경제에 대한 우리의 견해를 발표할 때만 해도 우주 경제는 비즈니스 세계에서조차 비교적 생소한 현상이었다. 사람들은 우리 보고서를 바로 받아들였고, 더 많은 이야기를 듣고 싶어 했다.

분기 보고서 외에도 'GPS 플레이북', 'GEOINT 플레이북', 'SatCom 플레이북', '거대한 기후 변화의 기회' 등 여러 편의 논문도 발표했다. 이런 일을 하는 데는 많은 노력이 필요하지만 우리는 기꺼이 이 일을 하고 있다. 보고서를 읽어 주는 독자들에게 감사할 뿐이다. 신중한 검토를 거친, 사실에 기반한 견해가 오해와 과대광고, 그리고 완전히 잘못된 정보를 불식하는 데 얼마나 효과적인지는 우리가 정보 공유 활동을 시작했을 때부터 확실하게 알 수 있었다. 햇빛은 최고의 살균제다.

이 책의 집필 목적은 지금까지 우리가 발표한 보고서와 대중 강연의 발표 내용을 한 단계 더 발전시켜 우주 경제와 그 잠재력에 관한 최고의 의견을 하나로 묶는 것이었다.

궁극적으로 나는 여러분이 이 책을 읽고 한 세대에 한 번 있을까 말까 하는 이 특별한 현상에 확신을 갖기를 바란다. 동시에 주변에서 끊임없이 만들어지는 해로운 신화를 떨쳐 버렸으면 좋겠다. 비이성적인 열성분자, 회의론자, 사기꾼 등이 몰리는 것은 뜨거운 신규 시장의 특성이다. 이 책이 업계 베테랑을 비롯한 진짜 전문가들이 따져도 흠을 잡을 수 없을 만큼 합리적이고 증거에 기반한 중립적 내용을 서술한 것으로 보인다면, 모두 훌륭한 동료들과 집필에 도움을 준 사람들 덕분이다.

우주 경제에서 돈을 벌 수 있을까? 물론이다. 스페이스X와 스카이박스이미징을 비롯한 여러 기업은 이미 설립자, 직원, 투자자 모두 의미 있는 ROI를 달성했다. 게다가 이 분야는 아직 초기 단계다. 우리가 우주 경제의 잠재력과 우주 경제에서 파생되는 획기적이고 세계를 뒤바꿀 제품과 서비스, 그리고 그 밖의 기회를 확신하지 못했다면, 결코 스페이스캐피털을 설립하기 위해 의기투합하지 않았을 것이다. 당신이 투자자든 창업가든 아니면 야망 있는 전문가든, 성장하는 이 분야에 동참하는 것이 자신에 대한 당신의 의무다.

나의 가장 큰 관심은 당신이 이 분야에 발을 담그면 끼칠 수 있는 영향이 있다는 사실을 확신시키는 것이다. 우주 경제는 아직 초기 단계지만, 어떤 식으로든 가능성이 제한되어 있을 만큼 그렇게 초기는 아니다. 우주 경제는 기하급수적인 속도로 성장하고 있다. 기회가 아주 많다는 뜻이다. 지난 10년 동안 투자자들은 1700개의 우주 기업에 2600억 달러를 투자했다. 그 사이 야심만만한 창업자들은 6개의 우주 경제 산업과 인프라, 분배, 애플리케이션이라는 세 가지 기술 계층에서 제품-시장 적합성을 찾느라 노력했다. 이 글을 쓰는 현재, 야망 있는 전문가라면 스페이스탤런트 구인 게시판에 올라와 있는 700개 기업의 3만 개 일자리 중에서 자신에게 적합한 자리를 선택할 수 있다. 직무도 엔지니어링에서 마케팅, IT, 디자인에 이르기까지 다양하다.

이런 것들 외에도 우주 경제는 모든 사람에게 우리 세계에 엄청난 긍정적 영향을 끼칠 수 있는 굉장히 드문 기회를 제공한다. 당신이 월드와이드웹이 나중에 어떻게 될지(좋은 쪽이 되었든 나쁜 쪽이 되었든) 다 아는 상태에서 1995년으로 돌아갈 수 있다면 무엇을 하겠는가? 당신의 지혜와 재능, 경험, 전문 지식을 어떻게 활용해 이 새로운 현상이 더 나은 방향으로 발전할 수 있도록 유도하겠는가?

아르키메데스는 "나에게 충분한 길이의 지렛대와 지렛대를 괼 수 있는 지렛목을 주면 지구라도 들어 올리겠다."라고 말했다. 나는 우주 경제가 그런 지렛목, 즉 누구라도 인류를 위해 놀라운 일을 성취할 수 있는 받침대라고 믿는다. 이 기회의 활용 여부는 당신에게 달렸지만, 이 책은 그 기회를 잡으라는 간절한 나의 요청이라 할 수 있다.

감사의 말

  책을 쓰는 일은 혼자 하는 작업이 많지만, 이 정도 규모의 프로젝트를 훌륭하고 뛰어난 사람들의 아낌없는 도움 없이 혼자서 다 할 수는 없다.

  먼저, 성장하는 우주 경제와 우리의 앞선 투자 논거를 이해할 수 있게 도와준 톰 잉거솔, 유스투스 킬리언, 폴라-케이 리처즈, 지아 청 유 등 스페이스캐피털의 존경하는 동료들에게 진심으로 감사드린다. 세계적 수준의 전문가인 애런 집, 조니 다이어, 더크 로빈슨, 톰 웨인 등 우리 운영 파트너들에게도 고마운 마음을 전한다. 이렇게 훌륭한 사람들과 함께 일한다는 사실이 정말 감사할 따름이다.

  귀중한 시간을 할애해 혁신의 최전선에서 습득한 가치 있는 지식을 공유해 준 댄 세펄리, 루시 호그, 시드 자, 네이선 쿤츠, 댄 매클리스, 로비 싱글러, 제임스 슬리퍼어즈, 아나스타샤 볼코바 등 우리 포트폴리오 기업의 설립자들에게 특별한 감사를 전한다.

다음으로, 나에게 초기 시장이 어떻게 진화하는지 이해할 수 있는 틀을 가르쳐 주신 옥스퍼드 대학교의 마크 벤트레스카 교수님께 감사의 말을 전하고 싶다. 교수님은 2012년에 나에게 스페이스X의 중요성과 스페이스X와 다른 초기 시장 촉매제와의 유사성을 인식시켜 주셨고, 이 시장의 기회가 분명해 보이기 훨씬 전에 그 기회를 좇으라고 격려해 주셨다.

귀한 시간을 할애해 기업가적 우주 시대를 낳은 구조적 변화와 중요한 사건을 정확하게 묘사할 수 있도록 도와준 마이크 그리핀, 스콧 페이스, 피터 마케즈, 로리 가버 등 업계의 여러 중추적 리더에게도 감사드린다.

내 아이디어를 책으로 엮는 데 도움을 준 데이비드 몰다어에게 고맙다는 말을 전한다. 세계적 수준의 출판사 와일리의 제스 필리포와 데비 신들러, 그리고 케이프코드 인쇄소에도 감사드린다. 책 표지를 멋지게 만들어 준 호주 시드니의 에시컬디자인에도 감사드린다. 무엇보다도 이 책의 집필을 처음 제안한 편집자 리처드 내러모어에게 고마운 마음을 전한다. (멋진 생각이었어요, 리처드!)

마지막으로, 그리고 처음으로, 책을 쓰는 동안 사랑과 지지를 보내준 아내 라디카에게 진심으로 고맙다는 말을 하고 싶다.

주석

a. "Christa McAuliffe and Barbara Morgan: The First Spaceflight Participants Discuss Teaching and the Program," NASA Lyndon B. Johnson Space Center Space News Roundup 24, no. 22 (December 6, 1985), p. 3.

머리말

a. Michael Sheetz, "An Investor's Guide to Space, Wall Street's Next Trillion-Dollar Industry," CNBC (blog), November 9, 2019, https://www.cnbc.com/2019/11/09/how-to-invest-in-space-companies-complete-guide-to-rockets-satellites-and-more.html.

b. Mary Meehan, "Trends For 2022: Change the Way You Look at Change," Forbes (blog), December 21, 2021, https://www.forbes.com/sites/marymeehan/2021/12/21/trends-for-2022-change-the-way-you-look-at-change/.

c. Rupert Neate, "SpaceX Could Make Elon Musk World's First Trillionaire, Says Morgan Stanley," The Guardian, October 20, 2021, sec. Technology, https://www.theguardian.com/technology/2021/oct/20/spacex-could-make-elon-musk-world-first-trillionaire-says-morgan-stanley.

d. Josh Friedman, "Entrepreneur Tries His Midas Touch in Space," Los Angeles Times, April 22, 2003, https://www.latimes.com/archives/la-xpm-2003-apr-22-fi-spacex22-story.html.

e. Rebecca Boyle, "The New Race to the Moon," Scientific American 37, no. 2 (August 2022): 72.77; updated as "A New Private Moon Race Kicks Off Soon," https://www.scientificamerican.com/article/a-new-private-moon-race-kicks-off-soon/.

f. Chad Anderson, "Rethinking Public.Private Space Travel," Space

Policy 29, no. 4 (November 1, 2013): 266.271, https://doi.org/10.1016/j.spacepol.2013.08.002.

g. Stephen Clark, "World's Rockets on Pace for Record Year of Launch Activity," Spaceflight Now (blog), July 6, 2022, https://spaceflightnow.com/2022/07/06/worlds-rockets-on-pace-for-record-year-of-launch-activity/.

제1장 우주 경제 시대의 서막

a. "Economic Benefits of the Global Positioning System (GPS)" (RTI International, June 2019).

b. "First Comes an Electric Car. Next, a Trip to Mars," Wall Street Journal, June 2, 2013, sec. Special, https://online.wsj.com/article/SB10001424127887323728204578515743066949964.html.

c. 「60 Minutes」, "2012: SpaceX: Elon Musk's Race to Space," 60 Minutes Rewind, 2018, https://www.youtube.com/watch?v=23GzpbNUyI4.

d. Nadia Drake, "Russia Just Blew Up a Satellite.Here's Why That Spells Trouble for Spaceflight," National Geographic (blog), November 16, 2021, https://www.nationalgeographic.com/science/article/russia-just-blew-up-a-satellite-heres-why-that-spells-trouble-for-spaceflight.

e. Roger D. Launius, "First Moon Landing Was Nearly a US.Soviet Mission," Nature 571, no. 7764 (July 2019): 167.168, https://doi.org/10.1038/d41586-019-02088-4.

f. "NASA Commercial Crew Program: Significant Work Remains to Begin Operational Missions to the Space Station" (United States Government Accountability Office, January 2020).

g. Larry Press, "Update on China SatNet's GuoWang Broadband Constellation.Can They Do It?," CircleID (blog), February 3, 2022, https://circleid.com/posts/20220203-update-on-china-satnets-guowang-broadband-constellation-can-they-do-it.

h. "FAQ," Equatorial Launch Australia (ELA), accessed June 28, 2022, https://ela.space/faq/.

제2장 우주 경제의 지도를 그리다

a. Kathryn Schulz, "When Shipping Containers Sink in the Drink," The New Yorker, May 30, 2022, https://www.newyorker.com/magazine/2022/06/06/when-shipping-containers-sink-in-the-drink.

b. Fortune Business Insights, "Geospatial Analytics Market Size, Growth | Global Report [2028]," 2021, https://www.fortunebusinessinsights.com/geospatial-analytics-market-102219.

c. DigitalGlobe Case Study, 2016, https://aws.amazon.com/solutions/case-studies/digitalglobe/.

d. Arthur C. Clarke, "V2 for Ionosphere Research?," Wireless World, February 1945.

제3장 우주 경제를 이끌 리더는 누구인가

a. Wendy Whitman Cobb, "How SpaceX Lowered Costs and Reduced Barriers to Space," The Conversation (blog), March 1, 2019, http://theconversation.com/how-spacex-lowered-costs-and-reduced-barriers-to-space-112586.

b. "Full profile: Dr Anastasia Volkova CEO and Co-founder, Regrow," Australian Government Department of Industry, Science and Resources (Department of Industry, Science and Resources, October 5, 2021), https://www.industry.gov.au/australian-space-discovery-centre/people-in-the-space-sector/full-profile-dr-anastasia-volkova-ceo-and-co-founder-regrow.

제4장 우주 경제에서 적은 비용으로 창업하기

a. Renee A. Mauborgne and W. Chan Kim, Blue Ocean Strategy: How to Create Uncontested Market Space and Make the Competition Irrelevant (Harvard Business Review Press, 2014).

b. David Brandt-Erichsen, "SpaceX Comments on Successful SpaceX Launch," National Space Society (blog), May 22, 2012, https://space.nss.org/spacex-comments-on-successful-spacex-launch/.

제5장 창업의 경로 설정

a. Peter F. Drucker, Management: Tasks, Responsibilities, Practices, Kindle edition (HarperCollins, 2009).

제8장 어떻게 우주 경제에서 커리어를 쌓을까

a. "Meet Patti Grace Smith," Patti Grace Smith Fellowship, accessed October 5, 2022, https://www.pgsfellowship.org/meet-patti.

b. Nancy Kathryn Walecki, "A Course for the Commercial Space Age," Harvard Magazine, March 15, 2022, https://www.harvardmagazine.com/2022/03/hbs-commercial-space-age-course.

제10장 우주 경제의 미래

a. SpaceX, "Polaris Program," Polaris Program, accessed September 9, 2022, https://polarisprogram.com/.

b. Jonathan Amos, "Biggest Ever Rocket Is Assembled Briefly in Texas," BBC News, August 6, 2021, sec. Science & Environment, https://www.bbc.com/news/science-environment-58120874.

c. Chris Bergin, "Frosty Texas Vehicles and Groundwork in Florida Ahead of Starship Evolution," NASASpaceFlight.Com (blog), March 6, 2022, https://www.nasaspaceflight.com/2022/03/texas-florida-starship-evolution/.

d. Claude Lafleur, "Costs of US Piloted Programs," The Space Review (blog), March 8, 2010, https://www.thespacereview.com/article/1579/1.

e. Office of Inspector General, "NASA's Management and Utilization of the International Space Station," NASA (July 30, 2018).

f. Guinness World Records, "Most Expensive Man-Made Object," Guinness World Records, accessed September 19, 2022, https://www.guinnessworldrecords.com/world-records/most-expensive-man-made-object.

g. Rachel Jewett, "SIA Report Highlights Record-Breaking Number of Satellites Launched in 2020," Via Satellite (blog), July 12, 2021, https://www.satellitetoday.com/business/2021/07/12/sia-report-highlights-record-breaking-number-of-satellites-launched-in-2020/.

h. Nathaniel Scharping, "The Future of Satellites Lies in the Constellations," Astronomy.com (blog), June 30, 2021, https://astronomy.com/news/2021/06/the-future-of-satellites-lies-in-giant-constellations.

i. NASA, "In-Situ Resource Utilization," April 6, 2020, http://www.nasa.gov/isru.

j. Sarwat Nasir, "UAE Chosen to Chair UN's Committee on Peaceful Uses of Outer Space," The National, June 1, 2022, sec. UAE, https://www.thenationalnews.com/uae/2022/06/01/uae-chosen-to-chair-uns-commitee-on-peaceful-uses-of-outer-space/.

k. John A. Tirpak, "The Space Commission Reports," Air & Space Forces Magazine, March 1, 2001, https://www.airandspaceforces.com/article/0301space/.

l. U.S. Space Command Public Affairs Office, "USSPACECOM Commander Discusses Space Domain Awareness, Operating Environment of Space at Senate Hearing," U.S. Space Command, April 21, 2021, https://www.spacecom.mil/Newsroom/News/Article-Display/Article/2580511/

usspacecom-commander-discusses-space-domain-awareness-operating-environment-of/.

m. Cristiano Lima, "Analysis | U.S. Quietly Paying Millions to Send Starlink Terminals to Ukraine, Contrary to SpaceX Claims," Washington Post, April 8, 2022, https://www.washingtonpost.com/politics/2022/04/08/us-quietly-paying-millions-send-starlink-terminals-ukraine-contrary-spacexs-claims/.

n. Christopher Miller, Mark Scott, and Bryan Bender, "UkraineX: How Elon Musk's Space Satellites Changed the War on the Ground," Politico, June 8, 2022, https://www.politico.eu/article/elon-musk-ukraine-starlink/.

o. Bruce McClintock, "U.S. Decision on ASAT Testing a Positive Step Towards Space Sustainability," The RAND Blog (blog), April 21, 2022, https://www.rand.org/blog/2022/04/united-states-decision-on-asat-testing-a-positive-step.html.

p. U.S. Space Command Public Affairs Office, "USSPACECOM Commander Discusses Space Domain Awareness, Operating Environment of Space at Senate Hearing," U.S. Space Command, April 21, 2021, https://www.spacecom.mil/Newsroom/News/Article-Display/Article/2580511/usspacecom-commander-discusses-space-domain-awareness-operating-environment-of/.

q. Swiss Re Group, "World Economy Set to Lose up to 18% GDP from Climate Change If No Action Taken, Reveals Swiss Re Institute's Stress-Test Analysis," Swiss Re Group, April 22, 2021, https://www.swissre.com/media/press-release/nr-20210422-economics-of-climate-change-risks.html.

r. Microsoft, "Microsoft Carbon Dioxide Removal Program," Microsoft Sustainability, accessed September 19, 2022, https://www.microsoft.com/en-us/corporate-responsibility/sustainability/

carbon-removal-program.

s. Attracta Mooney, "Fund Managers with 9tn in Assets Set Net Zero Goal," Financial Times, December 11, 2020, https://www.ft.com/content/d77d5ecb-4439-4f6b-b509-fffa42c194db.

t. World Economic Forum Global Future Council on Space Technologies, "Six Ways Space Technologies Benefit Life on Earth," September 2020.

u. Silicon Valley Bank, "The Future of Climate Tech 2022," 2022.

v. Kenneth Chang, "Killer Asteroids Are Hiding in Plain Sight. A New Tool Helps Spot Them," New York Times, May 31, 2022, sec. Science, https://www.nytimes.com/2022/05/31/science/asteroids-algorithm-planetary-defense.html.

w. NASA, "DART Mission Overview," DART, accessed September 19, 2022, https://dart.jhuapl.edu/Mission/index.php.

x. Sarah Scoles, "NASA Spacecraft Accomplishes Mission and Smashes Asteroid Into New Orbit," New York Times, October 11, 2022, sec. Science, https://www.nytimes.com/2022/10/11/science/nasa-dart-asteroid-spacecraft.html.

작가 소개

〈테크크런치(TechCrunch)〉가 "투자나 운영 측면에서 우주 스타트업 업계의 현재와 미래에 큰 영향을 미칠 수 있는 위치에 있는 사람 중 한 명"이라고 소개한 채드 앤더슨은 스페이스캐피털의 설립자이자 매니징파트너로, 10년 넘게 우주 경제 분야의 투자를 개척해왔다.

전문가로서 언론에 자주 모습을 드러내는 앤더슨은 CNBC, 블룸버그, CNN, 《월스트리트저널》, 《뉴욕타임스》, 《파이낸셜타임스》 등을 비롯한 여러 매체에 출연하거나 기고했다. 앤더슨은 스페이스캐피털에서 근무하는 것 외에도 우주 분야를 성장시키기 위한 영국의 국가 전략을 지원하는 '새틀라이트 애플리케이션스 캐터펄트'를 비롯해 여러 조직의 이사로도 활동하고 있다.

앤더슨은 육지, 바다, 하늘, 우주의 과학적 탐구를 장려하는 비영리 단체 익스플로러스클럽(Explorers Club)의 이사로 활동해 왔다. 또, 국제우주정거장(ISS) 미국 국립연구소의 사용자 자문위원회 위원으로도 활동했다.

스페이스캐피털을 설립하기 전에는 JP모건체이스에서 경력을 쌓았다. 그곳에서 대침체기에 500억 달러 규모의 부동산 포트폴리오를 관리했다. 앤더슨은 옥스퍼드 대학교에서 창업과 혁신을 주제로 한 논문으로 MBA를 취득했다.

앤더슨은 아내 라디카와 함께 뉴욕에 살고 있다. 그는 시간이 나면 모험을 즐기는 사람으로, 스코틀랜드의 아일레이섬 주위를 수영으로 한 바퀴 돈 적도 있다. 섬의 양조장마다 들러 30갤런짜리 오크통에 위스키를 채운 뒤 이 위스키를 병에 담아 판매한 돈을 왕립구명정협회(RNLI)에 기부했다. 멕시코 오아하카주에 있는 고대 메스칼 길을 따라 아가베가 든 50갤런짜리 오크통을 끌고 가면서 발효시켜 세계에서 가장 독특한 메스칼[74]을 만들기도 했다.

---

74   메스칼은 용설란과에 속하는 아가베로 만든 증류주다. 메스칼을 만들려면 물, 당, 효모가 필요하며, 당은 아가베에서 얻고 효모는 공기 중에 떠다니는 것을 이용한다. 그래서 지역마다 메스칼 맛이 다른데, 앤더슨은 오아하카주 전 지역을 돌아다니며 아가베를 발효시켰으므로 맛이 독특하다는 것이다.

찾아보기

인명 원어 표기

T. K. 매팅리 T. K. Mattingly
가스파르-펠릭스 투르나숑 Gaspard-Félix Tournachon
김위찬
네이선 쿤츠 Nathan Kundtz
노먼 오거스틴 Norman Augustine
니키타 흐루쇼프 Nikita Khrushchev
닐 암스트롱 Neil Armstrong
댄 매클리스 Dan McCleese
댄 세펄리 Dan Ceperley
더크 로빈슨 Dirk Robinson
데이먼 웰스 Damon Wells
데이비드 스토크 David Stork
도널드 럼즈펠드 Donald Rumsfeld
드와이트 아이젠하워 Dwight D. Eisenhower
래리 페이지 Larry Page
로널드 레이건 Ronald Reagan
로런 그러시 Loren Grush
로리 가버 Lori Garver
로버트 크리펜 Robert Crippen
로비 싱글러 Robbie Schingler
루번 로슈나이더 Reuben Rohrschneider
루시 호그 Lucy Hoag
르네 마보안 Renée Mauborgne
마리너 코런 Marina Koren
마이커 메이든버그 Micah Maidenberg
마이크 그리핀 Mike Griffin

마이클 싯츠 Michael Sheetz

마크 벤트레스카 Marc Ventresca

매슈 와인지얼 Matthew Weinzierl

모건 브레넌 Morgan Brennan

미리엄 크레이머 Miriam Kramer

미셸 프리들링 Michel Friedling

버락 오바마 Barack Obama

버즈 올드린 Buzz Aldrin

베르너 폰 브라운 Wernher Von Braun

보비 브라운 Bobby Braun

브루스 매코 Bruce McCaw

빌 게이츠 Bill Gates

빌 넬슨 Bill Nelson

빌 올슨 Bill Olson

빌 클린턴 Bill Clinton

세르게이 브린 Sergey Brin

스콧 페이스 Scott Pace

스탠리 큐브릭 Stanley Kubrick

스티브 잡스 Steve Jobs

스티브 커렐 Steve Carell

시다르타 자 Siddhartha Jha

아나스타샤 볼코바 Anastasia Volkova

아르키메데스 Archimedes

아리아 앨러멀호디아이 Aria Alamalhodaei

아서 C. 클라크 Arthur C. Clarke

앙겔라 메르켈 Angela Merkel

애덤 노이만 Adam Neumann

애슐리 밴스 Ashlee Vance

에드 루 Ed Lu

에런 집 Aaron Zeeb

에릭 버거 Eric Berger

웨인 그레츠키 Wayne Gretsky

유리 가가린 Yuri Gagarin

유스투스 킬리언 Justus Kilian

유진 서넌 Eugene Cernan

일론 머스크 Elon Musk

재키 와틀즈 Jackie Wattles

잭 슈미트 Jack Schmitt

제럴드 포드 Gerald Ford

제임스 디킨슨 James H. Dickinson

제임스 슬리피어즈 James Slifierz

제프리 A. 무어 Geoffrey A. Moore

제프 베이조스 Jeff Bezos

제프 파우스트 Jeff Foust

조 로텐버그 Joe Rothenberg

조니 다이어 Jonny Dyer

조이 룰렛 Joey Roulette

조지 W. 부시 George W. Bush

존 글렌 John Glenn

존 레이먼드 John Raymond

존 스노 John Snow

존 영 John Young

존 F. 케네디 John F. Kennedy

짐 프렌치 Jim French

카멀라 해리스 Kamala Harris

캐미 핵슨 Camie Hackson

캐스린 슐츠 Kathryn Schulz

케네스 창 Kenneth Chang

케이틀린 커티스 Caitlin Curtis

크리스천 대븐포트 Christian Davenport

토드 기틀린 Todd Gitlin

토머스 왓슨 Thomas Watson

톰 웨인 Tom Whayne

톰 잉거솔 Tom Ingersoll

팀 펀홀즈 Tim Fernholz

패티 그레이스 스미스 Patti Grace Smith

피터 드러커 Peter Drucker

피터 마케즈 Peter Marquez

피터 하트 Peter Hart

피트 콘래드 Pete Conrad

옮긴이 | 장용원

대학에서 경영학을 공부하고 기업체에서 30여 년 근무하다 퇴직 후 전문 번역가로 활동하고 있다. 관심 분야는 경제 · 경영, 법정 스릴러, 역사서 등이다. 깔끔하고 정확한 번역을 통해 독자에게 좋은 책을 소개하고 싶은 목표로 일한다. 역서로는 『XPRIZE 우주여행의 시작』, 『세상을 움직이는 사모펀드 이야기』, 『뱅크 4.0』, 『자율주행』, 『보통 사람들의 전쟁』 등이 있다.

스페이스 이코노미

1판 1쇄 찍음 2024년 5월 20일
1판 1쇄 펴냄 2024년 5월 29일

지은이 | 채드 앤더슨
옮긴이 | 장용원
발행인 | 박근섭
책임편집 | 김하경
펴낸곳 | ㈜민음인

출판등록 | 2009. 10. 8 (제2009-000273호)
주소 | 06027 서울 강남구 도산대로 1길 62 강남출판문화센터 5층
전화 | **영업부** 515-2000 **편집부** 3446-8774 **팩시밀리** 515-2007
홈페이지 | minumin.minumsa.com

도서 파본 등의 이유로 반송이 필요할 경우에는 구매처에서 교환하시고
출판사 교환이 필요할 경우에는 아래 주소로 반송 사유를 적어 도서와 함께 보내주세요.
06027 서울 강남구 도산대로 1길 62 강남출판문화센터 6층 민음인 마케팅부

㈜민음인은 민음사 출판 그룹의 자회사입니다.